KB042429

슬로와 행복 徐路 X 徐市 = 徐福

손대현 지음

한국 행복에 빠지다

박영books

머리말

무슨 말을 하고 싶어
나는 이 책을 쓰는가?

본디 우리를 키운 것은 자연이며, 인간의 삶은 자연의 리듬에 맞춰져 있다. 하지만 현대사회에서 우리 인간은 시계와 각종 기계에 둘러싸여 있고 모든 분야의 시스템이 속도 지향적이며, 특히 경제 분야가 더욱 그러하다. 농경사회는 배고파서 못 살겠고, 산업화시대는 힘들어서 못 살겠다고 하더니 정보화시대가 되자 이제는 바빠서 못 살겠다며 소란스럽다. 어느 것이 심각할까? 너무 바쁜 나머지 지금 한국사회는 피로사회, 분노사회, 심지어 탈진 사회로까지 치닫고 있다. 바쁨은 곧 빠름이며, 정신없이 바쁘게 되면 우리 영혼에 문제가 생기게 된다. 한국은 이미 많은 사람들이 영혼을 잃어버린 채 살고 있다. 미래는 어떨까? 많은 미래학자들이 미래는 더 빨라지는 반면 삶의 질은 더 나빠질 것이라고 예견한다. 추사 김정희의 '작은 창으로 들어오는 빛이 밝으니 나로 하여금 오래 머물게 하네小窓多明 使我久坐'란 글귀가 있다. 이는 창으로 들어오는 햇살 한 줌에서 행복을 찾을 수 있다는 것을 가르쳐준다. 세상은 갈수록 살기 편해지는데 왜 한국사회는 갈수록 불행해지고 있는 걸까? 이에 대한 해답을 찾고자 행복이란 단어가 자주 입에 오르내리고 관련 서적도 많이 출판되고 있다. 행복하고자 하는 우리에게 슬로와 행복, 즉 徐路×徐市=徐福에서 보듯 느림의 가치가 한 줄기 구원의 빛이 될 수 있다. 사람은 원래 느리고 행복하다. 다시 말해 느림과 행복이 곧 인간의 고향이다. 느림은 속도에 가려진 사물의 참 모습을 보여준다. 결코 행복은 성공만큼 빠르지 않다. 가속화와 성장 메커니즘의 지배를 당연시하는 바람에 우리는 이 거대한 수레바퀴에서 빠져나오지 못하고 있다. 한국 어린이 5명 중 4명이 어린 나이에 벌써 시간의 압박에 시달리고 있다. 실업자 수가 수백만 명에 이르는 데도 일주일에 60~70시간씩 일하는 노동자가 허다하니 공동체는 쫓기고 쪼개졌다. 산업화로 인해 느림과 삶의 방향을 잃게 된 것은 곧 인간의 본질을 잃은 것이요, 신의 창조질서를 어긴 것과 같다. 첨단기술과 속도에 지나치게 의존하는 생활방식은 결국 우리를 막다른 길에 다다르게 하

고 파멸로 이끌 것이다. 저성장 시대로의 진입은 세계 공통의 이슈이다. 정부
는 계속되는 저성장으로 우리 경제가 혹독한 겨울을 나게 될 것처럼 말하지
만, 세월호 사건에서도 알 수 있듯이 진짜 겨울은 초고속 성장과 이윤 극대
화에 집착할 때 우리에게 찾아 왔다. 안정적인 저성장과 저소비는 절약과 절
제의 시대로 이어져 인류는 내면적으로 성숙해지고 인류의 역사는 한 단계
더 발전될 수 있으므로 이는 긍정적인 신호로 볼 수 있다.

　아브라함 링컨의 말처럼 행복의 비결은 아주 간단명료하다. 우리가 불행
해지기 원한다면 불행하게 되고 행복해지기를 원한다면 행복하게 된다. 한국
은 기능은 뛰어나지만 행복, 감동이 없다고 외국인들은 말한다. 행복한 사
람이 많은 세상이 선진국善進國이며, 현대사회의 경쟁력은 행복 지수이다. 개
인의 행복이 국가의 존재이유이므로 이제는 이것으로 경쟁해야 한다. 옛날
옛적 천·지·인의 합일 공동체를 지향했던 우리민족의 이상적 행복관이었던
홍익인간의 철학은 소수가 아닌, 최대 다수의 최대 행복으로 우리는 이 찬
란한 전통사상의 유업을 계승, 발전시켜 나가야 할 것이다. 이쯤에서 소선
생님소크라테스의 말씀도 빼놓을 순 없겠다. 그는 이미 기원전 5세기에 국가
의 목적은 국민이 훌륭하게 살도록 하는 것이며, 정부의 목표는 행복하게
생활할 수 있는 질서를 이룩하는 것이라 했다. 사람·돈·정보를 다 가진 정
부가 정치를 잘 해야 선진국이 될 수 있다. 정말 문제는 경제가 아니라 정치
다. 이제 정치인은 화려한 공약의 나열보다 '작은 공원'에 시민들이 더 끌린
다는 걸 알아야 한다. 18세기 임마누엘 칸트는 국민이 수단이 되는 것이 아
니라 목적이 되는 삶, 즉 인격으로 대하는 삶을 살아가도록 하는 것이 국격
을 높이는 길임을 강조했다.

　한국인의 하루 독서 시간은 6분인데다 가장 받기 싫은 선물이 책이라는
작금의 상황에서 필자는 무슨 말을 하고 싶어서 이 책을 쓰고 있는가? 물론
책 제목 「한국, 행복에 빠지다」는 한국사회가 행복하다는 것을 의미하는
것이 아니라 지금 현재 불행의 수렁에 빠져 있는 우리나라를 행복에 빠지게
하고자 반어법을 쓴 것이다. 과거보다 잘 살게 됐지만 행복하다는 사람은
줄어들었고 자살률은 상승하고 있는 이 때, 이 문제를 빨리 해결하는 나라
가 영속 발전할 수 있을 것이다. 박정희 정권이 일군 물질적인 근대화가 잘
못 다루어져 많이 더럽혀지고 망가졌다. 인간성·정신의 근대화를 경험하지

못한 한국 청소년들의 72퍼센트가 이민을 가고 싶어 한다. 필자는 비정상적이고 시한폭탄 같으며, 제대로 가고 있지 못한 현대문명에 대해 의구심을 품고 오랫동안 고민해왔다. 잘못된 사회에서는 올바른 삶을 기대할 수 없다. 더 이상 이대로는 안 된다. 새로운 모델이 필요하다. 우리가 살고 있는 세계에 대해 불평하기보다 좋은 세상을 실현하고 오래갈 인류 미래의 행복을 찾는 노력자의 한 사람이 되고자 이 글을 쓰게 되었다.

최근 우리나라는 분명 소득은 증가했지만 국민의 행복은 점점 더 퇴보하고 있다. 삶의 질은 더욱 악화되어 삶의 방향과 인간의 속도인 느림을 잃고 있다. 표면적으로 삶의 속도를 조정하기는 쉽지만 감히 개인이 행복의 방향을 제안하는 것은 마른하늘에 단비를 내리게rain maker 하는 것만큼 실로 어렵다. 필자의 칠십 여 년 간 인생에서 한국에서 관광학, 엔터테인먼트한류, 슬로시티란 새로운 장르를 개척하는 과정에서 문득 그들 안에 행복이 숨어 있음을 발견하고 매우 놀라웠다. 그래서 이토록 어려운 프로젝트에 손을 델 용기를 낸 것이다. 이 작업을 하면서 필자는 슬로에서 매우 큰 영감을 받았고, 슬로시티 운동을 하면서도 역설적으로 세상의 속도를 늦추기 위해 한편으로 서두르고 있음을 고백한다. 이 책은 다섯 가름으로 구성되어 있다. 달콤한 인생을 방해하는 우리사회의 부조리를 필자의 오랜 관심분야인 자연·문화·종교·정치·빠름의 다섯 가지들의 구조적 적폐불행의 여러 점들을 연결하여 전체를 조망하며 행복의 해답을 찾고자 했다. 독자들에게 이 책에 대한 한 가지 독법을 알려드리자면 책의 각 가름마다 열쇠말 랜드마크경계지표가 길잡이가 되어 줄 것이다. 또한 총정리와 맺는말에서는 각 가름의 핵심과 쟁점 거리를 정리하였다. 필자는 관광학도로서 오랜 세월 세계 도처의 다양한 현장에서의 관광관찰 체험으로부터 얻은 소재를 생생한 사진과 이야기식으로 독자들에게 들려주고자 했다. 마지막으로 긴 저술 작업 동안 묵묵히 기다리며 꾸준히 원고 정리에 심혈을 기울여 준 金玉熙 박사에게 고마움과 출판계의 어마어마한 불황 속에서도 출판을 허락해 주신 박영사의 안종만 회장님의 배려를 인정하여 여기에 심심한 감사인사를 드리는 바이다.

느림철학 資昇齋 孫大鉉

4349, 2016년 春 5월

차 례

자연과 행복　　1809년순조 9년 빙허각 이씨가 엮은 가정살림에 관한 책「규합총서」에 "밥 먹기는 봄같이 하고, 국 먹기는 여름같이 하고, 장 먹기는 가을같이 하고, 술 마시기는 겨울같이 하라"는 구절이 있다. 모든 음식에는 적정 온도가 있다는 것이다. 지구의 공전주기는 365일이고 사람의 체온은 36.5도일 때 비로소 지구나 인간의 몸이 제대로 돌아가니 자연과 인간은 자신의 고유한 질서를 지키려는 항상성homeostasis 원리를 내재하고 있다. 행복이란 체온과 비슷해서[1] 가끔 올라가기도 하고 내려가기도 하지만 결국 정상적인 상태로 돌아온다. 사람의 평균 행복지수는 3퍼센트 정도 밖에 차이나지 않는다고 하니 그야말로 행복은 매우 작은 범위 안에서 움직인다는 것을 알 수 있다. 자연에 등을 돌리는 것은 행복으로부터 등을 돌리는 것과 같으므로 사람은 자기 안에 자연이 살고 있다는 신령한 생각을 가져야 한다. 자연은 선물로 주어진 것이며 공짜로 주어진 것이다. 새들의 노래를 공짜로 들을 수 있듯이 들꽃의 아름다움도 마찬가지이다. 이는 결코 돈으로 계산될 수 있는 것이 아니다. 프란치스코Francisco 교황은 남미 순방 중 에꾸아도르에서 "하느님의 피조물자연을 보호하는 것은 권고가 아니라 의무"이며 "인간이 단순히 자연을 이용하는 게 아니라 돌봐야 하며 자연과 맺고 있는 모든 관계를 존중해야 한다"는 강론을 펼쳤다. 현재 세계가 직면한 가장 큰 두 가지 문제는 사회정의의 실현과 창조질서의 보존保存이다.[2] 더욱이 환경에서 생태로 용어도 바뀌었다. 생태는 곧 생명, 목숨이다. 생태학의 기본 주제는 자연과 인간 간의 균형 및 작용이다. 생태계의 기본질서는 네트워크, 공생, 그리고 인간과 인간, 인간과 자연의 상호균형 및 상호존중이다. 그러므로 생태계의 안녕은3 인간의 행복에 결정적인 역할을 한다. 왜냐하면 이들은 밀접하게 상호연계된 공생관계에 있기 때문이다.

우리는 새삼 **자연**과의 관계 안에서 행복을 찾아야 한다. 누구나 혼자가 아니다. 수많은 덕분에 우리는 살아갈 수 있다. 특히 예부터 동양인은 사물과 사물의 관계를 중시하였다. 서정주 시인의 시 〈국화 옆에서〉의 한 소절, '한 송이 국화꽃을 피우기 위해 봄부터 소쩍새는 그렇게 울었나보다'에서 보이듯이 모든 것은 서로의 덕분에 가능하다.4 자연에게 좋은 것은 인간에게도 좋다. 이러한 자연과 인간의 불가분성은 인간성의 영문인 "human nature"에서도 나타난다. 그러므로 우리가 자연과 함께 지낼 때는 자연처럼 단순하게, 자연스럽고 정답게 살아야 할 것이다. 독일의 예나 대학교 볼프강 벨쉬 교수는 인간이 세상의 중심이니 만물의 영장이라는 것에 대해 "천만에!"라며 부정한다. 또한 동양사상의 불교와 도교 등의 전통이 포스트휴머니즘 담론에 어울릴 수 있다며 "모든 존재가 연관돼 있으며 경계가 없고 서로에 대한 존경심을 가져야 한다는 전통은 진화론적이고 과학적인 사고"라고 했다. 인간은 아름다움을 추구하는 존재Homo Aestheticus, 미학의 인간이다. 스티브 잡스는 "제품의 속까지 아름답게 제작"할 것을 고집하였다. 파르테논 신전을 설계한 고대 그리스의 건축가 페이디아스Pheidias는 신전의 지붕 뒷면까지 꼼꼼하게 작업하기로 유명했는데, 시의 재무관이 보이지 않는 뒷면 조각 비용까지 줄 수 없다고 하자 페이디아스는 "당신은 틀렸다. 신들은 보고 있다"는 명언을 남겼다. 관광지의 매력은 둘 중의 하나다. 값이 싸거나 질이 높거나 이다. 질 높은 관광은 높은 수준의 자연환경을 만끽할 수 있도록 질 높은 인프라, 즉 걷기 여행 및 자전거 하이킹 등을 통한 여행이 가능한 무동력 네트워크를 제공하는 것이다. 자연의 품질관광은 더할나위 없는 아름다움과 매력이다. 또한 인간계와 마찬가지로 자연계 내에서도 실용적인 측면 외에 미학적인 측면이 존재한다. 이는 찰스 다윈의 적자생존론survival of the fittest만으로는 설명되지 않는 미자생존survival of the beautiful으로5 예컨대 뉴질랜드 북섬의 영화 〈쥬라기 공원〉의 촬영지인 레드우드 수목원이나 공작의 화려한 깃털, 나비 날개의 무늬 등이 자아내는 아름다움이 그것이다. 뉴질랜드의 고사리 나무에는 아름다운 스토리텔링이 있다. 뉴질랜드 전역에 서식하는 고사리는 뉴질랜드를 상징하는 식물로서 원주민 마오리의 말로 코루koru라고 하고 하는데 이에 대한 재미있는 이야기가 있다. 이 고사리는 마오리족의 전설에 따르면 원래 바다에서 자랐는데, 마오리족의 길을 안내하기 위해 육지로 와 달라는 요청을 받았다고 한다. 마오리족의 전사들이 밤에 길을 갈 때 은색 고사리실퍼 펀, silver fern의 이파리 뒷면이 회색빛인데 달빛을 받아 숲속에서 길을 찾았다는 것이다. 은색 고사리는 뉴질랜드의 고유식물이자 국민들에게 160년 이상 꾸준히 사랑받아 온 아이콘으로 하늘을 향해 뻗어나가는 줄기는 미래를 향해 전진하는 뉴질랜드를 의미한다고 국기제정안이 제기되기도 했었다. 뉴질랜드를 가리키는

뉴질랜드 새 국기 후보 중의 하나임

마오리어인 아오테아로아Aorearoa는 '길고 흰 구름의 땅'이란 멋지고 함축적인 뜻을 지니고 있다.

우리나라는 역대 정권이 수차례 바뀌면서도 조선朝鮮, The land of morning calm이란 국호를 고수했었다.7 산이 높고 물이 아름다운 곳이라는 뜻의 산고수려山高水麗에서 고려高麗라는 국호가 탄생했다는 설도 있다. 그러한 산고수려한 삼천리 금수강산錦繡江山이 오염되어 금수禽獸강산이 되어 버렸다. 고려시대 근 100년간 한국을 농락했던 몽골은 당시 고려를 솔롱고스무지개의 나라라고 일컬었다. 한국은 국토의 70퍼센트가 산으로, 삼면이 바다로 둘러싸여 있는 만큼 4,300여종의 식물과 8,000여종의 동물이 생

아득한 선사시대의 울주군 반구대 암각화. 자료: 울산암각화 박물관[6]

존하는 동식물의 천국이었던 예전에는 정말 알록달록 아름다웠을 것이다. 국제슬로시티연맹 한국슬로시티본부는 환경보다 자연이란 용어를 우위에 둔다. 왜냐하면 환경環境이란 말에서는 인간이 중심이고 인간 주위에 있는 모든 것, 심지어 자연까지도 인간의 하위개념으로 두기 때문에 친환경보다는 친자연이란 말을 선호하고 사랑한다.

인간에게는 하나님이 주신 책이 두 권 있는데, 하나는 자연이고 나머지 하나는 성경이다. 자연을 깊이 들여다보면 하나님의 생각을 읽을 수 있다. 미국 사상가 헨리 데이비드 소로 1817-1862는 자신의 저서 「월든」에서 이렇게 얘기한다. "자연을 놓아두고 천국을 이야기하다니! 그것은 지구를 모독하는 것이 아니고 무엇이겠는가?"[8] 그는 일찍이 미국 도시의 빠르고 복잡한 삶 대신 자연의 느리고 너그럽고 단순한 삶을 선택했었다. 도시에서 살면 자연에 대해 잘 알지 못한다. 그런 이들에게 묻고 싶다. 푸른 하늘과 밤중에 별을 바라 본 적이 언제인지, 맨발로 풀을 밟아 본 적이 언제인지 말이다. 늘 시간에 쫓기고 감성에 메마른 현대인의 삶을 윤택하게 만드는 지성적인 영양제로 시를 추천한다. 시 한편 읽는 데 소요되는 시간은 30초뿐이지만 그 잔상은 오래 간다. 다음은 저자 미상의 일본의 하이쿠단시로 자연을 노래하고 있다.

싹이 트고 / 꽃이 피고 / 시들고 / 땅에 지고 / 본 사람 하나 없고 …

노자의 자연에 대한 촌평은 그야말로 압권이다. 무위자연無爲自然, 즉 '아무것도 하는 것이 없는데 하지 않는 것이 없다'는 심오한 뜻이다. 대자연의 저 큰 섭리와 지구라는 별, 정말 멋지지 않은가? 인간은 자연계를 침범해 자연의 시간을 빼앗고 인간들끼리 시간을 도둑질하였다. 인간이 자연에 저질렀던 범죄 때문에 지금 우리는 보복을 당하고 있는지도 모른다. 세계경제포럼에서 세계 178개국을 대상으로 발표하는 환경성과지수EPI에서 2014년 한국은 '공기의 질' 평가에서 166위를 기록하였으며, 중국에서 넘어오는 미세먼지와 초미세먼지, 황사로 인한 나쁜 공기로 인해 숨만 쉬어도 병에 걸리는 지경에 이르게 되었다. 누구든 공기 없이 살 수가 없는데 이 공기가 모든 사람에게 해를 끼치고 있다. 전 세계 사망 위험요인 중 4위가 대기오염일 정도로 사태가 심각하다. 우리나라는 농農과 식食의 오염과 동물 구제역의 위험성에다 이미 오래전부터 강남 갔던 제비도, 벌통의 벌도 돌아오지 않고 있다. 독일 카를스루에대학의 한스 헬무트 베른하르트 교수는 한국의 4대강 파괴에 대해 왜 독일의 실패에서 교훈을 얻지 않았는지 반문하면서, 우선 4대강의 댐과 보를 철거하고 나머지는 자연에 맡겨 재자연화해 나가야 한다고 말한다. 자연은 설계할 수 없고 설계하려고 해서도 안 된다는 지론인 것이다. 물은 흐르고 싶어 하므로 당당하게 흘러가야 한다. 네덜란드의 풍차windmill에서 자연에 대한 경외심과 아울러 자연의 악조건을 슬기롭게 극복한 지혜로움을 엿볼 수 있다. 15세기 초 관개용으로 등장한 풍차는 국토 중 해수면보다 낮은 5분의 1정도의 토지가 간척지로 매립되면서 배수용

자연의 악조건을 극복한 지혜, 15세기 관개용 풍차(좌)와 풍차에서 일하는 젊은이(우)

풍차가 발달하였으며, 이 물풍차 외에도 밀가루를 빻는 제분용 풍차도 있다. 필자는 최근 풍차의 3층까지 올라간 적이 있었는데 풍차에서 도르래로 물건을 들어 올리는 젊은이에게 왜 손쉽게 기계를 써서 밀을 빻지 않느냐고 물었다. "원래 있었던 풍차였고, 흥미도 있고 옛것을 존중한다"는 그의 순박한 대답이 마음에 와 닿아 한동안 풍차에서 내려오고 싶지 않았다. 옛날 우리에게 있었던 자연의 힘을 빌려 곡물을 빻았던 물레방아 원리이다. 우리는 잃어버렸고 그들은 보존하고 있었다.

다산 정약용은 삼농사상, 즉 후농厚農, 편농便農, 상농上農 정신을 강조했는데, 농사로 이문이 남게 하고 농민들이 편하게 농사를 짓도록 하며 농업의 지위를 높여주자는 것이다. 즉, 농사는 장사보다 이익이 적으니 정부가 각종 정책을 통하여 수지맞는 농사가 되도록 해야 한다는 것이 후농, 본디 공업에 비해 농사짓기는 불편하고 고통스러우니 정부가 경지정리, 관개수리, 기계화를 추진하여 농사를 편히 지을 수 있도록 해야 한다는 편농, 일반적으로 선비보다 지위가 낮고 사회적으로 제대로 대접받지 못하는 농민의 사회적 위상을 높이는 정책을 펼쳐야 한다는 것이 상농이다. 그야말로 실용성에 초점을 둔 실질적인 통찰력이 아닐 수 없다. 농민이 천하의 근본이라는 농자천하지대본農者天下之大本의 정신을 지켜온 우리는 전통적으로 **농업**의 중요성을 강조하여 다음과 같은 농철학을 일구어냈다. 나농자잡초懶農者雜草, 게으른 농부는 잡초를 만들고 독농자작곡篤農者作穀, 부지런한 농부는 곡식을 만든다. 상농자작토上農者作土, 으뜸 농부는 땅을 기름지게 하고 성농자작인聖農者作人, 거룩한 농부는 사람을 만든다. 이렇듯 좋은 농산물은 사람의 인격 형성에 중요한 영향을 끼친다. 우리 선조들은 겨울을 견뎌낸 봄의 기운과 여름의 소리, 가을의 풍요로움, 그리고 겨울의 한가로움을 제공해주는 텃밭과 텃논을 통해 자연의 이치를 자연스럽게 배웠다.[9]

일본의 자연농법 대가 가와구치 요시카즈에 따르면 자연농법은 화학비료나 농약을 쓰지 않는 것은 물론 잡초도 뽑지 않는 것이라고 한다. 자연이 스스로의 힘으로 농사를 이끌어 가도록 하는 자연농법의 핵심은 땅을 갈지 않고 벼와 풀이 경쟁하는 시기에 한 두어 번 풀을 멘 후 그 자리에 그냥 두는 것뿐이다. 즉 자연이 지닌 본래의 힘에 대한 믿음을 기반으로 인간의 개입을 최소화하는 농법인 것이다. 농업을 제외하고 자연을 논할 수 없다. 이탈리아의 국보로 자리매김한 가야Gaja 와이너리가 있다.[10] 가야 와인이 국보와인으로 인정받게 된 것은 1999년부터 화학비료나 살충제를 사용하지 않는 자연농법으로 탈

이탈리아 국보 가야 바르바레스코 와인. 사진 제공: 에노테카 코리아

바꿈했기 때문이다. 그 이유 중의 하나는 지구 온난화였다. 일조량 변화 및 병충해에 대응하기 위해 이전 150년간 해온 농법과는 전혀 다른 접근이 필요했기 때문에 농장에선 잡초도 깎지 않은 채 수십 종의 벌과 야생화가 포도나무 주변에 살도록 내버려 두었다. 즉, 자연에 생명력을 되돌려 줄 때 비로소 진정한 자생력이 살아난다는 것이다.

한국 농촌의 핵심 콘텐츠매력는 생명먹을거리, 녹색녹색심리학, 느림자연의 공간 제공으로, 1970년까지만 해도 한국 인구의 90퍼센트가 자연에서 살아가는 녹색 자연인green people이었으며, 청금계층blue collar, 즉 푸른 옷깃의 작업복을 입는 공장근로자, 백금계층white collar의 사무직 및 공무원과는 대비되는 농민, 즉 녹금계층綠襟階層이었다. 하지만 1970년부터 시작된 범국민적 지역사회 개발운동이었던 새마을운동으로 인해 한국의 산업화와 자본주의가 촉발되었다. 새마을운동에 따른 도시화 열풍은 사람들이 농촌을 떠나 도시로 향하는 이촌향도移村向都 현상을 낳았으며, 인재들도 굵은 돌은 다 빠져 나가고 잔돌만 남게 되었다. 거기에다 조기유학으로 인한 한국탈출 붐까지 일었다. 이 무렵 정부의 아들, 딸 구분 없이 하나낳기 운동의 산아제한 정책과 함께 느린 농촌에 농산물 증산왕제도가 도입되면서 경쟁은 치열해지고 수확량을 더욱 늘리기 위한 농약과 화학비료가 투입되기 시작하였다. 이에 한국 농업은 오염으로 범벅이 되고 낭비 투성이가 되었다. 땅을 가는 낭비, 풀을 적으로 여기는 낭비, 비료를 준비하는 낭비, 에너지 낭비가 넘쳐나고 드디어 한국 농토의 90퍼센트 이상이 산성화되는 등 자연과 생명의 세계에 쉽게 갚지 못할 빚을 안겨주었다. 창세기 2장 7절과 3장 19절에 "하나님이 흙으로 사람을 지으시고 … 너는 흙이니 필경은 흙으로 돌아가리라"는 말이 있다. 흙이 망가지면 결국 다음 차례는 사람인 것이다.

슬로시티에 있어서 농업은 대표적인 느림산업, 전통산업, 생명산업으로 모든 업의 근본이 되는 기업基業이요, 본업本業이다. 내 머리 위에는 하늘이, 내 발아래는 땅이 있다. 농업사회의 정체성이 키움이라면, 산업사회는 만듦이고 지식정보사회는 서비스와 체험이다. 오늘날 우리는 도시의 삶 속에서[11] 사서 쓰는 풍요로움에 길들여져 자연을 이용해서 '만드는 풍요로움'을 잊어 버렸다. 심지어 자연마저 돈으로 사버리는 도를 넘은 인간의 오만은 위험한 개발과 환경파괴, 빈부격차라는 결과를 초래했다. 사람은 흙에서 나고 결국 다시 흙으로 돌아가는 존재이다. 세상에 존재하는 모든 것이 흙과 함께 한다. 흙土에 선을 하나 얹으면 왕王이 되고 또 거기에 점 하나를 더하면 주인主이 되니 이 모든 것의 기초가 땅이다. 한국인들이 즐겨 마시는 커피의 경우 와인처럼 재배한 지역의 지역 환경 특성에 따라 그 풍미가 완전히 달라진다. 그래서 좋은 커피를 선별할 때도 와인을 고르듯 흙에서 비롯된 떼루와terroir로 재배 지역을 살핀다. 무엇을 만들어 내는 사회가 건강하며, 즉 농산물을 생산하는 것이야말로 진정 행복한 일이다. 건강하고 아름다운 농촌을 살리는 길은 돈이 아니라 인류의 오래갈sustainable 미래에 대한 진지한 열망이다.

그러므로 인류를 먹여 살릴 농업은 결코 사양 산업이 될 수 없으며, 농자천하지대본은 현재와 미래에도 진리이자 정신으로서 미래의 부를 위한 바탕인 것이다. 이러한 차원에서 생각해 볼 때 농업이 기본이고 상商과 공工은 부차적이며, 질적 성장에 대해 양적 성장은 부차적이다. 오늘날 한국 농촌의 빈곤은 경제적 빈곤이 아니라 사고의 빈곤이므로 부차적인 물질자본·자원의 충족을 통한 경제적 빈곤 해결이 아니라 물질이 아닌 근본적인 교육, 조직, 규율의 강화를 통한 사고의 빈곤 해결이 더 중요하다.[12] 따라서 한국의 지속가능한 장래 발전을 위해 한 가지 미래 대안을 제시하자면 '10만 명의 농업 엘리트'를 양성, 이들을 농촌으로 보내 하이테크와 전통을 결합한 농업을 발전시키는 것이다.

세계적 의류브랜드 노스페이스의 창업자인 더글러스 톰킨스는 노스페이스를 매각한 후 남미 칠레에서 광활한 땅을 사들임으로써 환경보호와 더불어 슬로팜slow farm을 일구어낸 선구자다.13 그는 자신의 땅에 환경을 파괴하지 않는 방식으로 소규모 농장을 경영하고 있다. 기계나 트랙터를 일절 사용하지 않고 필요한 경우 말이 끄는 손수레를 밀고 가는 슬로팜의 속도를 유지하고 있다. 늘 반복되는 주제인 느림에 충실하고자 기계나 화학비료를 사용하지 않고 그곳에서 생산되는 자원만 이용한다. 대규모로 자행되는 기업형 농업이 계속될수록 혹사당한 땅은 지력이 쇠해져 결국 버려지고 마는 지속불가능한 농업이 양산될 뿐이다. 슬로시티가 지향하는 농법은 소작농이며, 농사일에 필요한 기술수준 역시 중간기술 정도로 최첨단 기술의 적용을 제한해야 한다. 농민은 단순히 생산자에만 그치지 않는다. 농민은 '잘 기다리는 사람'이지 푸대접이나 받는 하층이나 천민계층, 미련한 사람들이 아니다. 생명을 사랑하는 사람에게서는 향기가 난다. 세상이 알아주지 않는 이름 없는 농부일지라도 그 어떤 화려한 옷을 입은 사람보다 고귀하고 아름답다. 전 국민을 위한 국민산업으로서 농업의 위상이 높아지고 농업관련산업문화agro-industrial culture가 발전하지 않는 한 결코 도시와 농촌은 건강해질 수가 없다. FTA자유무역의 도전 앞에서 농업이 농림축산물 재배의 1차 산업, 특산물을 이용한 다양한 제품 생산의 2차 산업, 관광·교육·보건 서비스의 3차 산업을 결합하여 6차 산업으로 발전하기 위해서는 생산자와 제조업체가 협력하고 예술인의 감각을 더해 색을 입히는 창조농을 실현해야 한다. 농촌이야말로 소비자가 직접 행복을 느낄 수 있는 곳이다.

자연인으로 돌아온 영화배우 문숙은 우리가 비록 현대인이긴 하지만 우리의 육체는 아직 고대의 선조와 마찬가지로 땅과 함께 숨 쉬고 그 땅이 제공하는 에너지음식를 섭취하며 산다고 얘기한다. 우리가 취하는 음식은 100퍼센트 땅에서 생산되며, 우리의 몸은 바로 이 **음식**이 변형된 결과물이라 할 수 있다. 또한 이 음식은 모두 미생물 작용으로 만들어진다. 우리 삶에는 유효기간이 있으며, 우리가 죽으면 우리의 몸을 지구로 되돌려 주어야 하듯 인간도 한낱 자연의 순화과정에서 재활용되는 존재에 지나지 않는다고 한다. 한국인의 급격한 식단변화는 1970년대부터이다.[14] 식습관이 서구화됨에 따라 지난 40~50년 사이 한국인의 식단에서 82퍼센트의 높은 비중을 차지했던 곡물칼로리 기준이 43퍼센트까지 절반 가까이 줄어든 반면, 육류 섭취는 2퍼센트에서 12퍼센트로 6배나 증가했다. 또한 한국인의 하루 평균 영양섭취량은 2140칼로리에서 3329칼로리로 55.6퍼센트가 늘어났다. 이와 같은 식단변화와 함께 화학비료, 유전자변형, 성장촉진제 등의 부자연한 식품공해가 범람하게 되었고, 이로 인한 식품오염은 결국 인간오염으로 이어졌다. 농과 식은 둘이 아닌 불가분의 관계로 좋은 음식은 건강한 농업이 존재해야만 가능하다. 한 때 우리나라에도 창궐했던 구제역과 조류독감AI은 보다 빨리 가축을 길러 내 대량소비를 가능케 하여 돈을 벌고자 하는 인간의 탐욕이 부른 슬픈 비극이다. 불명예스럽게도 다른 어떤 나라보다 유독 구제역이 심한 나라가 한국이다.

우리는 음식을 천천히 먹기 위해 세상에 태어났다. 사람들은 종종 살기 위해 먹느냐, 먹기 위해 사느냐를 논하곤 하는데 소크라테스는 시장이 반찬이라 하면서 먹기 위해 사는 것이 아니라 살기 위해 먹는다고 했다. 그러나 좀 더 진지하게 생각해 볼 때 후자가 정답이라고 본다. 왜냐하면 음식은 곧 생명이고 그 생명은 결코 수단이 될 수 없기 때문이다. 모든 생물이 다 천수를 누리지만 사람만이 유일하게 질병에 걸리는 딱 두 가지 이유는 음식과 스트레스 때문이다. 한국의 슬로시티는 느리고 깊은 생태학을 위해 음식에 있어 생태식ecological·문화식cultural·유기농식organic의 각 머리글자를 딴 ecoFOOD를 추구한다. 이는 제철음식 등 지역의 로컬 푸드를 대변하는 슬로푸드란 용어보다 훨씬 종합적이고 합목적적인 용어라고 볼 수 있다.15 이 ecoFOOD를 좀 더 살펴보면 생태식에서 강조하는 것은 생명의 가장 핵심이 음식이라는 점이다. 우리에게 음식을 공급하는 자연은 공짜naturally free이고 우리 또한 자연의 일부임을 유념해야 한다. 문화식 측면에서 식산업을 식문화food culture라 부르는 것은 땅문화agriculture에서 식재료가 산출되기 때문이다. 유기농식의 의의는 화학비료 및 농약 사용이 토양 오염과 깊은 상관관계에 있다는 점에서 주목하여 초자연 유기농법인 발효 퇴비를 이용하는 '할아버지 농법'으로 그 고장의 토양 미생물을 살리는 것이다. ecoFOOD에서 가장 중요한 요소는 재료라는 원래의 성분을 되찾아 본래의 맛·향·당도를 지켜 음식의 향유라는 긴 행복을 오래 누리기 위해 ego보다 eco를 최우선으로 선택하는eco-choice 것이다.

ORGANIC

CONVENTIONAL

(Actual sizes)

유기농 딸기와(좌) 일반 딸기(우)

한국슬로시티본부의 주장은 음식을 제대로 잘 먹는 것이 인간성을 지키는 것이고 이것이 곧 환경을 보호하는 길이라는 것이다.16 정성이 깃든 요리를 먹으면 마음이 착해진다. 훌륭한 음식은 우리의 인간성을 풍요롭게 하고 인간미를 더해준다. 우리에게 있어 인생이란 한마디로 먹고 사는 일이다. 여행에서의 추억의 절반은 맛이다. 먹고 사는 일에서 쌓인 만족이나 불만족을 기준으로 행복을 얘기할 수도 있다. 좀 더 자세히 얘기를 해보자면, 식품이 생산된 곳에서 소비지까지 이동하게 되는 거리인 푸드 마일리지food mileage가 높기로 세계 1, 2위를 차지하는 나라가 바로 일본과 한국이며 점점 증가하는 식품의 장거리 이동을 지양하려는 노력이 세계 곳곳에서 나타나고 있는데, 한국의 신토불이身土不二, 이탈리아의 슬로푸드, 영국의 푸드 마일리지, 일본의 지산지소地産地消 운동이 그것이다. 오늘날 인류를 가장 위협하는 존재가 바로 먹을거리라는 아이러니한 상황은

국내 판매 주요 가공식품의 GMO 표시 여부17

조사품목	옥수수·대두 사용 제품수	GMO 표시여부
대두유	14	없음
옥수수유	11	없음
카놀라유	15	없음
혼합식용유	3	없음
된장류(쌈장, 레토르트 식품 포함)	46	없음
간장(양념간장류 포함)	13	없음
청국장(테토르트 식품 포함)	7	없음
고추장(초고추장 등 양념고추장류 포함)	41	없음
기타(춘장, 기타 장류 포함 양념류)	4	없음
시리얼	42	1
팝콘	20	없음
스위트콘	6	없음
올리고당·물엿·원당·과당 등	23	없음
건강기능식품	70	없음
빵류	64	없음
라면·스파게티 등 면류	93	없음
총 427개 중 1개만 표시		

주: GMO왕국이라 불리는 한국은 농촌진흥청 산하 유전자조작농산물(GMO) 실용화사업
안이 생겨 유전자조작종자에 의한 쌀가공산업육성법까지 만들었다. 우리의 주곡인
쌀까지 유전자를 조작하여 화장품 원료로 쓰기 위해 산업용 GMO쌀 생산 승인 단계
라고 한다(출처: 김은진. "유전자조작쌀의 꼼수". 한국농정신문. 2015. 12. 13).

그야말로 식사食事가 식사食死가 되어버린 셈이다. 그러니 풍요
의 시대가 오히려 먹고 살기가 힘든 세상이 되어버린 것이다.
특히 한국의 식량 자급도는 고작 20여 퍼센트에 불과한데다 각
종 오염 및 유전자 조작식품GMO에 무방비로 노출되어 있으며,
한국인은 음식의 주권도, 농민은 종자를 선택할 농부권마저도
박탈당했다. 옥수수·대두유를 재료로 하여 국내에서 판매되는

가공식품 472개 중 GMO 표시를 한 식품은 1개뿐이다. 만약 유전자변형 작물이 없다면 이는 사료값 급등과 물가상승으로 이어지게 되며 이를 막지 못하면18 그야말로 악마에게 우리의 영혼을 판 꼴이 될 것이다. 제대로 된 음식도 중요하지만 헬렌 니어링과 스콧 니어링의 말대로 생명의 소중함을 알아야 밥 먹을 자격이 있는 것이다. 그들은 자연과 생명을 위해 생명에 최소한의 피해를 주도록 소박한 음식밥상을 먹되 남는 시간에는 돈을 절약하고 책도 읽고 음악을 듣거나 다른 사람과 대화를 하라고 권유한다.

윤택한 녹색천국의 이미지로 대변되는 네덜란드의 농촌 풍경landscape은 잘 조성되고 정비되어 있는데, 그만큼 네덜란드의 공간철학은 전통적 지혜에 근거한 자연의 섭리에 근간을 두고 있다. 평야에는 수목이 울창하고 황금의 초지meadow가 펼쳐진 대지에는 소들이 자유롭게 방목되어 있다. 양들이 평화롭게 풀을 뜯는 게 아니라 이곳은 소들이 '평화롭게 풀을 뜯는 목가적인 분위기'를 자아내어 마치 한 폭의 그림과 같다. 들에서 좋은 풀을 먹고 자란 소는 최량품의 치즈와 우유로 보답한다. 이곳에서는 육류를 붉은 고기, 치즈를 흰 고기라 부를 정도로 유제품이 주요한 먹을거리로 여겨진다. 네덜란드는 '자연=농업=음식=건강=행복'의 등식을 추구하는 나라라는 국가 이미지를 갖고 있다. 네덜란드의 슬로시티들은 각자 전문 브랜드와 마케팅 철학으로 무장하여 생산한 생태농산물ecoduct을 기업화agribusiness하여 판매하는 데 철두철미하다. 네덜란드는 약 2000년

이탈리아는 음식의 나라임을 "Italy is eataly"라고 표현함

전 로마시대 때 지속가능한 농업이 시작된 오랜 역사를 자랑하는데, 국민들이 충분히 식량을 구할 수 있는 훌륭한 식량시장을 구축하고 있으며, 식품이 저렴하고 안정되고 균형 있게 소비된다. 슬로푸드운동이 시작된 이탈리아를 가리켜 'eataly'라 부를 정도로 음식에 대한 애정이 남다르다. 남미 빼루로부터 토마토를 들여오면서 17세기 나폴리의 가난한 동네에서는 마늘과 오레가노(허브)를 뿌리고 토마토를 발라서 구워 먹던 피자가 이후에는 고르곤졸라 치즈까지 곁들여지면서 세계적 명품요리가 되었다. 2015년 이탈리아에서 열린 '밀라노 엑스포 2015'의 슬로건인 "식사의 탄생은 작고 예쁜 씨앗이다"(Before it became dinner it was a tiny, little seed)에서 알 수 있듯이 이탈리아는 건강한 식재료를 중요하게 생각한다.

핀란드의 게릴라 가드닝guerrilla gardening은 도심 속 비어 있는 땅에 채소를 재배하는 독특한 방식의 프로젝트로 기부 받은 박스나 산업용 포대가 훌륭한 텃밭으로 변신하여 도시에 청량한 활력을 불어 넣고 있다.19 독일을 여행하는 사람들에게 독일의 호프 생맥주와 소시지의 맛은 그야말로 일품逸品이다. 독일 맥주의 맛이 한국의 생맥주 맛과는 근본적으로 다른 이유는 독일 본토의 생맥주에는 보리, 호프hop, 물, 효모의 네 가지 요소가 들어가는데, 특히 호프가 재배되는 지역에 따라 맥주의 맛과 향이 크게 달라지기 때문이다. 터키는 젖과 꿀이 흐르는 축복의 땅으로 토양에 자양분이 풍부하여 농산물을 자급자족한다. 터키의 슬로시티 지역에는 토종 종자에 대한 애착이 매우 강하고 종자 교환Seed Exchange 축제를 개최하여 토종 종자의 상호교환을 통해 지역의 재래 종자를 보호한다. 덕분에 좋은 밀이 생산되어 지역마다 독특한 빵이 발달해 있다.

윌리엄 데이비스의 「밀가루 똥배」20는 우리에게 불편한 진실을 알려준다. 그것은 바로 머리부터 발끝까지 우리의 건강을 해치는 것이 '밀'이라는 것이다. 그는 "우리의 필요에 맞게 다른 종의 유전 암호를 변형하고 조작할 수 있다는 생각은 현대인이 갖고 있는 오만의 극치라고 할 수 있다"고 얘기한다. 미국에서도 유전자가 변형된 밀이 판을 치고 있으며, 2014년 우리밀과 수입밀의 국내시장 점유율을 보면 우리밀은 1.1퍼센트에 불과하고 수입밀이 98.9퍼센트로 압도적이다. 우리의 조상들은 비단 같은 아욱으로 국을 끓이고 옥 같은 쌀로 밥을 지어 먹었

한국의 대표음식 bibimbab에서 bibim이란 여러 재료들이 두루 섞이고 어우러진다는 뜻임. 각양각색의 향기로운 나물들의 오케스트라로 된 건강식이고 풍부한 맛이 조화스럽고 여러 사람이 나눠 먹는 공동체 음식인 비빔밥을 가리켜 한 그릇의 공화주의라 부름. 사진은 2014년 4월 완도 생태수산포럼참석 국제슬로시티 시장들

다. 한국 음식의 양대 지주는 발효와 채식이라 할 수 있는데, 특히 대륙과 대양이 만나는 곳이어서 예부터 발효 음식이 풍부했다. 또한 해조류를 바다의 나물이라 부를 만큼 해조류를 즐겨 먹었다. 나물이란 이름은 신라인들이 채소를 나물羅物이라 부른데서 연유했는데, 그만큼 한국은 세계에서 드물게 산나물과 해조류를 즐겨 먹는다. 한국의 대표음식인 비빔밥에서 '비빔'이란 여러 재료들이 두루 섞이고 어우러진다는 뜻이다. 각양각색의 향기로운 나물 재료들의 오케스트라로 이루어진 비빔밥은 풍부한 맛이 조화로운 건강식이다. 여러 사람이 나눠 먹는 대표적인 공동체 음식이기도 한 비빔밥을 가리켜 한 그릇의 공화주의라고 부르기도 한다.

스위스의 알프스로 행복한 바캉스를 마치고 화관을 쓴 소들이 목동과 함께 귀환하는 소몰이 가을축제. 젖소가 기분 좋을 때 좋은 우유를 제공함

초콜릿 제조의 중심지인 벨기에의 경우 국가 차원에서 초콜릿 산업을 육성하고 있으며 세계적인 고급 브랜드Godiva를 유지하고 있다. 초콜릿 제조에서 장인정신을 이어가고 있는 벨기에는 순수한 카카오 맛의 초콜릿을 생산하고 있으며, 고급 초콜릿에 대한 기준도 매우 엄격하여 카카오버터를 100퍼센트 사용한다. 뉴질랜드의 속담 '소똥 냄새를 많이 맡는 사람은 그렇지 않은 사람보다 암에 덜 걸린다'는 말은 자연 생태의 중요성을 강조한다. 스위스의 슬로시티 맨드리시오의 소들은 5월부터 10월까지 짧게는 3개월, 길게는 5개월 간 소의 행복과 동물 복지를 위해 알프스로 행복한 바캉스를 떠난다. 알프스 산자락의 암반과 돌산에서 자란 '약초' 풀을 먹으며 스트레스 없이 즐겁게 방목된 소에서 얻은 우유, 고기, 치즈 등의 유제품의 맛과 영양은 월등한 차이를 보인다. 이걸 보니 밀실 공간에서 비육우와 우유 생산을 위해 마구잡이로 사육되고 구제역으로 불쌍하게 매몰되는 한국의 소들이 떠오른다. 10월 말 목에는 종을 달고 머리에는 화관을 쓴 소들이 목동과 함께 알프스 고지대에서 마을로 하산할 때 소몰이 가을 축제가 시작된다. 목동이 몰고 내려오는 소떼와 그들이 여름 내 만들어 낸 치즈가 바로 축제의 주인공이다. 이토록 음식의 중요성에 대해 성경은 다음과 같이 말하고 있다. "식물食物은 하나님이 지으신 바니 믿는 자들과 진리를 아는 자들이 감사함으로 받을 것이니라."[21]

4349년의 유구한 역사를 지닌 단군왕조의 첫 임금인 단군의 건국이념은 홍익인간弘益人間이다.[22] 「삼국유사」에 따르면 홍익인간은 "널리 모든 사람을 이익 되게 한다"는 뜻으로 이를 현대적으로 풀이하자면 최대 다수의 최대 행복을 의미한다. 단군 정신은 지구촌이 하나가 되는 대동장춘세계大同長春世界와 세계 가족주의의 인인애隣人愛 사상으로 이른바 이웃을 사랑하는 이 웃사촌과 같은 인정문화를 꿈꾸는 것이었다. 이 원대한 이념은 비단 사람뿐만 아니라 생물까지도 포함한 넓고 실로 위대한 사랑이었다. 하늘과 땅과 사람天地人 간의 조화, 즉 천지인의 합일 **공동체**를 지향하는 홍익인간정신은 바로 국가의 영혼인 국혼國魂 이며, 이것이 바로 인간의 얼굴이라는 이상을 지녔다.23 이 같은 맥락에서 볼 때 선조들은 개인의 이익보다 공동체의 이익을 최우선시 했다는 것을 알 수 있다. 또한 천지인의 자연과 인간 간 공동체 정신이 제대로 구현된 것이 농업사상이다.

단군사상은 풍류도로 전승되었다.24 우리 선조들은 자연과 예술과 인생이 하나로 조화되고 융합되는 신명神明·신바람의 풍류기질을 지녔다. 본디 오랫동안 이 같은 낙천적 기질을 가진 민족으로서 가무와 음곡을 즐기며 전 세계의 온 인류가 하나로 통일된 대동유大同遊의 대동태평세계를 꿈꾸던 민족이었으니 오늘날의 한류현상은 우연이라기보다 우리가 지닌 풍류도 DNA와 신풍류도 미학의 틀에서 보는 것이 바람직하다. 오늘날 자본주의 시장원리로 인해 무너진 공동체를 회복하기 위한 대안으로 잃어버린 옛 전통인 풍류정신의 고상함을 지켜나가야 할 의무noblesse oblige가 우리에게 있다. 자본주의 사회의 건전한 발전을 위하여 중시해야 할 점은 인간은 이웃, 국가사회로부터

현존하는 한국 最古(1935)의 여관인 보성여관

'빼앗는 인간'이 아닌 '벌어서 나누는 인간'으로서 '화엄학'에서 말하는 협동과 조화의 공존관계를 이루어 나가야 인류의 희망이 있을 것이라는 것이다. 또한 우리에게는 신라의 다살 정신多薩精神이 있다. 다살이란 '다 살린다'는 의미로 오늘날 사람, 동물, 식물이 다 함께 살아가야 할 공존공영의 시대에 절실히 상기해 볼만한 화두이다. 뿐만 아니라 계, 두레, 향약 등으로 면면히 이어져 온 우리의 오랜 공동체문화의 전통 역시 상기해 볼 때이다.

전남 보성군 벌교읍에는 조정래의 대하소설「태백산맥」속에 등장하는 1935년에 세워진 우리나라에 현존하는 가장 오래된 여관인 보성여관이 있다. 이 역사적 건물의 들보의 상량문上樑文에는 응천상지삼광應天上之三光 비인간지오복備人間之五福, 즉 "하늘의 해, 달, 별은 감응하시어 인간의 오복을 내려 주시옵소서"라고 쓰여 있다. 이는 우리 인간들이 천지인의 조화를 통해

1998년 6월 정주영 전 현대그룹 명예회장이 오랜 분단의 벽을 뚫기 위해 보낸 뚜벅 뚜벅 걷는 통일소 소떼는 20세기 최후의 장엄한 전위예술로 평가됨

얼마나 행복을 염원했는지를 새삼 알게 해준다.

  앞서 천지인의 공동체 조화가 행복의 길이라 했다. 우리나라 는 세계 유일의 분단국으로 2016년은 분단 71년이 되는 해이 다. 일제 식민지 해방이 제 1의 해방이라면, 우리는 아직까지 남북통일이라는 제 2의 해방을 이루지 못한 채 분단의 고통으로 아파하고 있다. 결단코 남북 간 공동체가 회복되지 않고서는 우리나라의 진정한 번영과 행복을 기대할 수 없다. 신영복 전 성공회대 석좌교수는 통일을 '統一'이 아닌 '通一'로 쓰고 있 다. 우리도 독일처럼 통신, 우편, 여행 등 인적·물적 교류를 확 대하면서 천천히 내부 국경을 없애가는 평화로운 소통을 해 상 호신뢰를 거둬야 한다. 증오와 적대정책보다는 '내 탓이오'란 뜻의 라틴어 메아 꿀빠mea culpa 정신으로 겸손과 인내, 사랑과 평화로 일관해야 할 것이다. 통일 할아버지, 정주영 전 현대그룹 명예회장은 유조선으로 물길을 막아 간척사업으로 만든 서 산농장에서 키운 새끼 밴 어미 소를 포함한 1001마리의 소떼를 끌고 북한으로 방문하였는데 이것이 단순한 고향방문을 넘어 평화의 초석이 되기를 절절이 희망했었다. 생전에 항상 "이봐 해봤어?"를 부르짖던 야망과 도전정신이란 유산을 남기고 간 그의 민족공동체의 통일에 대한 유지의 불씨가 꺼지지 않도록 해야 할 것이다.

  런던 템즈강변의 뱅크사이드 화력발전소가 공해문제로 1981년 폐쇄되었다. 그런데 이를 두고 문제가 생겼다. 화력발전소를 철거하고 새롭게 최첨단 미술관을 개발하자는 측과 역사의 유산인 만큼 건물을 보존한 채 개조하여 미술관을 조성하자는 측으로 시민들의 의견이 갈린 것이다. 대다수의 건축가들은 흉물이 된 발전소를 헐고 그 자리에 새 건물을 지을 것을 제안했지만 오랜 갑론을박 끝에 스위스 출신의 한 젊은 건축가의 발전소건물을 리모델링하자는 제안이 결국 당선작으로 채택되었다. 여기서 주목할 점은 폐허나 다름없었던 발전소 건물에 대한 사회적 합의가 도출되기까지 무려 20여 년 동안 건물을 보존한 영국 정부의 인내심과 테이트 모던미술관Tate Modern Museum이 자신들의 것이라는 성숙한 공동체적 연대감을 발휘한 시민정신으로, 이는 널리 자랑할 만한 숭고한 기념비적 사건이다. 산업화 시대의 상징인 화력발전소가 창조산업시대의 상징인 미술관으로 탈바꿈되면서 한해 400만 명 이상의 관광객이 방문하는 세계적인 명소가 되었다. 오래된 건물을 허무는 것만이 능사가 아니므로 우리나라도 현재의 쓰임새에 맞게 오래된 건물을 재생, 재활용한다면 새로운 가치의 발견은 물론 전통과 현대가 이어지는 공동체의 아름다운 교두보를 이룰 수 있을 것이다.

1988년 오스카 최우수외국영화상을 수상한 가브리엘 악셀 감독의 영화 〈바베트의 만찬〉Babett's feast은 19세기 덴마크를 배경으로 12명의 기독교 공동체 마을 사람들에 관한 이야기이다. 빠리의 유명한 천재 요리사 바베트는 프랑스 혁명을 피해 덴마크의 작은 마을로 피신하여 15년 동안 하녀로 힘든 노동을 하며 지내던 어느 날, 1만 프랑의 복권에 당첨되었고 그 돈을 고스란히 12인분의 프랑스 요리 만찬 준비에 다 써버린다. 만찬이 끝난 후 1만 프랑이 아깝지 않느냐는 물음에 "예술가는 가난하지 않아요. 자신이 최선을 다하면 사람들을 행복하게 할 수 있죠"라는 답하는 바베트의 말에서 예술가의 열정이 뿜어나온다. 만찬 후 반목과 갈등은 사라지고 행복에 겨운 마을 사람들이 서로 손을 잡고 밤하늘의 별을 머리에 이고 강강술래하며 만찬장을 떠나는 마지막 장면은 그야말로 공동체 행복이 샘솟는 장면이다. "자비와 진실은 함께 합니다. 정의와 축복은 하나입니다"라는 잊지 못할 명대사도 등장한다.

독일은 효율지상주의를 거부하고 공동체 행복을 선택한 대표적인 나라다. 과거청산의 주역인 빌리 브란트 수상은 독일을 국가적 불행에서 구해내고 독일인의 거시적 행복조건을 마련함으로써 독일은 다시 국제사회의 일원으로 복귀할 수 있었다. 국민의 행복을 좌우하게 될 중대한 경제체제 선택의 갈림길에서 독일은 경제적 약자를 위해 정부가 일정 부분 시장에 개입하는 '사회적 시장경제'를 채택하였다. 승자가 독식하는 정글사회를 거부하고 강자와 약자가 평화롭게 공존하는 공동체를 지향하며 개인이 유일무이한 존재로 인정받아 교육적 노력의 성과물로 자아실현을 하게 하여 참 행복을 누리게 하였다. 더 나아가 자본주의의 기본원리인 효율성 경쟁은 적극적으로 권장하되 인간성과 공동체를 훼손하지 않도록 노력했다. 즉, 효율성을 높이려는 노력이 과연 누구를 위한 것인지, 그리고 무엇을 위한 것인지를 분명히 했다. 또한 인간존엄과 공동체를 위협하는 효율지상주의를 거부하는 또 하나의 두드러진 사례는 독일경제를 움직이는 노사의 운명공동체 정신의 구현이다. 구성원 전체의 의견을 중시하는 합의정신이 상호존중과 사회적 신뢰를 이끌어 내었다.

고조선의 붕괴 원인은 대체적으로 철기 보급에 따른 경제관념과 사회구조의 변화로 인해 구질서가 와해되면서 공동체문화가 깨졌기 때문이었다.25 앞서 언급했듯이 우리는 남들 못지 않은 유구한 공동체 문화와 행복한 역사를 가졌건만 서구과학과 자본주의 정신을 무비판적으로 추종한 나머지 공동체의식이 소멸되어 급기야 공멸의 위기에 처해있다. 공동체 문화가 '너 죽고 나 살기' 식의 경쟁문화로 인해 모래알처럼 뿔뿔이 흩어진 콩가루문화로 대체되어 짐승처럼animalization 살고 있다. 우리나라는 2014년 국제협력개발기구가 발표한 더 나은 삶의 지수The Better Life Index에서 34개국 중 25위로 최하위권을 기록했으며, 특히 공동체 지수는 34위 꼴찌로 이는 우리가 지금 어떤 모습으로 살고 있는지를 여실히 보여준다. 지금 우리는 혼자서는 잘 하지만 함께는 잘 못하고 있다. '나쁨'은 '나뿐'에서 나왔으니 함께 하지 않은 것은 악惡한 것이다. 70년대까지만 해도 우리에게는 품격 있는 정갈한 문화가 있었다. 인간의 탐욕으로 인한 환경 파괴는 인간관계의 파괴에서부터 시작해서 공동체의 마지막 보루인 가정에까지 침투하고 말았다. 우리사회가 너와 나의 만남 속에서 서로 다름을 인정하고 조화하지 못하는

스페인의 작가 세르반떼스의 불후의 명작 「돈끼호떼」의 주인공인 손을 하늘로 향한 이상주의자 돈끼호떼와 손을 땅으로 향하고 있는 현실주의자 산쵸 빤사는 이상과 현실의 조화를 상징함(스페인 마드리드 광장)

고질적인 병폐를 치유하고 공동체문화가 회복되어야 비로소 우리는 성장에서 벗어나 성숙한 사회로 진입할 수 있을 것이다.

슬로시티운동의 목적은 사람이 사람답게 사는 삶을 찾기 위함이다. 여러 가지 길이 있겠지만 무엇보다 사람과 사람사이의 이어짐이 최우선되어야 한다. 공동체적 조화의 아름다움이야말로 우리가 추구하는 궁극의 목적이며, 이 아름다움을 추구하는 행복공동체운동이 바로 슬로시티라고 해도 과언이 아니다. 치따슬로Cittaslow, 즉 슬로시티Slowcity에서 시티는 곧 공동체를 의미한다.[26] 오늘날의 공동체는 윤리적이기보다 현실적이어야 하는데, 맹자는 유항산 유항심有恒産 有恒心, 즉 먹을 게 있어야 마음이 움직인다는 촌철살인의 명구를 남겼다. 한국적 슬로시티 공동체는 공동체 붕괴라는 대세를 거스르기 위한 대안으로서 협동조합의 탄생을 신서부 개척시대처럼 추진하고 있다. 발전의 대원칙을 경쟁보다 협력에 두고 협동조합의 협동문화를 물 흐르듯 수평적 시스템이 되게 한다. 또한 공무원과 주민들의 공동체에 전체론적 접근holistic approach 활동이 무엇보다 중요한데, 그 이유는 다양한 구성원들의 다양성의 힘과 아이디어가 있어야 세상을 바꿀 수 있기 때문이다. 공동체의 조화력은 단기적 욕구 충족과 장기적 안목백년대계을 조화시키는 힘으로 운용하기에 따라 "1+1=∞"로써 무한대의 힘을 낼 수 있다. 사회통합을 이룬 공동체는 장애인과 빈곤층, 사회적 소수자까지 포괄하며, 고령자의 느림과 청년의 빠름을 상호조화시킨다. 나무를 보라. 하나만 자라면 잘 못 자라기 마련이다.

우리가 자연의 존재를 잊지 말고 자연에 감사하며 살아가야 함은 자택 출산을 강조한 사례에서도 볼 수 있다.27 임산부가 출산할 때는 모체가 매우 예민해져서 아주 작은 소리, 예를 들어 문이 닫히는 소리에도 모체의 상태가 완전히 바뀌어서 출산이 멈춰버리기도 한다. 그래서 병원처럼 사람의 출입이 잦고 '전등 빛이 강한 곳'에서 출산하는 것은 '자연'에 역행하는 것과 같다. 자택출산은 여러 가지 계획 아래 쾌적하게 출산할 수 있는 조건을 갖추어 자택에서 출산을 하는 것이다. 잘 사는 나라 사람들의 행복의 재료는 친구나 안정적인 가정생활이다. 현재 미국에는 한 지붕 아래under one roof again로 모이는 대가족multiple generations 인구가 5700만 명에 이른다.[28] 좁은 공간에서 여러 세대가 함께 사는 것은 늘 쉽지 않은데, 이는 미국문화가 개인의 독립을 중시하기 때문이다. 그러나 경기침체와 대학 등록금 인상, 결혼을 미루는 풍조 등으로 대가족으로의 회귀현상이 증가하고 있으며, 이는 경제적·정서적 이점도 크다. 3대가 함께 살면서 자녀는 부모를 규칙을 정하는 사람이 아닌 한 인간으로서 알아갈 수 있는 기회를 갖게 되며, 서로가 침범하지 말아야 할 영역을 정해 놓고 적어도 자신의 물건은 스스로 정리하는 습관을 익히게 된다. 최근 영국 옥스퍼드대와 미국 보스턴대의 연구에 의하면, 조부모는 가족의 역사를 꿰고 있는 역사가이기에 조부모가 양육과정에 관여한 10대 청소년이 더 행복하고 성인이 된 후에도 조부모와 정서적으로 친밀한 관계를 유지할 경우 양쪽 모두 우울증 증세가 상대적으로 적게 나타나는 것으로 보고되었다. 사람 人자를 보라. 두 사람이 지지하고 버팀목으로 되어 있는 꼴이니 인간은 사회적 존재인 것이다. 디지털 담론이 지배하는 후기산업사회에서 모든 시민이 마주칠 딜레마의 핵심은 내일을 팔아 오늘을 사는 것이다.[29] 현재 사회는 미래도 공동체도 생각하지 않고 오로지 바로 지금 눈앞에 있는 자신만의 이익만 쫓는 근시사회이다. 지금 한국의 많은 젊은 세대에서는 가족직계만 남아 있고 방계가 없다. 이모, 삼촌, 조카가 사라지고 할아버지와 할머니가 가족의 울타리에서 제외되는 풍조로 그야말로 공동체共同體가 공동화空同化되고 있다.

사람은 언젠가는 죽게 되며 이 세상에 영원한 삶은 없다. 이

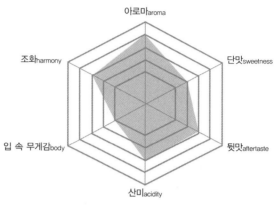

아로마aroma

조화harmony

단맛sweetness

입 속 무게감body

뒷맛aftertaste

산미acidity

커피는 여러 요소가 서로 잘 어울림의 '조화'로 오묘한 풍미를 냄

제는 사람이 잘 죽지 않는 평균 수명 100살의 뱀파이어 시대로 여성의 혼인 적령기가 40세이고 75세까지가 청년이라고들 한다. 그러니 죽기 전까지 인간은 행복하게 살아야 할 권리가 있다. 문제는 자연법칙을 거스르는 유일한 존재가 인간이란 것이다. 앞으로 전개될 시대에 가장 중요한 것이 순환이다. 인도 출신의 세계적인 명의 디팩 초프라는30 "우리 몸은 소우주, 천지 만물은 대우주이며, 소우주와 대우주가 율동적으로rhythmical 순환하면서 변화한다"고 얘기한다. 사람과 우주 간 리듬과 **조화**가 유지되면 음악행복이 되고, 사람과 우주 간 리듬과 조화가 깨지면병 불행해진다. 한 조사에 따르면31 우리나라 20대 여성의 생활 건강이 60, 70대보다 나쁘다고 조사되었다. 취업 및 혼인 스트레스에다 외모지상주의 사회분위기로 인한 다이어트 등으로 인해 20대 여성의 건강지표가 최악으로 나타났다. 우리가 건강하지 못한 가장 큰 이유는 자연과의 부조화 및 불균형으

로 인한 스트레스와 부조화된 생활방식life style 때문이다. 우리
가 평화롭고 행복해지려면 좀 더 느리게 자연과 조화를 이루
어야 할 것이다.

　대만 출신의 할리우드 거장 이안 감독의 영화 〈라이프 오브
파이〉Life of Pi는 또 하나의 조화의 힘을 잘 보여 준다. 파이π 는
둘레를 뜻하는 그리스어의 머리글자로 원주율3.14을 의미하며
수학에서 원둘레와 원면적을 구하는 공식에 사용된다. 원둘레
를 구하는 데 열쇠는 3.14로, 즉 대략 3이라는 숫자의 힘이 문
제를 푸는 비밀의 열쇠이다. 이 영화는 난파된 보트에 사나운
벵갈 호랑이와 남게 된 소년 파이가 227일간 태평양을 표류하
면서 살아남은 생존기다. 주인공 파이가 생존할 수 있었던 이
유는, 즉 문제를 푸는 세 가지의 합, 파이의 조화력으로 압축된
다. 첫째, 호랑이를 죽이는 것은 불가능하기에 자신을 잡아먹
지 않도록 호랑이를 굶기지 않기 위해서 생선을 잡아 호랑이에
게 먹이를 주는 생존기술의 터득, 둘째, 호랑이와의 적대적 긴
장관계와 호랑이를 돌보는 책임감이 오히려 소년이 기나긴 표
류를 이겨내는 힘이 된 공존의 윤리, 셋째, 물에 대한 공포감을
없애면 수영을 잘 할 수 있듯이 호랑이에 대한 공포감을 없애
자 호랑이 눈에도 자기와 같은 영성이 있음을 알고 서로 영성
이 통할 수 있다고 믿는 소년의 영적 건강함(소년은 힌두교인이자,
기독교인, 무슬림임), 즉 종교적 심성 또한 소년이 살아남는 데 도
움이 되었다. 단테의 「신곡」 천국편을 보면 서로 다른 소리가
아름다운 음악을 이루는 것처럼 우리 인생도 서로 다른 등급의

수레바퀴가 어울려 아름다운 조화를 이룬다고 한다. 밥末을 어떻게 먹으라고 했나? 고르게 나누어 먹어야和 평화와 평안이 온다는 것이다. 성경에서는 가난한 사람에게 이자 없이 돈을 빌려주라고 했다. 이것은 지금 회자되고 있는 '조건 없는 기본급'과 같은 발상이다. "너는 6년 동안은 너의 땅에 파종하여 그 소산을 거두고 제 7년에는 갈지 말고 묵혀 두어서 네 백성의 가난한 자로 먹게 하라. 그 남은 것은 들짐승이 먹으리라." 일본에서는 유독 방이름에 화실和室이나 음식 이름에 화식和食을 강조한다. 「시골빵집에서 자본론을 굽다」32의 저자 와타나베 이타루는 천연 누룩균으로 어찌어찌 빵을 만들어 내긴 했지만 맛이 좋지 않자 좋은 물을 찾아 가쓰야마로 이사를 하게 된다. 금, 즉 돈 본위제가 아닌 균의 목소리를 존중한 균 본위제로 행동한 것이다. 여기에 설탕, 버터, 우유, 계란을 배제하는 뺄셈 방식으로 빵을 만든다. 그리고 균과 빵의 재료는 그 지역에서 난 것들끼리 어울려야 조화를 이룰 수 있다고 말한다. 이우정 방송작가의 드라마 〈응답하라 1988〉 속 동네는 불과 30여 년 전 그토록 행복했던 우리네 이웃사촌들의 모습을 보여주는 인정문화 공동체이다. 세상 만물이 다 존재이유가 있고 보이지 않는 손에 의해 기분 좋은 연대, 달콤한 하모니가 이루어 질 때 비로소 공동체는 공감하고 행복해질 것이다.

근래 기후변화와 기상이변을 초래하는 **지구온난화**와 이 온난화의 주범인 **온실가스**에 대한 관심이 높아지고 있다. 온실가스는 온실의 유리처럼 갇힌 열이 달아나지 못하게 막는다.

온실은 유리 등의 투명한 물질로 만들어지기 때문에 햇빛을 투과시킨다. 태양은 온실 안 공기를 데우고 이 공기는 유리에 막혀 온실 안에 갇히니 온실 안은 항상 바깥보다 따뜻하다. 온실효과는 온실가스 농도가 증가할수록 대기 온도가 상승하는 현상으로 인간의 활동은 수많은 온실가스를 만들어낸다.[34] 특히 석탄, 석유, 가스 등의 화석연료와 쓰레기 등을 태울 때 발생하는 이산화탄소가 온실가스의 주범으로 손꼽힌다. 지난 150년 동안 대기 중 온실가스 농도는 계속 증가하고 있으며, 이에 지구도 전반적으로 더워졌다. 기상관측이 시작된 1950년 이래로 지구 전체의 평균 기온은 섭씨 0.9도 증가했으며, 만약 여기서 2도만 더 오르게 되면 인류는 공멸 위기를 맞게 될 것이다. 지난 2015년 195개국이 참가, 체결된 파리협정에 따르면 지구 기온 상승 폭을 1.5℃까지 제한하기로 했다. 한반도, 특히 서울의 경우 벌써 2℃를 넘어섰다는 발표도 있지만 사람들은 아직까지 그 심각성을 깨닫지 못하고 있다.

지구온난화로 인해 북극곰마저 터전인 북극해를 잃고 노숙자가 될 신세에 처해진지 오래다. 한국도 아열대기후에서 열대기후로 전환되고 있는 조짐이 나타나고 있다. 기상청에 따르면 온실가스 배출량이 최근 10년간 매년 2.2퍼센

북극해를 잃은 노숙자 북극곰

트씩 증가하여 그 이전 10년간의 연간 증가량 1.3퍼센트의 약 두 배에 달하고 있으나 아직까지도 지구온난화를 의심하며 피안의 불을 보듯이 하고 있다. '아, 뜨거워!'하고 느낄 때는 이미 늦다. 도시에 거주하는 대부분의 시민들은 실내 온도를 23도에 맞추어 두기 때문에 자연의 변화에 무던해지고 있다. "꽃 본 듯이 날 좀 보소"의 고장, 밀양의 어르신들이 십년 넘게 송전탑 아래서 목숨을 바쳐 싸운 이유는 바로 에너지 정의에 대한 문제이다. 「인구 쇼크」의 저자 앨런 와이즈먼35은 인구 증가 곡선과 대기 중 온실가스 농도 변화곡선 간에 상관관계가 있지, 오히려 낮은 출산률과는 상관이 없다고 얘기한다. 즉, 저출산에 따른 긍정적인 장점도 고려해야 한다는 것이다. 그렇다면 인구감소가 꼭 독인가? 이제는 출산율이 오를 수 있을 거라는 기대를 버려야 하며 출산율 저하의 핵심은 사회구조의 변화이다. 따라서 여성들의 보다 활발한 사회참여가 필요하다. 줄어든 인구로도 잘 사는 법을 찾을 수 있을 것이다. 2015년 한 해동안 독일은 난민 100만 명을 받아들였다. 독일은 2050년 전체 인구의 39퍼센트가 고령자가 될 것으로 예상하여 난민들을 포용했던 것이며, 난민 대부분이 젊은이들이다. 이처럼 독일은 일거에 고령화, 저출산, 저성장에 대한 해법을 찾아 이를 통해 제 2 라인강의 기적을 꿈꾸고 있는 것이다. 미국 통계국이 141개국을 조사하여 발표한 '늙어가는 세계 2015' 보고서에 따르면, 2050년 한국의 65세 이상 인구 비율은 35.8퍼센트로 일본의 40.1퍼센트에 이어 세계 2위이다. 또한 한국은 90년대 중반 이후 남아보다는 여아를 선호하는 현상이 두드러진다는 분석을 하고 있다. 한국은 당장 4년 뒤 노인 인구가 폭등한다고 하니 예전보다 수명도 늘어나고 더 건강한 고령자가 오래 일하는 사회구조로 바꾸기 위해 노인시민 재교육이 필요하다. 인생을 충분히 경험하고 빛나는 연령에 도달한 사람을 고령자高齡者가 아닌 광령자光齡者라 부르며36 역할을 부여해보자. 로버트 드니로가 출연한 영화「인턴」은 손을 내미는 젊은이에게 지혜를 건네는 고령자의 아름다운 모습을 그려내고 있다.

영국 왕립국제문제연구소인 채텀하우스의 보고에 따르면37 전체 온실가스 배출의 약 15퍼센트가 가축 사육에서 비롯된다고 한다. 왜냐하면 광합성작용으로 이산화탄소를 흡수한 자연의 풀을 가축이 먹어버리기 때문이다. 인류의 대재앙을 막으려면 육식 위주의 식습관의 개선이 필요한데, 즉 고기를 덜 섭취함으로써 지구온난화를 늦출 수 있다. 기후변화로 인해 식량, 즉 옥수수, 밀 같은 작물의 전 지구적 평균 수확량이 감소하고 우리 건강에 직접적인 영향을 미치는 식량과 식수의 구입이 어려워지며, 홍수·폭풍·가뭄 등의 기상이변이 잦아지면서 전염병 확산이 쉬워질 것이다. 우리가 좀 더 편하게 살고자 하기 때문에 온실가스가 점점 많이 발생하게 되므로 오래갈 자연과 우리의 건강과 행복을 위해서 조금의 불편한 삶은 감수해야 할 것이다. 또한 기업들이 환경에 미치는 영향을 줄이면서 생산할 수 있는 기술력을 보유하고 있음에도 불구하고 돈이 안 된다며 이를 활용하지 않거나 국가 역시 온실가스를 많이 배출하는 산업을 지원해 온 것은 분명히 짚고 넘어가야할 문제이다. 기후

변화 억제의 열쇠는 순환경제circular economy, 즉 낭비의 시대를 끝내는 것이다. 제품용도 폐기의 막다른 골목을 뚫어 다시 연결시키는 순환경제가 지구온난화 문제를 해결할 수 있다. 자연과 더불어 인간 본연의 자세로 하루하루 소박하게 살아갈 때 진정한 건강과 행복, 풍요로움을 느끼는 것이지 물질적 풍요로움만을 추구하는 것은 결국 자연과 인간을 병들게 하고 불행하게 만든다. 미국 애리조나대 가이 맥퍼슨 명예교수는 "정말 경제가 환경보다 더 중요하다고 생각한다면 돈을 세는 동안 숨을 쉬지 말고 참아라"(If you really think that the environment is less important than the economy try holdings your breath while you count your money)고 유머러스하게 충고한다.

많은 국가들이 온실가스 감축에 뜻을 함께 하고 있지만 그중 스위스와 독일은 보다 적극적으로 온실가스 감축에 참여하고 있다. 영국 BBC가 선정한 버킷리스트, "죽기 전에 가봐야 할 곳 50선" 중 하나인 체르마트Zermatt 마을은 세계에서 아름답기도 손꼽히는 스위스 알프스산맥에 자리한 마테호른Mattehorn 산에 자리하고 있다. 독특한 점은 체르마트의 천혜의 자연을 보호하기 위해 화석연료를 사용하는 교통수단의 진입은 불가능하고 대신 자전거, 전기차, 마차 등의 친자연 교통수단만 허용된다. 협궤열차를 타고 해발 3000미터에 위치한 역에 도착하면 알프스의 고독한 성, 해발 4478미터의 마테호른을 좀 더 가까이 볼 수 있다. 마테호른은 미국의 파라마운트 영화사의 심벌마크이기도 해서 이미 우리에게도 친숙한 산이기도 하다. 하

산자락의 지형지물에 따라 조심스럽게 가장자리에 살짝 길을 낸 스위스 알프스의
터널들과 달리 우리나라는 서울-양양 간 고속도로에만 자그마치 37개의 터널이 막
무가내로 뚫려있음. 다른 곳도 이와 비슷함

스위스 체르마트의 마테호른(좌)과 해발 3000m 이상을 오르는 협궤열차(우)

지만 전 지구적인 기후변화로 인해 마테호른 역시 빙하가 녹아내리는 빙하 손실과 산사태 위협, 생태계 변화에 신음하고 있다.

독일 바덴뷔르템베르크 주에 위치한 프라이부르크Freiburg는 유럽을 대표하는 환경수도로 알려져 있다. 도시의 상당 부분을 포도밭이 차지하는 프라이부르크는 녹색도시, 태양광 에너지의 솔라시티, 생태마을 보방Vauban을 기반으로 탄소 제로 도시를 계획하고 있으며, 실제 프라이부르크에는 공장을 전혀 찾아볼 수가 없다. 프라이부르크 주민들의 삶의 지향점은 '삶은 곧 예술', 즉 그저 사는 게 아니라 삶을 누리는 삶의 질에 가치를 두는 것이다. 그 덕분에 이곳을 방문하는 사람들 역시 행복한 체험을 할 수 있기 때문에 연간 방문 관광객 250만 명 중 150만 명이 숙박 관광객일 정도로 인기가 높다.

프라이부르크 시의 핵심 정책 중의 하나는 주민들의 에너지 자립 욕구를 반영하는 '지역 자가발전'이다. 1970년대 초 서독 정부가 프라이부르크 근처에 원자력 발전소핵발전소 건설 계획을 추진하자 시민단체와 농민들이 끊임없는 반대 운동을 펼쳤으며, 그 결과 1975년 원자력 발전소 건립계획이 철회되었다. 이후 프라이부르크 시의회에서 **에너지 사용**에 관한 각종 원칙들이 결정되었으며, 흑림지대의 풍력발전소, 오버리드 생태마을의 바이오가스 전력화, 주차장을 없애고 석유 쓰지 않기, 축구 경기장의 태양solar 집광판 설치 등 에너지 소비의 80퍼센트를 자급자족하고 있다. 본디 게르만 족은 법을 잘 지키는데, 특

약 800년의 전통을 자랑하는 독일 프라이부르크의 베히레(bächle)는 자연스럽게 도시의 온도와 습도를 조절하고 도시의 먼지를 흡수함

히 쓰레기 처리와 관련하여 이들의 준법정신이 여지없이 발휘된다. 쓰레기 분리수거 및 재활용, 각종 공공행사에서의 일회용 사용 금지 등을 철저히 지킨 덕분에 쓰레기가 많이 줄어들어 쓰레기 소각장에서 태울 게 거의 없다보니 자연히 다이옥신 배출량이 현저히 낮은 '생태소각'을 한다. 집을 건축할 때도 주민들은 고층 건물아파트 등을 반대하고 주택의 에너지 효율을 최대한 고려한다. 집에 머무는 시간이 제한적이므로 에너지 낭비와 관리비를 줄이기 위해 집 크기와 공간을 줄이는 한편, 특별한 난방시설 없이도 실내 온도가 유지되도록 벽은 두껍게, 북향 창문은 작게, 남향 창문은 최대한 크게 하고 3중 유리를 사용한다. 프라이부르크 시의 태양에너지연구소 인원이 초기에

100명이었던 것이 지금은 1200명이 되었을 정도로 에너지에 대한 지대한 관심을 엿볼 수 있다.

　세계 자동차의 왕국인 독일에서 아이러니하게도 프라이부르크는 자가용 억제 정책을 성공시킨 도시이다. 차를 줄여 거둘 수 있는 결실은 과연 무엇일까? 우선 이웃과의 관계가 돈독해 지는 것이 가장 중요한 효과라고 볼 수 있다. 차가 점령했던 도로는 아이들이 축구를 하고 사람들이 모여서 담소하는 사교 공간으로 이용된다. 기름 값 절약뿐만 아니라 공해 감소 및 차로 확장에 소요되는 세금도 절약되었다. 인구 20만 명의 프라이부르크 중심가에서는 자동차 대신 전기로 움직이는 노면 전차인 트램과 자전거의 물결이 도로를 빼곡히 메운 광경을 볼 수 있다. 프라이부르크 전체 시민 중 출퇴근 등 일상생활에서 자전거를 이용하는 비중이 3분의 1이 넘는다. 시민들은 "차에 의존하게 되면 자유와 풍요를 포기할 수밖에 없어요"라고 얘기한다. 프라이부르크는 자가용 억제 정책을 통해 병원, 상가 등 기본시설까지 걸어갈 수 있도록 하는 동선 절약 도시compact city로 탈바꿈했다. 프라이부르크의 독특한 분위기 중 하나인 800년의 역사를 자랑하는 베히레bächle는 인공 수로로 프라이부르크 시내 곳곳을 흐르는 작은 물길이다.38 베히레는 자연스럽게 도시의 온도와 습도를 조절하고 먼지도 흡수하여 맑은 공기를 제공한다. 도시를 관통하는 베히레의 길이는 15.5킬로미터에 달하는데, 도심 곳곳에 베히레에 빠지지 않도록 주의할 것을 방문자들에게 당부하는 애교스런 문구가 눈에 띈다. 프라이부르크 미래연구소의 하르트비히 소장은 '땅속에너지'(석유·석탄·천연가스)에 의존하는 나라는 조만간 한계에 봉착할 것이라 얘기한다. 현대인의 빨라지는 속도만큼 소모하는 에너지양도 증가하고, 이는 공기 오염, 오존층 구멍 확대, 지구 온도 상승 등 생태계 파괴와 밀접한 관련이 있다. 에너지 자립도가 낮은 한국도 '땅 위에 있는 에너지'(태양열·풍력·수력·바이오가스)의 중요성을 빨리 인식해야 할 것이다.

연기를 중심으로 하는 불교 교리 체계인 연기론緣起論의 근본은 "모든 것이 모든 것에 연결되어 있다"Everything is connected to everything else는 것이다. 현재 지구는 자연과 인간의 불편한 관계에서 빚어진 인간오염과 자연오염으로 인한 기후변화, 각종 바이러스의 창궐, 여기에 생물 멸종 속도는 과거에 비해 1000배 이상 빨라져 6500만 년 전 공룡의 멸종 이래 가장 큰 생물다양성의 손실을 겪고 있다.39 따라서 어느 때보다 작은 실천이나마 중요하며, 원자력보다는 소프트 에너지, 즉 태양열, 풍력, 지열, 바이오 연료 등의 재생가능한 에너지원을 개발하는 데 주력해야 할 때이다. 1973년 석유파동 당시 덴마크는 에너지의 99퍼센트를 수입했지만 20년간 다각적인 에너지 저소비 및 수입대체 정책을 펼쳐 1997년에는 에너지 자급을 이룩하였다. 인구보다도 자전거 수가 더 많을 정도로 에너지 절약 및 효율적 활용에 힘쓰는 녹색에너지의 선두주자이다. 영화 〈쥬라기공원〉 촬영지로도 유명, 세계에서 가장 행복한 나라 중의 하나인 중앙 아메리카의 꼬스따리까는 단위 면적당 생물다양성이 세계 2위

자연과 접촉할 기회가 줄어든 도시에서 옥상정원화는 도시생태계복원, 대기오염 흡수, 도시열섬현상 완화, 건축물 단열효과, 자연체험학습, 옥상텃밭의 도시농업 등 다목적 효과를 낼 수 있음. 사진 제공: 한설그린

이다. 아름다운 자연을 이용한 생태관광과 녹색산업을 키우고 있으며, 전력 생산의 91퍼센트를 재생에너지수력 73%, 지열 13%, 풍력 4%가 차지한다. 서울시는 2002년부터 '옥상공원화사업'을 추진 중이지만 1인당 녹지면적이 5제곱미터로 세계보건기구가 권장하는 9제곱미터에 턱없이 부족한 실정이다. 무엇보다 행복을 찾는 일의 궁극은 자연이다.

앞서 얘기한 땅과 인간의 관계에 이어 이제 **물**과 인간의 관계를 살펴보자. 지구는 우리의 몸과 같이 물이 70퍼센트를 차지하므로 지구地球라기보다는 수구水球라고 할 수 있겠다. 20세기가 불의 시대였다면 21세기는 물의 세기다. 지구의 물 가운데 해수가 97퍼센트이고 담수 즉 지구가 쓸 수 있는 물은 한 스푼인 3퍼센트에 불과하다. 지구의 산소 중 75퍼센트가 바다에서 생성되고 이산화탄소의 50퍼센트 이상을 바다가 정화하며 전 세계 생물 상품의 25퍼센트가 바다에서 생산된다.[40] 거센 물살 속에서도 튼튼히 뿌리를 내리는 다시마, 미역, 김 등의 해조류는 한국인에게 있어 생명의 탯줄이기도 하다. 이래서 지구 운명의 답은 물에 있다고 볼 수 있으니 우리도 물낭비에 대해 반성해야 한다. 물발자국water footprint 네트워크에 따르면 한 잔의 커피125㎖를 마시기 위해서는 원두의 재배·수확·가공·유통 등에 1000잔 가량의 물이 소요된다고 하니 경각심을 일깨워야 할 때이다.

무위자연無爲自然을 설파한 노자의 물 철학은 깊고도 오묘하다. 노자는 「도덕경」에서 상선약수上善若水, 즉 가장 좋은 것은 물과 같다고 했다. 물박사 에모토 마사루1943-2014는 물은 지구의 물질이 아니고 우주에서 온 물질이라고 얘기한다. 그는 정상적인 사람의 세포가 가장 좋아하는 물이 6각형의 황금비율 고리구조로 되어 있는 것을 발견하였다.[41] 물이 6각형일 때 진동과 에너지가 발생하는데 이 물을 마시면 생기生氣가 솟는다. 참으로 신기한 것은 좋은 말이나 음악을 들려주거나, 좋은 글을 보여주어도 아름다운 6각형의 결정체를 만들어내니 그만큼 물은 말과 소리, 글을 알아듣는 신비한 생명체이다. 이는 물이 대단히 부드럽고 섬세한 물질일뿐더러 물에도 사람과 같이 마음과 감정과 의식, 영혼이 있다는 증거다. 그러니 물이 오염되면 자연히 인간의 몸과 마음도 오염된다는 사실을 잊지 말아야 할 것이다. 우리 몸 속 수분의 비중을 비교하면 수정란 96%, 신생아 80%, 성인 70%, 65세 이상 노인 60%로 나이가 들수록 점차 수분량이 떨어지고 있음을 알 수 있다. 보통 커피나 술을 한 잔 마시면 1.5~2잔 정도의 물이 몸에서 빠져 나간다고 하니 커피나 술을 마신 뒤에는 반드시 물을 보충해 주는 것이 좋다. 사람 몸에서 수분이 50퍼센트 이하가 되면 생명을 이어갈 수 없다고 하니 인간에게 있어 물의 존재가 얼마나 중요한지 알 수 있다. 우리 몸에 가장 소중한 음식은 물이다. 가정에서 만날 수 있는 좋은 물은 바로 수돗물이다. 우리 집 수돗물의 수질을 확인하고 페트병에 든 생수 대신 수돗물을 한 잔 마신다면 연간 소나무 한그루를 심는 효과와 같다고 한다.

혈액의 83퍼센트는 물로 이루어져 있다. 그러니 피가 인생이랄 수 있다. 인간의 혈관 길이는 약 10만 킬로미터로 이는 약 29,000킬로미터인 지구 둘레 3바퀴를 돌고도 남을 정도의 실핏줄이 우리 몸속에 있기 때문이다. 인간이 살아 있다는 것은 피의 흐름이며, 이 유동철학이 원활하지 못할 때 건강을 잃게 되니 피가 인생이다. 성경의 「레위기」[42]에도 육체의 생명은 피에 있다고 얘기하며, 이는 동물에게도 동일하게 적용되고 있다. 그 중요한 피에 있어 물은 몸과 마음을 치유하는 힐러healer, 치유자이다. 내가 물을 바라보며 마실 때 물도 나를 쳐다본다. 이 얼마나 숭고한 장면인가. 평범한 수돗물을 마실 때도 사랑과 감사의 말을 건네면 물도 선하게 반응한다. 천체 물리학자들의 추정에 따르면, 우리의 유리잔에 든 물 중 절반은 46억년 된 태양계보다 더 오래되었다니 얼마나 신비로운 물인가. 불과 몇 십 년 전만 해도 우리나라는 자연수를 그대로 마실 수 있는 몇 안 되는 나라 중의 하나였었는데, 이렇게 물을 사먹는 세상이 올 줄은 예상도 못했었다. 물 값이 기름 값보다 비싼 세상이 된 것이다. 다음은 평소 물에 대한 고마움과 예를 표하고자 필자 나름대로 지키고 있는 물과 관련된 물철학이다.

1 물은 높은 데서 낮은 데로 흐른다.
   順理와 逆理 / 逆天者와 順天者

2 물은 한 방울 한 방울 모여서 대해가 된다.
   百川大海 / 精進 對 機會主義者

3 윗물이 맑아야 아랫물이 맑다.
   模範 / 本

4 물은 너무 많으면 홍수가 나고 너무 적으면 가뭄이 된다.
   中庸과 극단주의자(과격주의자)

5 물은 일직선으로 흐르는 것이 아니라 지형에 따라 흐른다.
   入鄕循俗 / 大小緩急의 적응성

6 물은 씻기우는 피동체가 아니고 씻어주는 능동체이다.
   奉仕 / Give Give Give and Take

7 흐르는 물은 썩지 않는다.
   流水不腐 / 日日新 又日新

아일랜드에서는 비가 오는 날이면 '소프트 데이'라 해서 슬로데이로 행복하게 하루를 즐긴다. 지구촌 도처에 만들어진 각종 댐으로 인해 물의 흐름이 바뀌고 강과 하천의 수자원이 고갈되는 등 파행을 겪고 있다. 인간의 몸에만 유동철학이 있는 것이 아니라 자연에도 순환고리가 있는 것이다. 다음은 필자가 연전 설명절에 몇몇 지인들과 나눈 소소한 덕담시다.

설날 德談詩

콩나물 장수를 하는 / 한 아주머니로부터 / 배운 인생 공부 한마디
콩나물에 물을 주며 / 세상에 물을 주는 / 사람 되라네 합니다.
우주에서 수십억 년 세월 동안 / 형성된 물이 / 지구에 수직으로 내려와
대지에 수평으로 흘러 / 우리 몸에 옵니다 / 물님 모셔 영광입니다.

바다를 지키기 위한 바다 사슬sea chain이란 말이 있다. 이는 숲이 강을, 강이 바다를 키운다는 뜻이다. 숲은 **나무**로 구성된다. 그렇다면 과연 나무의 실체는 무엇일까? 위로 힘차게 뻗은 나뭇가지의 잎사귀들은 햇빛과 공기와 끊임없는 상호작용을 하고 아래로 깊이 내린 뿌리는 토양과 끊임없는 상호작용을 한다. 이러한 상호작용은 나무가 생명을 유지하기 위해 한시라도 멈춰서는 안 된다고 달라이 라마는 연설에서 즐겨 얘기한다. 마야사의 현진 스님은 "제가 주지스님이잖아요. 주지~ 주지스님이에요. 그런데 받지~ 받지스님이 더 많은 세상이죠"라고 얘기한다. 그는 사찰터를 둘러보던 중에 이곳의 풍수지리는 따지지 않고 단지 오래된 나무만을 봤다고 한다. 받기보다 주는 주지 스님처럼 나무無 역시 내가 없는 빈 마음으로 아낌없이 주기에 인간에게 시사 하는바가 크다. 나무는 하나님의 살아

있는 시다. 미국 시인 앨리스 메이 더글라스의 "누가 나무를 가장 좋아하나"Who love the tree best?라는 시가 있다. 누가 나무를 가장 사랑하지? "나지" 하고 봄이 말했다. "내가 나무에 아주 예쁜 나뭇잎 옷을 입혀주거든." 누가 나무를 가장 사랑하지? "나야" 하고 여름이 말했다. "난 나무에 하얗고 노랗고 빨간 꽃을 피워주니까." 누가 나무를 가장 사랑하지? "나야" 하고 가을이 말했다. "난 맛있는 과일을 주고 화려한 단풍을 입혀 준다고." 누가 나무를 가장 사랑하지? "내가 제일 사랑해." 모진 겨울이 대답했다. "난 나무들에게 휴식을 주니까."

남자는 木자로 편하게 자야한다고 한다. 즐겁다는 뜻의 한자 낙樂에도 나무 목자가 들어 있고 쉰다는 뜻의 한자 休도 들여다보면 사람이 나무에 기대어 쉬고 있다. 벨기에의 수도 브뤼셀Bruxelles은 구도시와 신도시가 조화를 이루고 있으며, 전통미와 예술미가 풍부하고 도심에 크고 작은 공원과 큰 나무들이 많아 찬란한 녹색 빛을 띤 그린시티다. 한자어 곤란困難에서 곤을 보면 나무가 숨쉬지 못하도록 포위되어 있는데 이것이 어려움을 겪는 것을 의미하고 있다. 과학전문잡지 「네이처」에 따르면 전 세계 나무의 수는 총 세계 인구 수보다 420배 많은 32조 그루로 조사됐다. 엄청난 수인 것 같지만 이는 인간 문명이 시작된 이후 46퍼센트가 감소한 수치이다. 매년 150억 그루의 나무가 없어지고 불과 50억 그루만이 심어진다고 한다. 인구가 증가할수록 나무 개체 수의 감소폭도 커지는 것이다. 독일인의 잠재의식에는 "자연은 고향"이라는 생각이 자리 잡고 있다. 즉, "자연으로 돌아가자. 거기에 미래가 있다"라는 관념을 갖고 있는 것이다. 독일의 나무심기는 독일의 독재자 아돌프 히틀러 1889-1945에 의해 제도화되었으며, 이를 박정희 전 대통령이 독일로부터 배워 한국에 식목일이 뿌리내리게 되었다. 독일은 전후 라인강의 기적과 함께 아름다운 삼림지대인 슈바르츠발트Schwarzwald란 흑림black forest, 즉 검은 숲을 탄생시켰다. 인간의 삶의 질을 높이고 온실가스를 완화하는 데 있어 나무와 숲은 중요한 가치를 갖는다.

무릇 성장이란 쾌적한 환경 속에서 인간이 보다 잘 살아보자는 것이 목적이지만 자원을 파괴하는 '공해'가 어쩔 수 없는 숙명이라면 과연 이 성장의 목적이 누구를 위한 것인지를 묻지 않을 수 없다. 1971년 노벨상 수상자이며 러시아 출신의 미국 경제학자 사이몬 쿠즈네츠1901-1985는 경제성장이란 '끊임없이 버리는 과정(소비)'이라고 하였는데, 지금 인류는 장차 구원받기 위해서 생산, 판매, 소비만 발달하는 '시장경제적' 가치추구에서 '생명문화적' 가치추구로 전환되지 않으면 안 될 한계에 도달해 있다. 오늘날 지나친 도시화·산업화로 인해 도시생활에 염증을 느낀 도시인들에게서 자연으로 돌아가려는 귀향심nostalgia과 어릴 때의 모습으로 돌아가려는 퇴행심regression이 크게 작용하고 있음을 볼 수 있다. 우리나라는 지난 근 60년간 산업화에 따른 경제성장과 서구화에 따른 서양병·현대병에 도취되어 서양보다 오히려 더 극성스럽게 계속 나아가 죽음의 터널에 들어와 버렸으니 이제 다시 근본으로 돌아가서 생각해 보아야 할 때이다. 자연을 이토록 황폐화시켜놓고 건강과 행복을 기대할 수는 없다. 서양문물이 들어오기 전 우리는 가난했지만 가난이 수치인줄 몰랐었다. 행복이란 관점에서 볼 때 전통사회의 가난한 사람들이 현대 도시의 부유한 사람보다 더 행복할 수도 있다. 그러나 한국인은 원래 고요한 민족이었고 근본적으로 서구인과 다른 정신문화를 가졌던 만큼 문제를 극복할 수 있는 지혜와 저력이 있으므로 희망적인 답안을 찾을 수 있을 것이다. 어떤 일을 할까 말까 망설여질 때 세 가지 질문을 해보라고 한다. 첫째, 자연의 질서에 어긋나는 일인가? 둘째, 양심에 거리끼는 일인가? 셋째, 사회의 법과 제도에 어긋나는 일인가? 이 질문들에 대한 답이 모두 그러하다면 그 일이 어떤 일이든 하지 않아야 한다. 해봤자 되지도 않을뿐더러 나중에 후회만 할 것이기 때문이다.

문화와 행복　성경에1 "묵은 포도주를 마시고 새 것을 원하는 자가 없나니 이는 묵은 포도주가 좋다The old is better"라는 구절이 있다. 기업 활동의 본질이 판매와 이윤 창출이라는 점이 변하지 않듯 우리가 어떻게 살아야 할지는 전통과 개혁改革에 그 길을 묻는다면 답의 본질을 알 수 있을 것이다. 옛것을 본받아 새로운 것을 창조한다는 법고창신法古創新이 곧 그 뜻으로 19세기 초 조선 학예의 양대 축이었던 추사 김정희와 다산 정약용의 학문이 그러했다. 추사는 금석학金石學●의 개창자開創者로서 옛 것을 좋아하다好古 보니 새로운 세계를 만들어 낼 수 있었다. 새것은 옛것이란 전통 속에 있다. 이는 혁명革命이나 혁신革新이란 말에 가죽 혁자를 쓴 걸 보면 짐작할 수 있다. 즉, 오래 간다는 가죽이 바탕이 되어 새로움을 만든다는 얘기인 것이다. 20세기까지의 문화가 상의하달식top down 문화라면 21세기 **문화**는 하의상달식bottom up 문화로 대중문화의 시대가 활짝 열려 대중의 창의성이 요원의 불꽃처럼 일어나는 시대이다. 전 세계에 붐을 일으키는 한류문화가 이를 여실히 보여준다. 그 덕분에 전통사회에서는 소외되고 가난하고 역사에 가려졌던 사람들이 현대에서는 도시의 부유한 사람보다 더 행복할 수 있다. 인생은 하나의 예술작품이며, 문화적 요소가 행복에 미치는 영향력에 대해 그 뿌리와 깊이를 음미해 봐야 할 때이다.

　한국은 작지만 깊다. 우리 민족의 옛 이름은 대동이족大東夷族

● 금속기(金屬器)·비석(碑石) 등에 쓰인 명문(銘文)을 연구하는 학문

으로[2] 동이족은 어질고 살리기생명를 좋아하며, 해가 돋는 골짜기에 사는 온화하고 평화로운 민족이었다고 한다. **조선**朝鮮, the land of morning calm이란 국호의 뜻은 해가 가장 먼저 뜨는 나라 중의 하나로 '아침의 땅'이란 뜻의 아사달을 한자로 나타낸 것이다. 해가 뜨는 시간이 유럽보다 8~9시간, 미주보다 14~17시간 빠르기 때문에 조선이라 불렸으며, 이 동쪽의 나라 조선에서 동학東學이라는 철학도 탄생되었다. 사마천의 「사기」를 보면 조선은 지배족이 바뀌어도 국호를 바꾸지 않고 줄곧 계승했다고 한다. 이른바 단군조선古朝鮮, 기자조선, 위만조선, 조선왕조로 이어졌으며, 북한은 지금도 조선이라는 이름을 고수하고 있다. 한 때 중국은 이 땅의 자연의 아름다움을 '금수강산'이라 표현했으며, 몽골은 '솔롱고스'몽골어로 무지개의 나라라고 부르기도 했다. 이것만으로도 조상들의 선견지명을 짐작할 수 있는 국호 작명이라 하겠다. 고려 말 유학자인 목은 이색1328-1396은 조선은 사람들이 전통적으로 사람을 사랑하는 성질이 많고 속마음에는 극히 인정이 많았던 인정국人情國이라 했다. 그러한 인정국이며 산고수려한 삼천리, 조용하고 밝은 아침의 나라, 동방예의지국의 그윽한 전통문화를 지닌 朝鮮조용한 아침과 물고기란 뜻의 합자은 평화를 상징하기에 필자는 조용하고 고요하고 다정한 조선의 전통을 사모하고 늘 그리워한다.

　「백범일지」[3] 속 백범 김구의 '나의 소원'은 다음과 같다. "나는 우리나라가 세계에서 가장 아름다운 나라가 되기를 원한다. 가장 부강한 나라가 되기를 원하는 것은 아니다 … 오직 한없이 가지고 싶은 것은 높은 문화의 힘이다. 문화의 힘은 우리 자신을 행복하게 하고 나아가서 남에게 행복을 주기 때문이다 … 인류가 현재에 불행한 근본 이유는 인의仁義가 부족하고 자비가 부족하고 사랑이 부족한 때문이다. 이 마음만 발달이 되면 현재의 물질력으로 20억이 다 편안히 살아갈 수 있을 것이다. 인류의 이 정신을 배양하는 것은 오직 문화이다 … 홍익인간이라는 우리 국조國祖 단군의 이상이 이것이라 믿는다." 그 후에 많은 정치 지도자들이 있었지만 여태 이만한 문화 안목을 갖고 국가의 비전을 제시한 지도자는 찾지 못했다.

영국 출신으로 떼제 공동체Taizé Community 수사로 한국에 와 한국인이 된 안선재 서강대 명예교수는 한국인 이상으로 한국에 대해 잘 아는 분이다. 안 교수는 "한국은 문화적으로 가난한 나라"라며, "한국의 역사에 대해 젊은 사람들은 너무 모르고 문화라고 하면 모두들 케이팝K-pop 이야기를 꺼낸다. 정말 이상한 나라다. 한국의 문화가 이미 많이 사라졌고 지금도 사라지고 있지만 경각심이 없다"고 한탄한다. 오래됐다는 것과 낡은 것은 동의어가 아니다. 시간의 세례를 받은 것들은 더 강한 생명력을 끌어안고 성장하며, 전통과 고전은 따뜻함과 그리움, 상상력을 준다. 따뜻함은 창조질서의 아름다움이다. 예를 들어 한자의 먹을 식食은 사람 인人과 좋을 량良의 합자이니, 즉 먹을거리는 좋은 것을 사람에게 제공한다는 의미를 갖고 있다. 서양 정치에서는 상하원 양원제를 두고 상원은 원로를 선출하여 정치의 균형추 역할을 한다.

대성당을 리노베이션한 네덜란드의 폴라레 도미니칸 서점은 13세기 고딕 양식의 전
통과 혁신이 공존하는 도시, 마스트리히트 구시가에 위치해 있으며, 매년 전 세계에
서 70만 명의 방문객들이 들리는 명소임

하버드대 옌칭연구소 소장을 지낸 두웨이밍杜維明 교수는 세계화globalization와 토착화localization는 동시적이고 변증법적합리적 관계라고 얘기한다. 즉, 토착화는 편협화가 아니라 시장경제에 대해 사회자본을 증식시키고, 과학기술 진보에 대해 문화적 역량을 강화시키며, 물질적 상품에 대해 정신적 가치를 함양하고, 인지적 지성에 대해 도덕적 지성을 배양하는 것이라 했다. 공자의 화이부동和而不同은 세계화와 조화해서 나가되 자기의 정체성전통을 잃어서는 안 된다는 의미이다. 역사가 200년이 넘은 기업만 해도 일본은 3,113곳, 독일은 1,563곳인 데 반해 한국에는 단 7개의 기업만이 100년을 넘었다. 슬로시티 철학은 자연대로 천천히 살기living slow + 지역공동체 조화 + 정체성 유지 keeping identity에 바탕을 둔 삶의 질good living 향상이다. 따라서 슬로시티는 글로벌과 연대하되 지역사회의 정체성과 영혼을 지켜나가는 것이다. 라이너 마리아 릴케는 〈인생〉의 첫 구절에서 "인생을 꼭 이해할 필요는 없는 것이다. 그냥 내버려 두면 축제가 될 것이다."라고 읊조리며 삶의 정체성에 대한 깊은 뜻을 선보였다. 행복의 중심에는 문화와 사람이 항상 공존한다. 독일인들은 그들의 삶 속에 물과 공기처럼 배어 있는 예술 향유의 정신이 있고 더 중요한 것은 문화의 향유가 매우 중요한 교육의 장인 것이다. 함부르크 박물관과 교회에서는4 매해 4월 시민들의 마음을 사로잡는 철야 이벤트를 개최하는데 54개의 박물관이 일제히 새벽 2시까지 문을 열고 전시회와 강연, 연주회 등을 선보이며 이 기간에는 대중교통 이용이 무료다. 독일 대부분의 초등학교에는 학생들로 구성된 오케스트라가 있고 어려서부터 자신에게 맞는 악기를 배운다. 오케스트라에서 함께 연주하면서 화음을 만드는 것은 그 어떤 교육보다도 값진 예술체험으로 어릴 때부터 배움으로써 이는 교양시민의 소양이 된다.

영국의 비평가 존 러스킨1819-1900은 19세기 후반 산업사회의 추악함, 즉 심미감과 예술성의 결핍에 대해 분노했다. 특히 경제문제에 있어서 자유방임주의lassiez-faire 경제체제에 대한 공리주의자들의 비인간적인 경제이론과 상하층 모든 사람들이 돈의 노예가 되어 버린 비예술적인 삶에 충격을 받은 러스킨은 생의 아름다움을 회복하는 것이 급선무라 했다. 그는 예술가의 장인정신을 되찾기 위한 미술공예운동Art and Crafts Movement을 전개했고 예술과 인간을 향한 열정으로 고귀하고 가장 인간적인 사람을 길러내는 나라가 가장 부유한 나라라고 했다. 우리의 손길과 눈길이 닿는 곳이 모두 디자인이고 미술이다. 심미적 쾌락을 누리기 위해서는 자연의 형태를 닮아야 하며, 교육도 새로운 방식으로 해야 한다고 주장하였다. 국민소득 2~3만 달러인 한국사회에 필요한 것은 문화적 욕구 충족을 통한 '질적 기쁨'으로서, 문화가 경제를 이끄는 문경입국文經立國이 선진국으로 가는 길임을 주지해야 한다. 이미 주지하듯 〈해리포터〉, 〈겨울연가〉와 〈대장금〉 등 문화 콘텐츠가 발휘하는 파워, 즉 문화의 경제적 위력을 우리는 잘 알고 있으며 앞으로도 기상천외의 작품들이 창조될 수 있다.

한국의 원형 문화original culture는 **단군문화**이다. 고조선은 47
명의 단군이 2096년 동안 계속되었던 세계 최장 왕조였으며,5
만주와 한반도 전역을 하나의 영토로 삼았던 동아시아 대국이
었다. 기원전 2333년에 건국된 단군 조선의 연원으로 거슬러
올라가면, 2016년은 단기 연호로는 4349년이 된다. 단군기원은
서력기원보다 2333년이나 앞선다. "쥐뿔도 모른다"라는 속담은
자기 뿌리도 몰라서 되겠냐는 뜻이다. 한민족이면 누구나 어린
아이 때부터 배웠던 「동몽선습」이나 「세종실록」 등의 고전에
는 단국에 대한 기록이 있다. 단군은 신도, 곰의 아들도, 하물
며 중국인도 아닌 우리의 조상, 곧 나의 할아버지와 같은 사람
이다. 단군신화로 단군을 가상인물로 보는 것은 누군가에 의한
역사날조이자 왜곡으로 1900년대 중반까지만 해도 한국 땅에
서 단군을 부정하는 사람은 거의 없었다. 실증사학을 내세워6
단군을 가상인물로 보기 시작한 것은 이승만 정권 때부터였으
며, 역사학자 이병도1896-1989 역시 처음엔 부정했지만 죽기
전 단군을 실존인물로 인정했다. 초대 대통령 이승만도 친일파
와 일하긴 했지만 그래도 단군 연호를 법령으로 채택해 사용했
는데, 1961년 박정희 정부가 단기를 폐기한 것은 크나큰 실책
이다.7

상고사 연구에 일가를 이룬 상고사 연구가 최태영 박사는8
1988년 일본 후지산 기슭 대밭 속 지하에 민간학자가 조성한
철제 문고일명 궁하문고·宮下文庫 안에 들어가 일본인이 작성한 단군
관련 비서秘書가 한 자도 상하지 않은 채 보관돼 있는 것을 직접

목격한 적이 있다고 한다. 그 비서에 따르면 1200여 년 전 단군의 후손인 백제인이 일본에 와서 일본 천황이 되었다고 한다. 일본 왕실이 소장한 기록에도 단군 73대 손이 일본 신무천황이 되었다고 나와 있다. 단군기원의 절단으로 중국과의 사대관계, 일본 강점 이후 일본에 의해 우리민족이 수천 년간 국조로 모셔왔던 단군이 부정당하고 우리의 정신은 암살되었다. 우리는 아직까지도 진정한 한국역사를 복원하지 못한 채, 일본의 황통사皇統史 사가史家들에게 속아서 단군과 고조선을 부인하고 조작된 역사를 받아들이고 있다. 또한 한국의 일부 기독교인들이 단군을 참혹한 말과 행동으로 욕보이는 사례가 종종 있는데, 그렇게 단군을 부정하는 것은 자기 조상을 부정하는 것과 마찬가지이다. 성경 어디에 조상을 부정하라는 하나님의 가르침이 있던가? 중국의 가장 오래된 지리책인 산해경山海經에도 고조선은 옛 요동을 포함하여 넓은 영토를 차지한 선진 우수 민족국가라고 책 곳곳에 기술되어 있다.[9]

한국에는 한국문화가 없다고들 한다. 한국이 한국이기 Coreanness 위해서는[10] 무엇을 가져야하고 지켜야 하는가? 한국은 결코 작은 나라가 아니며强小國, 4349년이란 전통과 저력이 있는 문화강국이다. 일본도 평성이란 자기 연호를 쓰고 있지만 우리의 단기檀紀 연호年號는 4349년이나 된다. 이만큼 오래된 연호를 쓰는 나라를 보았는가? 단군문화, 풍류도와 신명, 문자의 보유한글과 한자, 홍익인간과 이화세계, 대동장춘세계大同長春世界 등 세계 일가를 염원했던 원대한 이상을 품은 나라였다. 단군이 한민족에게 내건 헌법이 바로 **홍익인간**이며, 고조선에 이미 법이 있었다는 기록이 중국 문헌에도 남아있다.[11] 홍익인간 정신은 "사람을 귀하게 여기고 널리 이롭게 해야 한다"로 정치에 있어 민본정치에 근본을 두고 있는데, 서양 민주주의의 근본인 만민萬民을 이롭게 한다는 정치이념을 우리 선조들은 이미 기원전 2천 수백 년 전에 펼쳤던 것이다. 이렇게 선조들은 우리에게 많은 설화storytelling와 유산을 남겨주었다.

세계적인 철학자인 독일의 마르틴 하이데거1889-1976는 고조선은 가장 평화적인 방법으로 2천년 넘게 아시아를 통치했던 국가라고 말한 바 있다. 고조선은 홍익인간 이화세계弘益人間理化世界라는 빛나는 건국이념과 교육이념의 국혼國魂으로 전 아시아를 다스렸던 위대한 역사를 지니고 있기에 오래돼서 좋고 이 전통의 뿌리가 곧 한국의 매력인 것이다. 5천년이 지난 지금의 우리는 과연 잘 살고 풍요로운가? 만약 지금 우리의 삶 자체가 비참하다면 역사에서 배울 것은 무엇인가? 인도의 시성詩聖이요, 노벨문학상 수상자인 라빈드라나드 타고르1861-1941는 "동방의 밝은 빛인 코리아 / 일찍이 아시아의 황금시대에 등불의 하나였던 코리아 / 그 등불 다시 한 번 켜지는 날에 / 너는 동방의 빛이 되리 (중략) 우리들의 마음이 인도되는 곳 / 그러한 자유의 천당으로 / 나의 마음의 조국 코리아여, 깨어나소서"라는 찬란하고 절절한 시를 지었었다.

한민족에게는 삼일신고, 참전계명 등 15개의 경전이 있는데,

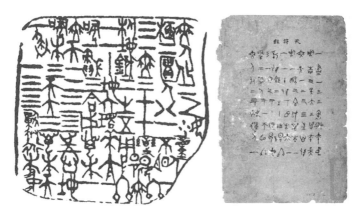

왼쪽은 묘향산 바위에 암각된 것을 탁본한 천부경. 오른쪽은 「농은유집」에서 발견된 갑골문 천부경

그 중의 으뜸 경전經典은 81자의 한자로 된 **천부경**天符經이다. 신라의 석학 최치원857-?은 천부경을 가리켜 현묘지도玄妙之道라고 칭하였으며, 그윽하고 그윽해서 온갖 묘한 것들이 그리로 드나들지 않는 것이 없다고 하였고 후손들이 잃어버릴까 싶어 가위바위보와 공기놀이오행, 고누놀이, 장기, 윷, 바둑놀이의 원리를 통해 구전심수口傳心授하였다. 동방의 석학이라 불리는 다석 류영모1890-1981는[12] 단군사상의 뿌리라고 일컬어지고 있는 천부경에 대해 심오하고 독특한 해석을 하였다. 그에 따르면 천부경을 제대로 모르면 주역을 제대로 알 수 없으며, 천부경을 제대로 알고 주역을 알아야만 성경을 참으로 이해할 수 있게 된다는 것이다. 고조선의 독특한 창작문화인 홍범구주洪範九疇가 추구하는 바는 바로 홍익인간이며, 나라의 법령으로서 9조목으로 구성되어 있다. 임금의 침소인 궁궐도 구중九重으로 지어 구중궁궐이라 하였으며, 신라가 통일한 뒤에 나라를 상주, 전

주 등 구주九州로 나눈 것은 천부경의 영향이다. 예전에 일본이 9개의 나라, 즉 구주九州였던 것도 틀림없이 천부경 사상의 영향이라 했다. 중국의 요순시대에는 배달민족과 한漢민족의 관계가 밀접하였으며, 배달민족의 문화가 중국에 영향을 끼친 것은 천부경이 증명하고 있다.13

단군은 고조선의 최고 통치자이자 최고신으로 신권정치를 했던 종교적으로도 최고권위자였다. 류영모에 따르면 단군 국조가 자랑스러운 것은 하나님을 받들었다는 데 있다고 한다.14 천부경의 참 값어치는 첫 구절인 일시무시일一始無始一과 마지막 구절인 일종무종일一終無終一에 있다. 하나一는 절대 존재를 말한다. 절대 존재는 곧 하나님이다. 상대적 존재인간의 목적은 절대 존재인 하나를 찾아가는 데 있다. 사람은 하나를 찾아야 한다. 기독교에서 아버지를 찾는다는 것은 하나를 찾는다는 말이다. 일시무시일 일종무종일의 맥락으로 성경15에서도 "나는 알파와 오메가요, 처음과 나중이요"라고 하였다. 절대 존재인 하나님은 그 자신으로는 비롯始도 마침終도 없다. 일시무시일은 비롯 없는 비롯이 하나이다. 상대적 존재는 비롯이 있고 끝이 있다. 비롯이 있고 끝이 있는 것이 유有이다. 하나는 절대존재라 비롯 없는 비롯이요, 끝이 없는 끝이다.

개화기의 서양 선교사 제임스 스콧 게일1863-1937은 한국인에 대한 느낌을 이렇게 말했다. "종교도 없는데 어찌 그리 선량할 수 있을까? 배움도 없는데 어찌 그리 도덕적이고 성숙할 수 있을까? 당장 끼니도 잇지 못하면서 어찌 그리 느긋할 수 있을까?" 아마도 이는 태어나면서부터 아기가 어머니, 할머니의 자장가를 통해 도덕적 교훈을 얻으면서 정서적 풍요 속에서 자랐기 때문이지 싶다.

자장자장 우리애기 자장자장 우리애기
꼬꼬닭아 우지마라 우리애기 잠을깰라
멍멍개야 짖지마라 우리애기 잠을깰라
자장 자장 우리 아기 잘도 잔다 우리 아기
금자동아 은자동아 우리애기 잘도잔다
금을 주면 너를 사며 은을 준들 너를 사랴
나라에는 충신동아 부모에는 효자동아
자장 자장 우리 아기 잘도 잔다 우리 아기
(후략)

아기는 어머니 품속에서 꿈결인지 잠결인지 은연중에 어머니의 마음을 받아들인다. 우리의 옛 조상들은 인간의 존엄성을 강조하면서 이지적이며 진보적이고 활동적이며 낙천적인 요소가 깃든 어린이 십훈단동십훈, 檀童+訓을 통해 천심天心을 고스란히 간직한 어린이에게 놀이 동작으로 재롱을 부리게 하는 독특한 기본교육을 단군시대부터 전수하여 왔는데, 세계 어디에 이만한 철학적인 놀이 교육이 있을까 싶다. 필자에게도 아기였을 때 어머니께서 흥에 겨워 흥얼거리던 소리를 들으면서 자랐던 기억이 희미하게 남아있다. 다음은 단군왕검의 배달민족이 지키면서 듣고 자랐던 단동십훈 중 재미있고 차원 높은 놀이교육

중 몇 가지를 소개하고자 한다.

도리도리道理道理: 머리를 좌우로 돌리는 동작. 천지에 만물이 무궁
　　　　　　무진한 하늘의 도리로道理 생겨났듯이 좌우를 살
　　　　　　피며 너도 도리로 생겨났음을 잊지 말라는 뜻이
　　　　　　며, 대자연의 섭리를 가르치는 뜻이다.

곤지곤지坤地坤地: 오른 집게손가락으로 왼쪽 손바닥을 찍는 동작.
　　　　　　하늘의 이치를 깨달으면 사람과 만물이 서식하는
　　　　　　땅의 이치도 깨닫게 되어 천지간의 무궁무진한
　　　　　　조화를 알게 된다는 뜻이다.

섬마섬마西摩西摩: 아이를 세우면서 하는 동작. 서라는立 말로 정신
　　　　　　문명인 강상綱常의 이치만으로는 안 되므로 서마
　　　　　　도西摩道에 입각한 물질문명을 받아들여 발전해
　　　　　　나가라는 뜻으로 독립하여 정신과 물질에서 발전
　　　　　　하라는 뜻이다.

어비어비業非業非: 아이가 해서는 안 될 것을 이를 때 턱과 손을 좌
　　　　　　우로 흔들며 하는 말. 무서움을 가르치는 것으로
　　　　　　어릴 때부터 조상님들의 발자취와 신의 뜻에 맞
　　　　　　춰 삶을 살라는 뜻인데 자연 이치와 섭리에 맞는
　　　　　　업이 아니면 벌을 받게 될 것이라는 뜻이다.

각궁각궁覺躬覺躬: 턱을 아래위로 상하로 움직이며 하는 동작. 사람
　　　　　　은 사리를 알아야 하므로 늘 자신을 깨달으라는
　　　　　　뜻으로 교육의 중요성을 이른다. 단군시대부터 전
　　　　　　수된 이 말은 한자말로 표기됐으니 한자말이 우리
　　　　　　말이고 국자라는 주장에 근거가 있는 것이다.

연전에 가고시마의 14대·15대 도공 심수관의 공방을 방문한

일본 가고시마의 도공 심수관 공방에서 관리하고 있는 옥산신궁

적이 있다. 그들의 조상이 한국 남원에서 일본으로 납치된 후
후손들은 아직까지도 옥산궁玉山宮에서 단군의 위패를 모시
고 망향제望鄕祭를 지내는데 그들이 4백여 년 이상 잊지 않고
부르는 노래가 있다. 이 노래는 한민족의 옛 가요집인 청구영
언靑丘永言에 수록되어 있다.

오늘이 오늘이소서
저물지도 새지도 말고
날이 새도 늘 변함없는 오늘이소서
내일이 오늘이소서

지금까지도 명절 때가 되면 이 노래를 훈훈한 덕담 겸 축하
인사로 나눈다고 한다. 이 얼마나 멋지고 사려 깊은 덕담인가.
고대 로마의 시인 호라티우스BC 65-8의 〈송가〉 마지막 부분에

"오늘을 잡아라. 내일을 최소한만 믿으며"라는 구절이 나온다. 영화 〈죽은 시인의 사회〉1989에서 키팅 선생은 "할 수 있을 때 장미 봉오리를 모으라"는 말을 하는데, 이는 라틴어 격언 "카르페 디엠,"carpe diem 영어 "Seize the day"에 해당하는 말로, 즉 "오늘을 놓치지 말고 잡아라"는 뜻이다. 17세기 영국의 시인 로버트 헤릭1591-1674의 시 〈처녀들에게, 시간을 소중히 하기를〉에서 "할 수 있을 때 장미 봉오리를 모으라, 시간은 계속 달아나고 있으니. 그리고 오늘 미소 짓는 이 꽃이 내일은 지고 있으리니"라는 말은 지금 만발한 장미를 지기 전에 따 모아야 하니까 할 수 있을 때 장미 봉오리를 모으라는 뜻이다. 〈꾸뻬씨의 행복 여행〉16에서는 행복은 미래 목표가 아니라 오히려 현재의 선택이라고 얘기한다. 그런데 안타까운 것은 대부분의 사람들이 행복을 목표로 삼으면서도 지금 이 순간 행복해야 한다는 사실은 잊는다는 것이다. 허나 이보다는 청구영언의 "오늘이 오늘이소서. 내일이 오늘이소서"가 한 차원 더 높은 송가처럼 마음을 울린다. 즉, 안분지족安分知足으로 오늘의 소박한 즐거움을 놓치지 말고 챙기라는 것이다.

풍류도風流道는 한국인의 미학의 종합이요, 원형일뿐더러 세계에 알리고 자랑할 만한 독특한 한국의 철학이다. 단군사상이 풍류도로 전승되었으니, 이는 아주 멀리서부터 왔으며 그 뿌리 또한 깊다. 현묘지도玄妙之道에서 현묘는 "굵은 것이 다하면 가늘어진다. 가늘면 묘妙하다. 묘가 갈 데까지 가면極 가마득玄해진다. 깊고 가마득하면 곧 통하지 않는 곳이 없다"라는 뜻으로 풀이된다. 우리 선조들은 풍류도의 세 가지 원칙, 즉 자연, 예술, 인생이란 3요소와 조화되고 융합하여 신명나게神明 심미적 즐거움을 누렸던 것이다.

풍류도의 기본구조는 패기pathos, 논리logos, 신내림ethos으로 이 세 가지가 절묘한 조화를 이룰 때 비로소 신명과 신바람이 나고 창조력이 발휘된다.[17] 기업에서 신명나는 사풍社風이 일어난다함은 패기氣로서 직원들이 사람대접을 받으며 일할 기분이 나는 것이며, 논리理로서 회사에서 신명나게 일한 보수를 받는 것이며, 신내림信으로서 가치기준인 회사의 이념과 사훈을 공유하는 것이다. 2002년 월드컵대회 때 4강까지 진출한 것은 파토스로서의 국민과 선수의 열광적인 관심과 거리응원, 로고스로서의 히딩크란 지도자에 대한 과감한 투자, 그리고 에토스로서의 축구 16강 진입이라는 목표의 기원과 바람이 절묘하게 조화妙合되어 신명이 나타난 것이다. 한국인 특유의 신명이 현대에서는 가수 싸이의 말춤 탄생으로 이어졌고 '강남스타일' 뮤직비디오는 유튜브Youtube 10년 역사상 가장 많이 본 영상으로 손꼽히며, 2016년 5월 기준 시청자 수가 무려 25억 6천 명을 넘어섰다. 소설 「색계」의 작가 장아이링은 1945년 3월 최승희의 상하이 공연 직후 채플린의 영화도 최승희의 춤에 못 미친다고 호평했었다. 2015년 8월 비틀즈의 폴 매카트니의 전설의 내한 공연에 한국 관객은 어김없이 떼창으로 화답함으로써 공연은 쌍방향 소통의 장이 되었다. 그는 한국어로 대박을 외쳤고 보수적인 일본 관객과 적극적인 한국 관객을 비교하며 "진짜 잘 노는 민족"이라 했다. 캐나다 출신의 세계적 가수 셀린 디온도 "한국 공연장은 다른 나라의 공연장 다섯 곳을 합한 것만큼 에너지가 넘친다"고 평한 바 있다. 이게 한국적 신명이다. 현재 인기리에 방송되고 있는 K팝스타 오디션도

1936년 베를린올림픽 마라톤 우승 당시 승리 축하연에 참석한 최승희와 손기정 선수

이를 잘 반증해준다. 한국은 들끓는 신명과 감각의 제국이다. 이를 창의적으로 잘 살리면 문화융성이 가능할 것이다.

만물을 구성하는 4대 요소는 지地, 수水, 화火, 풍風, 즉 흙, 물, 불, 바람이다. 한국은 풍류도의 나라, 즉 바람의 나라로 그 연원淵源이 깊다. 바람을 본 사람은 없지만 그 바람은 생명과 변화, 문화예술을 일으킨다. 물과 불은 수평 또는 수직으로 비교적 일정하게 정해진 방향으로 흐르지만 바람에겐 일정한 방향이 없어 예측할 수 없이 종횡무진 하는 자유성이 있다. 바람을 멈추게 하는 것은 비순리요, 부자연이지만 바람 부는 대로 흘러가게 하는 것은 자유성이고 순리이다. 무릇 파토스, 로고스, 에토스의 절묘한 결합으로 신명이 난다. 만약 이 가운데 어느 하나만 결여되어도 신바람은 타락하고 객기가 된다. 오늘날 한국인에게 신명이 크게 저하된 것은 규범과 질서를 중시한 과거의 유교문화와 합리적 사고를 숭배하는 서양식 교육으로 말미암은 바가 크다. 오늘날 자본주의 시장원리로 무너진 공동체를

회복하기 위한 대안으로 잃어버린 옛 전통인 풍류정신의 고상함을 살려나가야 할 의무가 우리에게 있다_noblesse obligé_. 자본주의사회의 건전한 발전을 위하여 중요한 점은 인간사회는 '이웃'이므로 국가사회로부터 '빼앗는 인간'이 아니라 '벌어서 나누는 인간'으로서 풍류도와 화엄학이 말하는 협동과 조화의 공존관계를 이루어 나가야 인류에게 진정 희망이 있을 것이다.

본디 이같이 한민족은 오랜 낙천적 기질을 지닌 민족으로 가무와 음곡을 즐기면서 전 세계의 온 인류가 하나로 통일된 대동유大同遊의 대동태평세계를 꿈꾸던 민족이었으니 오늘날 한류韓流 현상을 단지 우연이라기보다 우리민족에게 유전된 풍류도의 DNA와 신풍류도의 미학의 틀에서 보는 것이 바람직할 것이다. 풍류란 둘이 모여 대립하는 것이 아니라, 모여 하나가 되는 소통의 나눔이며 섞임이다. 즉, 나눔과 섞임의 조화를 이루는 통합의 정신이다. 그래서 21세기형 풍류작법風流作法의 모델나눔과 섞임의 조화로서 자연주의조화와 융합, 놀이사상소통·문화·예술, 아름다운 공동체공생의 모형으로 재창조가 되면 오늘날 우리의 국난을 능히 극복하고 장차 오래갈 미래를 보장할 수 있는 길이 될 것이다. 우리에게는 또한 신라의 다살정신多薩精神이 있다. '다 살린다'는 뜻의 다살이야말로 오늘날 사람·동물·식물이 다 함께 살아가야할 공존공영共存共榮의 시대에 걸맞은 화두이다. 뿐만 아니라 우리의 오랜 공동체 문화의 전통은 홍익인간과 풍류도, 다살정신에 이어 계, 두레, 향약 등으로 면면히 쭉 이어져왔다.

풍류도는 고대국가의 제천의식, 화랑도, 때로는 선비들의 시·서·화나 서민들의 농악·탈춤과 같은 민속놀이, 오늘날의 풍물한마당, 사물놀이 등으로 끊임없이 새롭게 태어나면서 이어져 내려왔다. 따라서 한국인의 풍류는 한국문화의 정체성 그 자체이다. 어느 집에 경사가 생기면 함께 잔치를 벌이고 축하해 주는 것도 풍류스러운 생활의 한 모습이며, 그 가운데서 서로의 정을 느끼고 푸근한 마음을 공유하였다. 한국인은 신명 없이는 일 못하는 민족이었다. 기업의 CEO는 사실 직원들에게 월급이 문제가 아니라 신나게 일하도록 만드는 문화culture of the excite to work를 조성하는 게 우선이다. 그래서 한국사회는 지금도 "힘을 내라"는 파이팅을 즐겨 쓴다. 노래는 여전히 한국인의 힘이다. 풍수지리학Feng Shui을 현대 용어로 표현하자면 생태학에 가깝다. 음양의 합이 곧 즐겁고 좋은明 것이다. 한국인에게 마음의 아픔이 한恨이라면 마음의 희열은 풍류라 했다. 이 얼마나 멋진 말인가. 즐거움樂을 누리는 것이 생명의 근원인 생기발랄藥이다. 풍류의 멋을 즐기고 마음을 편안하게 하는 여유, 자연을 사랑하며 유장하게 노니며 살 일이다. 각박한 산업자본주의 사회에서도 풍류의 시냇물이 흐르고 풍류의 바람이 불게 하여 풍류심風流心을 잃지 않는 게 바람직하리라. 한국인의 대표 정서인 정情과 신명, 은근과 끈기란 느림의 전통과 고대 유산을 재발견하고 시대에 맞게 새로운 가치를 부여해야 할 것이다.

우리에게는 옛날에 누렸던 찬란한 문화예술의 아름다운 전통을 계승하고 발전시켜 나가야 할 사명이 있다. 사람은 말과 글을 사용하는 영혼의 동물로서 특히 우리는 국·한문의 국자를 가진 세계 문자의 모국이라는 사실에 자부심을 가져야 한다. 문화文化와 문명文明에서 글월 文은 글文이 원리가 된다는 뜻이다.[18] 한자를 모르는 한맹은 그 원리를 잃어버린 것이니 한국의 역사와 예술, 문화가 오롯이 한자말의 원전에 들어 있는데, 그 문화적 전통을 잇지 못하면서 창조니 과학을 한다는 것은 어불성설이다. 우리는 아직도 서구의 어설픈 모방교육이 얼마나 큰 문제인지 그 폐해를 잘 모르고 있다. 독일이 강한 비밀 두 가지는 첫째가 철저한 역사인식이고 둘째는 교육의 힘이다. 조금만 제대로 된 역사관을 가지고 있어도 한자가 국자임을 알 수 있는 데도 한자를 빌려 쓰는 차용문자로만 알고 주체성을 지킨다는 명분으로 내쳐 버리고 말았다. 그러다 보니 한자를 외국어로 취급하여 겨우 괄호 안에서만 쓸 뿐이고 수능에서조차 한자를 제 2외국어로 선택하도록 할 뿐이다.

그러니 공부工夫가 제대로 될 리가 없다. 공부의 장인 工자를 보면, 위 하늘과 아래 땅 사이에 사람이 서 있는 꼴로 하늘과 땅의 원리를 아는 것이 공부라고 선인들이 글자로 남긴 것이다. 예를 들어 위장胃臟을 한글 전용으로 바꾸어 밥통으로 쓴다면 실생활에서 "할아버지 밥통이 아프세요?"라는 말은 천하에 예의 없는 말이 될 것이다. 초등학교 3학년 아이들에게 문제를 냈다. "술 취해서 소리를 지르거나 노래를 부르는 것을 사자성어로 뭐라고 할까?" 답은 제각각이었다. 고성방가高聲放歌를 기대했는데 "이럴 수가," "미친 건가"라는 답이 나왔다. 그런데 웃지 못 할 답이 있었으니 "아빠인가"였다. 대학생이 성적을 올려달라고 이메일을 보내면서 "교수님, 다음부턴 정말 열씨미熱心하겠습니다"라고 쓰질 않나, 직장에서 시말서始末書를 쓰게 했더니 심활서心活書로 써내는 등 한국의 뒤틀린 교육이 이러한 상황을 만들어냈다. 학생들이 학교에서 배우는 핵심 의미어, 개념어는 대부분 한자어인데 한자를 몰라서 우리말을 외국어처럼 외운다. 유 빛나라는 이름이 있다고 하자. 성은 한자말이고 이름은 한글이다. 예를 들면 유 씨 성은 柳, 俞, 劉, 세 가지가 있으니 한글로 쓰게 되면 족보를 잃게 되는 것이고 아무리 한글이 좋아 이름은 그렇게 써도 성씨를 한글로 바꾸어 조상을 팔아먹을 수는 없는 것이다. 현대자동차 그룹의 정몽구 회장은 몽자 항렬을 씀으로써 가계와 혈통을 자랑하고 있다. 추사 김정희가 제주도에서 귀양살이를 할 때 제자를 가르치던 방의 당호를 의문당疑問堂이라 했다. 왜냐하면 학문學問은 많이 물어야 하기 때문이다. 이 얼마나 정곡을 찌르는 말인가. 역사와 전통, 고전은 이렇게 우리에게 많은 상상력과 그리움을 준다.

한국이 한국이기 위해서는 무엇을 가져야 하는가? 오래돼서 좋은 한국이 1만년의 긴 역사를 가지고 있고 또 세계 유일의 분단국이면서도 역사를 소홀히 하는 것은 큰 실수이다. 즉, 단군의 실존을 믿지 않는 것이나 한자의 상실은 그야말로 크나큰 큰 실책인 것이다. 나물 한 그릇, 쓴 김치를 먹으면서 한 없이 갖고 싶은 우리나라는 경제력과 군사력의 부강한 나라가 아니라며 행복을 위해 문화의 힘을 꿈꾸었던 백범 김구 선생은 27

년간 일본의 암살 위협 속에서 살아남았건만 조국에서 암살범의 흉탄에 가셨으며, 역사는 그 실체를 덮고 말았다. 그의 유묵●은 홀로 있을 때도 삼간다는 의미의 신기독愼其獨으로 66년이 지났건만 아직도 역대 지도자 중 그만한 문화안목을 지닌 자가 없다. 한글 전용의 3인방으로 박정희, 김일성, 최현배를 꼽는다. 동이족東夷族이 한자를 발견했다는 것은 중국학계에서도 밝혀졌다.[19] 맹자는 한자는 물론 은나라의 순임금이 동이지인東夷之人이라는 놀라운 사실을 밝혀냈으며, 중국의 소설가 임어당林語堂, 1895-1976과 대만의 문자학자 이경재李敬齋도 한자는 동이족이 창조한 것이라 했다. 한자는 중국민족이 만든 것을 빌어다 쓰는 차용문자가 아니라 우리의 조상인 동이족이 만들었음을 도처에서 재확인할 수 있다.[20] 임승국의 저서 「환단고기」桓檀古記에 의하면 단군은 서기 2333년 지금은 중국의 땅인 요동에 (고)조선을 개국하고 2096년 47대에 걸쳐 통치해온 임금이다. 한국의 국혼인 홍익인간弘益人間과 이화세계理化世界는 거기서 비롯되었고 민족의 최대 경전인 천부경은 81자의 한자로 쓰여 졌고, 최초의 금속활자인 직지심경直指心經도 한자 글로 되어 있는데 한자를 폐지하고 어떻게 나라의 역사와 혼을 온전히 지킬 수 있을 것인가.

문화文化와 문명文明에서 글이 문화와 문명을 이끄니, 즉 문자란 미디어가 바로 IT의 인프라이다. 그래서 우리나라가 IT 역사

● 생전에 남긴 글씨나 그림

가 짧음에도 불구하고 IT강국이 될 수 있었던 것은 결코 우연한 일이 아닌 것이다. 우리는 고구려高句麗의 국호에서조차도 가운데 글자에 '글귀 구'자를 썼다. 세계 최초의 금속활자인 직지심경直指心經도 독일 구텐베르크의 금속활자보다 200년 앞선다. 정확한 고증으로도 78년이나 앞서는 쾌거이지만 당시 국가독점의 폐해, 즉 국가주의로 인해 문명의 혜택을 전 세계로 확산시키지 못했다.

한편 1237년 고려는 몽골 침략에 대항하여 국력을 모으기 위해 〈팔만대장경〉을 만들게 된다. 백척간두의 무력 침입에 대비하여 국민들의 정신 무장을 위해 대장경 판각이라는 국책사업을 전개했다는 것은 참으로 문화민족다운 발상이다. 이 같은 경판제작은 글로써 국민들의 정신무장을 환기시킨 사례로 그 유례를 찾기 힘든 문기文氣 사건이다. 바람의 나라인 한국의 풍류도 전통은 한국인들에게 남아 있는 뿌리 깊은 밝고 환한桓國 정서로 인해 지금의 한류라는 형태로 신풍류도가 계승되고 있다. 상고사로 일가를 이룬 최태영1900-2005에 따르면 일본과 마찬가지로 중국인들도 역사를 자기 뜻대로 재구성해버렸지만 역사책과 달리 지리책만큼은 변조할 새가 없었다. 중국의 세계지리서인 산해경山海經에 고조선에 대한 이야기가 나온다. "(고)조선인들이 한문을 쓰게 된 뒤 나라 이름을 아사달에서 조선朝鮮이라 하고 배달임금을 단군檀君이라고 했다." 백제 14대 근구수왕375-384 시절 영암군 출신의 왕인 박사는 일본에 논어와 천자문을 전하였으며, 아스카飛鳥 문화로 이끈 추앙자로 일본의 고대 역사서인 고사기, 일본서기에 전해져 내려오고 있다. 일본으로 여행해보라. 일본은 한자 문화가 잘 꽃피운 곳이며 전수된 한자를 선용하여 문화강국을 이루었다. 세종대왕의 훈민정음訓民正音 창제 목적은21 오롯이 한글전용이었던 것이 아니었으며, 애초부터 한글은 한자와의 조화를 생각하고 만든 문자로 세종대왕은 한자 없는 한글을 상상조차 하지 않았다.

　관광학을 공부하는 학도로서 한마디 더 보태면 무릇 관광지에 가서 한자 지명의 유래도 모른 채 관광지를 보는 것은 황이다. 왜냐하면 한자에는 함축적인 의미가 다 담겨 있기 때문이다. 필자가 지금 주력하고 있는 슬로시티운동에서 슬로의 반대말은 망忙이다. 忙자, 즉 바쁠 망에서 마음이 바쁘면 만사가 망가진다는 뜻이 다 들어가 있으니 더 이상 긴 설명이 필요 없다. 한자를 쓸때도 정체자를 쓰다가 마음이 급해 중국처럼 알아보기 힘든 간체자를 써 원형을 파괴하는 경향을 경계해야 할 것이며, 아무리 바빠도 정중동靜中動을 잃어서는 안 될 것이다. 슬로시티운동은 느림과 빠름의 조화운동이다. 우리나라의 전통사상은 화엄경의 나라답게 원효의 화쟁이나 천지인의 삼재사상, 풍수지리의 음양조화 심지어 글자에까지 한글 언문諺文(陽)과 한자 진서眞書(陰), 즉 음양의 조화가 근본철학으로 자리 잡고 있다. 일전에 빌 클린턴 대통령이 학습하는 하버드생들에게 이념적·감정적 분열과 갈등의 시대에 엘리트로서 앞장 서 달라는 요지로 한 스피치는 화두는 좋았으나 구체적인 처방이 보이지 않았다.

「논어」의 학이시습지 불역열호學而時習之 不亦說乎에서 학습學習, learning이란 말을 깊이 생각해보면 갈등이라는 화두에 한 처방이 될 수 있다. "배우고 때때로 익히면 또한 기쁘지 아니한가." 참으로 천재적인 공자의 발상이다. 여기서 습習이란 합자를 자세히 보면 재미있다. 흰백白 위에 날개羽로 구성되어 있다. 이는 인간사회에서 겪게 되는 대립과 갈등의 문제에 대해 배운 것學을 이용하여 날개, 즉 위로 올라가서 합合화和를 찾으라는 의미이다. 화和의 도구는 날개이고 대국을 보기 위해서는 날 필요가 있다는 혜안이다. 지도자의 덕목은 평면에서는 안 되고 나는 덕목을 갖되 어떤 의견도 수렴하는 자세는 흰색白이다. 그림에서 모든 색을 수용할 때 백색이 되는 것과 같은 이치이다. 민주주의보다 한 차원 높은 신라의 만장일치 의결제도인 화백和白이 또한 그러하다. 독일 철학자 헤겔1770-1831의 정반합正反合 역시 正과 反의 갈등을 통해 위로 올라가서aufheben 合을 찾는 데 있다. 지식의 단순한 습득보다 더 가치 있는 것은 學은 배운 것을 習은 실천·실행함이 어찌 기쁘지 아니한가 물었으니 학습의 뜻이 얼마나 심오한가.

21세기는 창조의 시대이고 지금은 예술이 사람을 감동시키는 마케팅 시대이다. 사람의 눈길과 손길이 닿는 곳이 다 디자인이고 미술이다. 한자의 사자성어가 주는 촌철살인적 쾌감이 그러하고 신라의 신필 해동서성海東書聖 김생金生, 711-?의 글씨야말로 최고급 예술이다. 서양이 알파벳 문자Western Character라면 한자는 적어도 동방문자東方文字, Eastern Character이지 곧 'Chinese

널리 모든 사람과 생물과 화기애애한 긴 봄을 누리며 세계 일가를 꿈꾸는 원대한 이념을 필자가 집자하여 홍익장춘세계의 글에 담았다. 서예는 현대 최고의 필력을 자랑하는 해청 손경식 선생님의 글씨임

characters'를 의미하는 것은 아니다. 동방문자한자와 한글의 겸비는 오늘날 컴퓨터 시대의 최고의 여건한자는 아날로그요, 한글은 디지털 문자이다. 아직도 우리는 진정한 한국 역사를 복원하지 못한 채 국자인 한자란 보물을 중국어로 여긴 나머지 쓰레기 통에 버려 버리고 국민을 우민화시키고 3등 국민으로 만들었다. 한자를 모르니 글을 읽을 줄도 모르고 뜻도 모르는 까막눈이 되어 버렸다. 한자를 알고 안 쓰는 것과 몰라서 못 쓰는 것은 큰 차이가 있다. 우리가 쓰는 말이 한글과 한자말이다. 한글은 한글로 쓰고 한자말은 원래 글 그대로 한자로 혼용하여 잘 융합해 쓰면 된다. 수천 년을 두고 자연스럽게 써왔다. 그렇다면 한자가 과연 중국말일까? 그렇지 않다는 것은 수많은 사료가 증명한다. 지금 한글마저도 외래어

의 보조적인 문자로 전락되고 있다. 1970년 박정희 전 대통령이 한글전용 정책을 펼치면서 한자를 포기한 것은 큰 실책 중의 하나이다. UN의 한 보고서에서 50~60년 후에는 한글도 집에서 쓰는 말 정도로만 통용될 것이라는 관측을 내 놓았으니 얼마나 섬뜩한가. 국민의 생활감정과 사고방식의 구미화는 스스로 동양문화로부터의 이탈을 의미하며, 한자의 말살은 수천년 동안 연면히 계속되어 온 역사와 전통, 문화를 말살하는 것과 같다. 심지어 현행 교과서에조차 한자는 한 글자도 없다. 한글은 언문(陽 문자), 한문의 본래 우리말은 진서(陰 문자)인데, 중국 한나라의 문자란 뜻의 한문漢文 표기는 일본에 의해 이루어졌다. 권영한 편저의 「김삿갓 시 모음집」을 보면 김삿갓이 선비에게 시를 읊어 망신을 준 적이 있다. 선비는 삿갓의 초라한 행색을 보고는 "언문풍월이 당신에게 맞을 듯한데 어떻소?"라며 선비는 빙그레 웃으며 첫 자를 부르기 시작했다. '타'하니 삿갓이 "사면의 기둥이 불타", '타'하니 "석양 행객 시장타", '타'하니 "이 절 인심 고약타", 선비가 또 한 번 '타'를 부르면 김삿갓은 "지옥 가기 꼭 좋타"라고 할 생각이었다. 그 옆에 있던 스님은 타 자의 화답에 욕이 나올까봐 "언문풍월이야 글 축에 드나. 그래도 진서 시를 지어야지. 그래도 여섯 자나 일곱 자는 맞추어야 하지 않겠소"라고 하자, 김삿갓은 선비와 스님을 골탕을 먹일 생각으로 다음과 같은 진서 시를 쓰기 시작했다. 이를 본 늙은 중은 나무아미타불을 연신 외워댔고 김삿갓은 큰 소리로 외치며 절 문밖으로 나섰다. 한자 이전에 쓴 말은 진서眞書라 불렀다.[22]

페트로스 프란키우스. 출처: 위키미디어(좌), 원각사보성박물관(우)

僧首圓圓汗馬閬	승수원원한마낭
儒頭尖尖坐狗腎	유두첨첨좌구신

중의 둥근 대머리는 늘어진 말불알이오
선비의 뾰족뾰족한 머리는 앉아있는 개 좆이로다

한국의 **국호 영문표기**를 Korea로 쓰는 것에 역사적 함정이
있다. 이는 국가적 정체성과 존엄이 걸린 문제이므로 필자는
1995년 김영삼 정부 때부터 영문 국명 회복 운동을 건의하였고
자료를 수집하였다.23 한병훈 전 한스글로벌문화연구소 소장
에 따르면 지금까지 발견된 한국 국명이 최초로 표기된 외래어
는 Corea이며, Corea라고 표기된 가장 오래된 서양의 세계지
도는 오스트리아 빈의 국립도서관에 소장되어 있는 1594년에
간행된 「프란키우스 세계지도」이다.24 지도 제작자는 네덜란드
출신의 천문학자겸 지도연구자인 페트로스 프란치우스Petrus
Plancius, 1552-1622이다. 또한 1630년경 요안 블라우Joan Blaeu,

세계지명사전에 기록된 'Sea of Corea'. 출처: www.chosun.com

1596~1673가 제작한 지도에도 조선이 Corea라고 표시되어 있으며, 1666년 네덜란드 동인도 회사의 무역선이 표류돼 제주도에 도착한 하멜 일행도 이 지도를 참조했었다. 이 지도의 원본은 런던왕립지리학회에 소장되어 있다. 지금 우리가 부르는 동해를 한국해Sea of Corea로 표기한 1760년 런던에서 처음 발견된 세계지명사전The Universal Gazetteer에 수록된 세계지도이다. 국명 Corea는 물론이고 동해 일대가 당시 조선왕조의 영향권 아래 놓여있었던 것이 잘 나타나 있다. 이 지도는 '최초의 발견과 가장 정확한 관측에 의거한 새롭고 정확한 세계지도'라는 제목이 붙어있다.25 이 지도는 캐나다 총독관저의 집무실 입구 벽에 걸려 있는 것으로 1995년 10월 김영삼 전 대통령이 캐나다를 방문했을 때 수행원들에 의해 발견되었다.

1883년 9월 19일자 뉴욕 헤럴드의 Corea's Greeting 기사

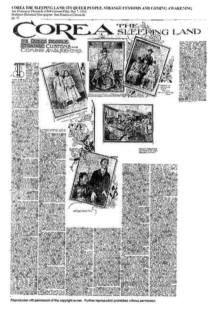

1902년 미국 샌프란시스코 크로니컬의 도산 안창호 선생과 인터뷰 기사

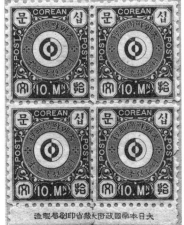

Corean이라고 쓰인 문위우표 10문(左)과 Corée라고 쓰인 파리에서 발행한 엽서(右)

1883년 뉴욕헤럴드 신문에 대조선국Tah Chosun의 전권대신 민영익과 부대신 홍영식이 체스터 아서Chester Alan Arthur 미 대통령에게 전한 고종 황제의 친서내용과 그들을 환영하는 내용의 기사가 실렸는데,26 "은둔왕국, 한국의 인사Hermit Kingdom, Corea's Greeting"라고 표기되어 있다. 1902년 12월 7일 미국 샌프란시스코 크로니클에 도산 안창호 선생과의 인터뷰가 실렸다. 기사의 제목은 '코리아, 잠자는 땅Corea, The Sleeping Land'이며 '별난 사람들, 낯선 관습들, 깨어나는 자각들'이란 부제가 달려 있다. "한국에서 결혼은 부모가 정해주고 얼굴도 보지 못한 채 치르는 복권과 같은 것"이라 묘사되어 있다.27 갑신정변이 일어난 음력 1884년 10월 17일자 소인이 찍힌 문위우표文位郵票에도 Corean Post라는 영문이 표기되어 있다.28 1904년 파리의 한 판화제작소에서 발행한 한국 관련 컬러판화 엽서에는 양반에게 우편물을 전하면서 땅에 엎드려 큰 절을 하는 진기한 한국 우체부의 모습이 담겨 있다. 이 엽서에는 한국 우편물이란 뜻의 La Post en Corée가 적혀 있으며, 한국을 Corée로 표기하며 프랑스에서는 아직까지 이렇게 쓰고 있다. 지금도 스페인과 이탈리아에서는 한국의 국명을 Corea로 사용하고 있다. 1905년 6월 10일 대한제국 광무고종 9년, 외무대신 이하영李夏榮, 1858-1919의 외교문서에서도 Corea와 Corean으로 적힌 기록이 보인다.29 허종호 조선역사회 위원장30에 의하면 "조선 정부가 국호 영문표기를 처음 공식 사용한 것은 1882년 5월 서방과의 첫 외교조약인 '조·미 수호통상조약'을 맺은 때로 당시 조선정부는 'Kingdom of Corea'라고 국호를 표기했다"고 한다. 정용욱 한국정신문화연구원 교수는 '서양 고문헌에 나타난 우리나라 국호 표기'라는 제목의 발제에서 우리나라 영문 표기가 "Korea로 바뀌기 시작한 때는 바로 일본이 한반도 병탄을 노리고 영국과 동맹을 맺는 1902년 전후"라고 얘기한다.

한병훈 전 한스글로벌문화연구소 소장에 따르면 7~8세기 무렵 신라를 찾아 온 아랍인들은 자신들의 해도에 우리나라를 Sila라고 표기했으며, 10세기 이후에는 고려가 Cory로 표기되었다.31 한국의 이름이 Sila-Cory-Coali-Corea-Corée로 변천했으면 했지 왜 C가 K로 바뀌어 Corea가 Korea로 된 건지 그 까닭이 오리무중이다. 2002년 '붉은 악마'란 한류를 통해 꼬레아, Corea가 크게 부각된 것은 다행한 일이었지만 그 여파는 오래가지 못했고 그것으로 끝이었다. 최근 파리를 흘렸던 '변강쇠

점 찍고 옹녀'란 한국 창극을 본 관객들의 반응은 이러했다. '코리아가 어떤 나라야?' '스마트폰으로 유명한 나라 아냐?' 이처럼 생전 듣도 보도 못한 독특한 스타일의 유쾌한 해학과 풍자의 전통이 관객들의 어깨춤과 박장대소를 끌어냈다는 호평을 받았다. 실은 Corea의 접두어 Cor는 속·핵심이란 뜻의 영어단어인 Core와 심장·마음·사랑·친절이란 뜻의 스페인어인 Corazón과 불어인 Coeur와 동일한 어간으로 아름다운 의미를 품고 있다. 그러고 보면 우리는 역사적으로 잃은 게 너무나 많지 않은가. 국명의 영문 표기며 고조선 역사의 망각, 남에 의해 저질러진 쓰라린 국가분단과 민족분열, 황실박탈, 중국보다 수천 년 먼저 써온 한자문화의 자포자기를 비롯하여 세계 최초 금속활자 인쇄본인 직지심경 중 유일하게 남은 한권인 하권이 한국에는 없고 프랑스 국립도서관에 보관되어 있는 것이나 천하의 걸작인 안견의 몽유도원도를 일본인이 소장하고 있는 등 일일이 열거하기조차 어려울 정도이다.

단군 고조선의 빛나는 역사는 고구려 벽화에 뚜렷이 계승되어 있다. 우리의 천재화가 이중섭, 그가 늘 꿈꾸던 고구려의 대벽화를 그리지 못한 채 세상을 하직한 것은 참으로 안타깝다. 고려태조 왕건은 고구려를 계승하기 위해 고구려Cogurea를 줄여 국호를 고려Corea라고 했다. 안중근1879-1910 의사는 중국 하얼빈 역에서 이토 히로부미를 저격한 후 '코레아 우라'대한민국 만세란 뜻의 러시아어를 삼창하였다. Corea는 또한 상해임시정부가 사용했던 국호이기도 하다. 아무리 글로벌시대라 해도 우리나라는 한·중·일 간의 파란만장한 역사와 지금도 휴전 중인 분단국가라는 점에서 볼 때 결코 역사의식과 민족의식을 소홀히 할 수가 없다. 우리의 천박한 역사의식 탓으로 대마도며, 윤동주1917-1945 시인의 고향인 용정의 간도며, 백두산의 대부분의 땅이 거의 다 일본과 중국에 넘어가버리고 말았다. 필자가 조사한 자료에 의하면 약 311년 간 널리 영어권을 포함하여 전 세계적으로 한국은 Corea로 통용되었고 우리나라 역시 정부 발행 우표나 외교문서, 또한 영어권인 미국의 신문에서 Corea를 공공연히 써왔으니 우리 스스로 영문 국명의 철자를 바꿀 까닭이 없다. Korea란 국명이 일제 강점기 이전에도 많이 쓰였다는 자료도 있어 그 당시 병기되었던 두 표기 중에 일제가 Korea만 취함으로써 Corea가 사라졌다는 설도 유력하다.[32] 고지도 전문가인 국립중앙박물관 오상학 학예연구사는 "일제는 한일합방이후 대한제국을 이조로 격하했다"고 얘기한다. 지금까지 독도와 동해에 대한 일본의 저의를 보면 K를 C로 바꾼 것은 우리 민족의 성을 바꾼 창씨개명과 나라를 빼앗겨 국권과 주권이 상실된 상황에서 충분히 가능한 일이다. 어쨌든 원래 국호 영문표기가 Corea에서 Korea로 고착화된 데에 일제가 개입된 것은 분명하다고 본다. 만약 타자에 의해 국명의 철자가 조작되었던 거라면 좀 더 연구조사하여 Korea보다 원조표기인 Corea로 복원해야 할 것이다.

실용주의란 신사고 철학을 확립한 미국의 철학자 존 듀이1859-1952가 말하길 인간이 동물과 분명히 다른 점 중 한 가지

는 놀 줄play 아는 능력
이라 했다. 네덜란드의
역사가 요한 호이징하
1872-1945의 명저「호모
루덴스: 놀이와 문화에
관한 연구」에서는 인간
은 놀기를 즐기는 본능
을 통하여 비로소 문화
예술을 소유하게 되었
다고 한다.33 그는 철학,
정치, 법률, 예술, 축제,

「호모 루덴스」의 저자 요한 호이징하

과학, 학문, 경기 등의 기원이 놀이의 원시적 토양 속에 뿌리를
박고 있어 놀이의 자양에서 문화가 잉태했다는 놀이이론의 금
자탑을 세웠다. 그 놀이의 본질은 재미이다. 억압의 일상에서
일탈한 머슴들의 신명인 '밀양백중놀이'는 서민예술의 표본으
로 높은 예술성을 지닌다. 전태용1920-1990 명인경기소리명창의
"얼씨구 절씨구 지화자 좋네, 아니 노지는 못하리라"는 창부타
령을 듣노라면 어깨춤이 절로 난다. 한국인은 전통적으로 맑고
밝은 심성을 가진 놀이와 신명의 끼氣가 많은 민족이기에 "아
니 노지는 못하리라"aninojinun motharira는 창부타령의 가사처럼
이를 긍정적으로 승화시키면 새로운 문화예술적 창조의 원동
력이 될 것이다. 일과 놀이의 경계가 없었던 전통사회의 아름
다운 장면을 김홍도의 풍속화를 통해 영감을 얻을 수 있다.

김홍도의 '단원풍속화첩'에서는 일과 놀이의 경계가 따로 없음

유엔아동권리협약에서 강조하는 모든 어린이의 충분히 쉬고 놀 권리31조는 한국교육의 극심한 경쟁으로 말미암아 이미 잊혀진 권리일 뿐이다. 과거엔 여럿이 함께 노는 게 일반적이었지만 이제는 디지털 기기의 속성상 나 홀로 즐기는 것이 가능해졌다. 그렇다고 아이들에게 디지털 놀이에 대해 무조건 "안 돼"라고 금지하기보다 대신 '같이' 노는 것이 바람직하다. 인기 웹툰을 즐겨 보는 부모는 아이와의 대화에서 이야기 소재가 풍부해진다. 조병화1921-2003의 시 〈꿈의 귀향〉에서처럼 우리는 어머님 심부름으로 이 세상에 나온 소풍이니 그에 맞게 잘 놀아야 한다.

구미인들에게 일하는 목적을 물으면 대부분 행복한 **레저**를 얻기 위해서라고 답하곤 한다. 1일 3분법, 즉 24시간 중 8시간은 노동, 8시간은 잠을 비롯한 생리 작용에 필요한 시간이며 나머지 8시간은 자신이 진짜 하고 싶은 일을 하는 시간, 즉 레저시간이다. 하지만 우리는 레저를 그저 일과 생산을 위한 남는 시간, 망중한의 여가餘暇, space time로 번역해 쓴 일본의 오역된 말을 그대로 직수입하여 지금까지 잘 못 사용해오고 있다. 관광도 레저의 한 형태이다. 옥스퍼드 사전에서 레저는 "자신의 진정한 즐거움을 추구하고 보람된 일을 할 수 있는 자유 시간"이라고 정의되어 있다. 이렇게 보면 레저는 분명 여가가 아니라 진정 우리 삶의 여유餘裕이며, 본가本暇라 할 수 있다. 레저leisure란 말은 게으른lazy에서 나왔고 레저에 해당하는 그리스어 스콜레scholē는 school, 즉 학교를 의미하며, 레크리에이션recreation은 위락慰樂을 통한 재창조 및 재충전이란 뜻을 강하게 내포하고 있다. 고로 스콜레에서의 교육 목적은 유익한 레크리에이션재창조 활동을 할 수 있는 사람을 만드는 데 있다.

인간 존재存在의 본질은 움직임이다. 그러므로 탈존脫存, 즉 존재를 벗어나면 죽음이요, 곧 멈춤이다. 일만 생각하고, 서둘러 도로를 걷고, 밀폐된 차를 타고 다니느라 우리의 시야는 좁을 수밖에 없다. 이는 우물 안 개구리坐井觀天란 말과도 일맥상통한다. 이에 21세기 신유목적 방랑사회 시대를 맞아 세계 도처로 돌아다니게 되면서 우리는 눈으로 보는 안복眼福이 터지게 되었다. 오스트리아 태생의 영국 철학자 칼 포퍼1902-1994는 사람이 금수와 다른 것은 열린사회에 사는 것이라고 얘기하면서 20세기의 이 저명한 노철학자는 자신의 저서 「열린사회와 그 적들」을 통해 열린사회 건설을 희구하며 운명했다.34 지구촌이 무국경borderless화되고 세계가 하나의 동네이자 시장이 되면서 오늘날 세계는 서로 적대하고 비난하기에는 너무 좁아지고 상호의존적이 되었다. 신방랑 유목사회적 관광은 이제 국민 상호 간 커뮤니케이션산업이 되었다. 국민들이 해외에 나가 놀거리, 먹거리, 할거리, 살거리, 배울거리에 많은 돈과 시간을 쏟아붓지만 그 써버린 돈과 시간의 가치 이상으로 눈이 열리면開眼 이것이 곧 국부의 원동력이 된다. 이처럼 인류는 관광행동을 통해 상호교류·상호관찰·상호침투·상호발전을 꾀하는 신국부론을, 세계적 무경산업global borderless industry을 만들어 냈던 것이다.

관광의 기원은 약 3천 년 전에 써진, 동양에서 가장 오래된 고전 중의 하나인 「주역」에서 나오는 관국지광觀國之光에서 비롯된 말로 그 뜻은 "타국의 문물을 보고 임금의 덕이 어떠한지를 꿰뚫어觀徹 보는 것"이며, 이는 선비 정도의 안목이 있는 사람이어

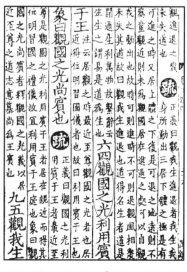

관광이란 용어의 원전 「주역」의 관국지광

야 가능했다고 한다.35 관국지광 정신에 따르면 관광은 단순히 물리적인 햇빛을 보거나 한 국가의 정신문화적 빛을 그저 막 보는見이나 視가 아님 것이 아니라 통찰력이나 착안력을 갖고 느리고 길게 보는 관찰관광을 의미한다. 관심을 가지면 보이기 시작한다. 무릇 관찰력과 사고력은 같이 가기 마련이다. 사물을 관찰하는 힘을 키우는 것이 곧 국력이요, 경쟁력이니 오늘날 관찰관광은 지구촌의 현대인들 모두가 좋아하는 시대정신이다. 예전부터 많은 사람들이 사과가 떨어지는 것을 보아 왔다. 그렇다면 만유인력 법칙은 응당 과수원 주인이 발견했어야 옳은 게 아닌가. 하지만 뉴턴의 남다른 관찰력과 사고력이 이와 같은 발견을 가능케 했던 것이다. 금융인이자 프랭클린 루스벨트의 보좌관을 지낸 버나드 바루크1870-1965는 1965년 뉴욕포

스트 일간지와의 인터뷰에서 다
음과 같이 얘기했다. "Millions
saw the apple fall, but Newton
was the one who asked why." 많
은 사람들이 떨어지는 사과를 봤

Seeing is Believing

보는 것이 믿는 것임

지만 왜 그런지 묻는 사람은 뉴턴뿐이었다. "봄looking은 자세히
봄으로써seeing 봄이 온다spring." 잘 봄으로써 봄과 같이 새싹과
꽃이 피듯이 상상력이 움트게 된다. 보는 것이 믿는 것이다.

　레저·관광 산업은 20세기 말 세계 최고·최대의 산업이 되
었다. 그래서 관광이란 이름이 품은 불편한 진실은 바로 문화
행동이나 행복보다 돈을 밝힌다는 것이다. 좋은 관광의 열쇠는
지역주민이 행복해짐으로써 방문객도 절로 행복해지는 것이
다. 슬로 투어리즘 본연의 지향점은 안 간 것보다 간 것이 낫고
Better a has-been than a never-been, 빨리 보는 것보다 천천히 보는
것이 낫고, 뻔히 아는 것보다 좁고 깊은 체험행동으로서 이것
이야말로 관국지광의 원고전과 일맥상통한다. 관국지광觀國之光
이란 한 나라의 문물文物을 천천히 찬찬히 관찰하며 본다는 뜻
으로 이렇듯 천천 찬찬 체험형 슬로 투어리즘느림 관광은 심신을
이롭게 하는 신선한 유기농 채소와 같다. 그러므로 슬로 투어
리즘은 체험산업이므로 체험소비자인 관광객을 아름다운 행복
한 자유인으로서 초대하는 것이다.

　관찰하면서 보는 다소 무거운 의미의 관광보다는 보다 가볍

고 자유로운 형태의 **여행**
이 있다. 15세기 르네상스
시대에 대항해가 시작되
었고 16세기 종교개혁의
시대, 17세기 과학혁명의
시대, 18세기 산업혁명의
시대, 19세기 민족해방의

오쇼 라즈니쉬의 묘비

시대, 20세기 빈곤해방과 과학기술의 문명시대라 한다면, 21세
기는 대여행의 시대로 열림과 뚫림이 활발해지기 시작했다. 인
간의 역사는 여행과 이동이다. 영화계 철학자 테오 앙겔로 플
로스 감독의 영화 〈율리시스의 시선〉에 등장하는 "신이 만든
첫 번째 작품이 여행이며, 모든 여정의 끝은 새로운 여정의 시
작"이라는 대사야말로 우리 인생살이를 잘 압축해 표현하고
있다. 인도 철학자 오쇼 라즈니쉬1931-1990의 묘비에는 "Never
born, never died: only visited this planet earth between
December 11, 1931 and, January 19, 1990"라고 적혀 있다. "나는
이 세상에 태어나지도 죽지도 않았다. (단지 인생은 나그네
homo viator로서) 지구라는 행성에 잠시 왔다 갔을 뿐이다." 학
교가 앉아서 하는 공부라면 여행은 길 위에서 하는 공부인 셈
이다. 여행길에선 누구나 청춘이 되니 좋지 않은가. 인간은 두
번 태어난다. 한번은 어머니의 자궁에서, 또 한 번은 여행길 위
에서 말이다.36 루마니아의 사푼챠 마을에는 해마다 수많은 여
행객들이 찾아온다. 그런데 이 마을에 빼어난 풍광도 세계적인
유적지가 있는 것도 아니다. 그런 사푼챠 마을에 사람들의 발

길이 끊이지 않는 이유는 마을의 공공묘지 입구에 걸린 팻말의 글귀storytelling 때문이다. "오늘은 내 차례, 하지만 내일은 네 차례." 자신은 늘 영원히 살 것처럼 생각하는 방문자에게 이 글귀는 정신을 번쩍 들게 만든다.

사실 관광의 위상은 사람을 즐겁게 문화적으로 살도록 도와주는 행복체험산업이다. 곤충도 여행을 하지만 이건 생존양식일 뿐이며, 사람만이 관광을 하며 이는 생활양식이다. 인간에게 의식주 해결이 '제 1의 밥' 문제 해결이라면 관광행동과 같은 행락行樂은 '제 2의 밥'이다. 사람만이 문화행동, 관광행동을 한다. 슬로시티운동의 제 1의 목적은 삶의 질을 추구하는 주민의 행복이요, 제 2의 목적 역시 방문자에게 행복을 주는 것이다. **슬로 투어리즘**Slow Tourism은 시끌벅적하고 빠른 관광이 아니라 조용히 보고 느끼고 좁고 깊은 체험을 강조한다. 인도 출신의 환경운동가 사티쉬 쿠마르는 "나그네여, 관광객이 아닌 순례자가 되어라"고 얘기한다. 대부분의 관광객들이 자신을 귀한 손님으로 여겨주는 곳에서 마치 지배자처럼 오만하게 행동한다. 그에 비해 순례자는 겸허하며 대지에 대한 감사의 마음을 담아 옮기는 걸음걸음마다 음미한다. 이러한 순례야말로 슬로 투어리즘의 모습이다. 따라서 바람직한 관광 형태는 대중관광mass tourism의 빠른 관광fast tourism보다는 가족관광, 단체관광보다는 개별관광 위주의 슬로 투어리즘 및 테마관광이 바람직하다. 이에 해당하는 관광활동으로는 인류뿌리체험과 같은 감자·고구마 캐기, 낚시·사냥, 모닥불에 고구마 굽기, 장작 패

기, 농작물 수확 등이 있으며, 무엇보다 유럽의 소도시나 슬로
시티를 둘러보는 것이야말로 슬로 투어리즘의 가치가 빛을 발
할 것이다. 이 같은 관광에 있어서 이동수단 역시 장거리보다
는 단거리로, 저탄소 배출 및 원유소비 최소화를 유도해야 한
다. 파리-마르세유 간 여행의 탄소 배출량을 측정한 결과 고
속열차는 10킬로그램, 비행기는 187킬로그램, 자동차는 무려
313킬로그램의 탄소발자국을 남겼다. 유어그 슈미트 스위스 관
광청 청장이 방한했을 때 다음과 같이 얘기했다.[37] "여행자가
자연을 만끽하는 방법을 제공하는 것이다. 다만 무동력이 조건
이다. 걷기여행, 자전거 하이킹, 카누 등으로만 여행이 가능한
네트워크를 제공한다." 명품관광은 최고의 자연환경을 만끽하
게 하는 것이다. 관광지의 매력은 둘 중 중 하나인데 값이 싸거
나 질이 높거나 이다. 그러므로 높은 수준의 질을 유지하기 위
해 무분별한 개발을 제한하고 교육을 강조해야 한다.

우리는 음악 본연의 생생함을 느끼고자체험 음악회를 찾는다.
체험에는 여행, 관광과 같은 몸의 체험이 있는가 하면 독서, 영
화와 같은 생각의 체험도 있다. 프랑스 소설가 생떽쥐베리
1900-1944의 「어린왕자」에서 여우는 어린왕자에게 말하기를
"잘 보려면 마음으로 보아야 해." 라고 얘기했다. 그러나 정말
제대로 보려면 영혼으로 보아야 한다. 잘 익은 사과 한 개가 있
다고 치자. 사과를 보니 먹고 싶어지면 동물적 감각의 육안肉眼
이 있는 것이며, 시상이 떠오르고 노래가 흥얼거려지면 심안心眼
수준인 것이고, 그 사과가 신의 은총으로 보인다면 이는 영안

인 것이다. 영안靈眼을 가진 이는 "내일 지구에 종말이 와도 오늘 한그루의 사과나무를 심는 인간"이다. 세상을 눈만이 아닌 마음으로 머리로 혼으로 보니 그 차이가 천양지차다. 그래서 눈이 열린다는 것은 곧 觀이 바뀌는 것이다. 관이란 글자가 붙어 세계관, 인생관, 역사관이 된다. 기껏해야 학력, 재력, 경력, 외모 등을 보다가 이 관이 생기게 되면 인간이 달라진다.

사람은 일차적으로 의식주와 같은 요구충족을 위한 생의 본능을 추구하지만 여기에 그치지 않고 이를 바탕으로 보다 좋은 삶의 추구 및 빛의 발견 욕구, 즉 문화의 발견을 추구하는 것이 사람의 바람직한 삶의 경지인 것이다. 관광에 문화가 없다면 뿌리 없는 나무와 같다. 무릇 관광객은 문화체험과 문화학습을 위해 관광현장을 찾으므로 한 국가의 관광대상은 그 국가의 종합문화예술품이 되어야 한다. 관광에 있어서 어떻게 볼 것인가에 대한 착안법着眼法으로 세 가지가 있다. ① 관광대상을 눈요기眼樂, eye candy로 때우는 참을 수 없는 존재의 가벼움을 가진 이가 있는가 하면 ② 문화를 추구의식주＋상징하는 문화 소비자도 있고 ③ 나무와 숲을 두루 볼 수 있는 안목육안, 심안, 영안을 가진 이도 있다. 이탈리아의 천재적 미술가 레오나르도 다빈치 1452-1519 역시 sapere보는 방법을 앎와 vedere본다는 의미, 즉 보는 법을 아는 것의 중요성을 얘기한바 있다. 그렇다면 관찰의 주 대상은 뭐니 뭐니 해도 '사람'을 보는 것일 게다. 그리고 우리 옛 선조가 남긴 유산과 현재의 사람이 살아가는 생활양식인 의식주와 상징 등일 것이다. 좋은 관광의 열쇠는 주민을 위한 계획에 있다. 주민이 행복하면 방문객도 절로 행복해지기 때문이다. 행복보다 돈을 앞세우는 것은 관광이란 이름의 불편한 진실이다. 세상 흔한 것들 중에서 아름다운 것을 발견하게 되는 기상천외한 주객 간guest and host 진정한 만남이야말로 관광이 주는 탁월한 묘미라고 할 수 있다. 마음이 아직 떨릴 때, 다리가 떨리기 전에 관광행동 연습을 권장하는 바이다.

　　문화와 예술을 비즈니스와 접목(「문화를 비즈니스로 승화시킨 엔터테인먼트산업」, 2004, 손대현 편저)한 것이 바로 **엔터테인먼트**entertainment산업으로 현대인의 화두이다. 이 산업의 으뜸 개념high concept은 사람에게 재미와 에너지生氣, 창조력을 주는 행복산업으로서 점차 주목 받고 있다. 엔터테인먼트는 우리말로 정락情樂으로 쓸 수 있으며, 즉 인간관계에서의 정과 정보에 의한 즐거움의 충족이란 의미로 사용되고 있다. 정보기술IT의 핵심을 얼음인 ICE로 표현하는데 이 말은 Information + Communication + Entertainment의 머리글자로 얼음처럼 냉랭한 현대인을 위해 사람 냄새나는 사회를 지향한다. 엔터테인먼트란 사람의 심리가치인 희로애락喜怒哀樂 중 기쁨喜과 즐거움樂이 기본개념인데, 이 기쁨과 즐거움이란 재미가 문화가치와 경제가치란 엄청난 고부가가치를 창출한다. 소설 해리포터, 주라기 파크, 대장금이 바로 좋은 예이다. 엔터테인먼트를 통해 현대인에게 있어서 밝음과 즐거움을 누리는 것이 정의justice가 되고 기쁨과 감동을 주는 것이 권력power이 된다. 이제는 과거의 소비자지향이나 소비자만족을 넘어 진정 소비자가 좋아하는 것을 발견하는 것이

엔터테인먼트의 법칙으로 자리 잡았다. 한류韓流의 본류에도 한국인 특유의 신명이란 끼의 엔터테인먼트 요소가 탑재돼 있다. 천재는 노력하는 사람을 이길 수 없고 노력하는 사람은 즐기는 사람을 이길 수 없다고 한다.

　관광과 엔터테인먼트산업과 같은 고감성적 정서상품의 본질은 유저user가 변덕이 매우 심하기 때문에 늘 끊임없이 창의성새로움과 콘텐츠재미, 스토리텔링적 의미, 체험 등의 매력를 준비해야 한다. 프랑스의 철학자 데카르트1596-1650는 "나는 생각한다, 고로 존재한다"고 얘기했다. 현대와 같은 체험경제시대에서는 "나는 생각한다" 보다 "나는 느낀다"가 적절하다. 말이야말로 가장 부족한 커뮤니케이션 도구이기에 좋은 느낌, 생각, 체험이 무엇보다 중요하다. 미국의 가수 빙 크로스비의 〈화이트 크리스마스〉 앨범이 3천만 장 판매되는 데 무려 50년이 걸렸는데, 영국 가수 엘튼 존이 다이애나 영결미사에서 부른 〈바람 앞에 촛불〉Candle in the Wind이란 노래가 담긴 CD는 다이애나비의 일생과 죽음에 대한 애틋함 때문인지 불과 37일 만에 3천 2백만 장이나 판매되었다. 연전에 일본에서 만난 15대 심수관 도공은 전통에 대해 들려주기를, 현대인이 계속 좋아하도록 연출하고 창조적으로 변형하는 것이라고 전통에 대한 새로운 해석을 해주었다. 기업의 최고경영자란 CEOChief Executive Offiecer를 Chief Entertainment Officer로 바꾸어 직원의 행복을 책임지는 사람이 돼야 진짜 CEO인 것이다. 이제 직원을 만족시키기 위해 관광여행, 견학, 시식 등과 같은 체험을 선물해야 한다는 뜻이다.

종교와 행복   사람은 누구나 나름의 신앙, 신념, 믿음을 가지고 살아간다. 어느 누구도 믿음 없이 이 세상을 살아갈 수는 없기 때문이다. "나는 아무것도 믿지 않는다." 아마도 그런 사람은 없을 것이다. 종교를 가진 사람이 무신론자보다 더 행복하고 더 건강하며 더 오래 산다는 실증적 증거는 산처럼 쌓여 있다. 믿을 수 있는 것을 믿는 것은 과학이고 믿을 수 없는 것을 믿는 것을 신앙이라고 한다. 믿음은 논리적으로 설명하고 증명할 수 있는 자연과학이론이 아니다. 모든 사람은 행복을 추구하며 또 행복을 추구할 권리가 있다. 오늘 우리가 사는 세상의 모든 사람들은 힘들어 하고 있다. 우리는 이 짧은 한 평생을 빛나게 살기 위해, 우리의 안녕과 행복을 위해 신앙생활을 한다. 참된 즐거움은 생글거리며 미소 짓는 살갖에 깃들지 않는다. 가장 참된 위안은 '죄'를 저지르지 않는 행동이다. 성경적 행복, 즉 복 받는 길이란 여호와의 말씀을 듣고 지키는 것이라고 했다. 좋은 말씀이 **복음**福音, gospel이고, 복이란 좋은 것이다.1 복음은 말 그대로 온 세상에 '기쁜 소식'이다. 기독교 신앙은 하나님 말씀에 대한 온전穩全한 **믿음**이다. 온전의 뜻은 말씀을 철저하게 믿으면 편안하고穩 복이 뒤따르며, 바로 그 곳에 푸른 초장과 쉴만한 물가가 펼쳐진다는 의미이다. 헬렌 켈러가 설리반 선생님과 처음 교회에 갔다. 그녀가 말한 첫마디는 "교회는 참 행복하게 해주는 곳이다"였다.

자료: 김상복 편찬. NKJV 서울: 성서원. 2011. 817쪽

크리스챤기독자 = 믿는 자 = 행복을 주는 자

창세기 1장에 따르면 세상은 하나님의 말씀logos으로 창조되었다. 그 logos가 논리라는 언어 행위이며, 이 언어 행위를 통하여 하나님은 세계의 존재와 사물을 규정하셨다. 사람은 떡으로만 사는 게 아니며 물질보다 말씀에 우선순위를 두며 감각적인 행복에 치중치 말라 하셨다. 그런 쾌락에는 한계가 있다는 것이다. 현대인들의 행복은 소유의 행복이고 다다익선의 행복인데 예수께서는 오히려 나눔이 더 행복하다고 가르치신다. 하나님께서는 인류를 구원salvation하시겠다는 약속을 지키기 위하여 독생자 예수 그리스도를 이 땅에 보내셨다. 하나님은 말씀으로 세상을 창조하셨고, 이 말씀이 성육신成肉身, incarnation이 되어 하나님이 신성神性과 인성人性, 즉 양성을 갖고 인간의 몸으로 오신 분이 예수님이다. 성탄聖誕, 즉 예수의 탄생은 인간이 되신 하나님께서 지구에서 사람과 만나 이루어진 하나님의 신비이며, 예수께서 십자가 위에서 죽음과 부활을 맞은 사건은 그리스도의 비밀이다. 하나님의 나라는 주권이 인간에게 있지 않고 하나님께 있어 민주주의 국가가 아니며, 가난한 사람이 행복하고 약자에게 기쁜 소식을 전하니 돈이 최고인 자본주의 국가도 아니며, 물질적 기반이 아닌 영적인 기반에 서 있는 나라여서 유물론에 기초한 공산주의 국가도 아니다. 세계에서 하나님의 말씀으로 국가 전체를 움직이는 유일한 나라가 이스라엘이다. 복福이란 글자에 보일 시示가 들어 있으니 사실 복은 곧 신적인 의미를 품고 있다고 볼 수 있다. 다석 류영모는 사람에게는 기뿜이 있어야 한다며 다음과 같이 얘기했다.[2] "기쁨의 기氣는 내가 바라는 그, 즉 하나님이 우리에게는 곧 기이다. 뿜은 느낀다는 뜻으로 슬픔, 아픔, 고픔의 픔과 같은 의미이다. 하나님을 느끼는 것이 기쁨이며, 우리는 그 참기쁨을 한번 느껴보기 위해 이 세상에 나온 것과 마찬가지이다." 우리는 인생이라는 파티에 초대받았는데 그렇다면 파티에서 무엇을 할까? 그런데 어떤 파티에든 입장료가 있기 마련이다.[3] 인생이란 파티에서의 입장료는 타인의 행복을 위해 노력하는 의무와 책임이다. 장사라는 것도 따지고 보면 결국 손님을 기쁘게 해주기 위한 일이다. 일반적으로 종교宗敎와 신앙信仰을 가진 사람은 그렇지 않은 사람보다 행복하다고 하는데 그 이유는 바로 행복이 마음과 영성의 문제이기 때문이다.

다음의 '사과의 힘'이란 이야기에서 우리는 믿음의 가치가 인간에게 얼마나 큰 영향을 미치는지를 알 수 있다. 스탠리는 사막 탐험에 대단히 관심이 많은 스웨덴 출신의 의사였다. 젊은 시절부터 그는 아프리카의 사하라 사막을 횡단하고 싶다는 꿈을 꾸었다. 하지만 사막 오지에 진입한 첫날 밤, 그는 한차례 불어 닥친 거센 모래폭풍에 수중에 있던 모든 것을 잃어버리고 홀로 사막에 남겨졌다. 지도를 잃어버린 탓에 현재의 위치조차 파악할 수 없었고 물과 식량을 싣고 있던 낙타도 보이지 않았다. 자신의 서른여섯 번째 생일을 축하하기 위해 준비해 온 샴페인도 모두 마셔 버린 지 이미 오래였다. 죽음의 공포가 사방에서 그를 엄습해 왔다. 실망의 순간, 스탠리는 힘없이 주머니에 손을 집어넣었다. 그런데 뜻밖에도 주머니에는 사과 한 개가 들어 있었다. 이 사과는 스탠리를 절망에서 벗어나게 해 주었다. 그에게는 아직 사과 한 개가 남아 있었던 것이다. 며칠 후, 곧 숨이 끊어질 듯 힘들게 버티고 있던 스탠리는 간신히 지나가던 토착민에 의해 발견되어 구조되었다. 다만 이해할 수 없었던 점은 정신이 혼미한 상태에서도 스탠리는 사과가 말라비틀어질 때까지 단 한 입도 베어 물지 않고 마치 누구에게도 빼앗기지 않겠다는 듯이 양손으로 꽉 쥐고 있었던 것이다. 그가 그렇게까지 버틸 수 있었던 것은 사과에 의지했던 믿음의 힘 때문이다.

성경에 다음과 같은 구절이 있다. "사람이 온 천하를 얻고도 제 **영혼**을 잃으면 무엇이 유익하리오."[4] "낙타가 바늘귀로 들어가는 것이 부자가 하나님의 나라에 들어가는 것보다 쉬우니라." "네게 있는 것을 다 팔아 가난한 자들에게 주라." "부자는 영성에는 해로울 수 있다."[5] 인간은 영적인 동물이다. 우리의 몸은 한낱 껍데기에 불과하며 진짜 알맹이는 우리의 생각과 마음, 의식, 영혼으로 이들은 영원하다. 우리가 죽어도 우리가 남긴 책은 영원하듯이 말이다. 아리스토텔레스의 스승, 플라톤의 저서 「국가」의 주제는 결국 "어떻게 사는 게 인간으로서 잘 사는 것인가"이다. 플라톤이 전하는 인상적인 메시지 중의 하나는 행복하려면 몸과 영혼이 조화를 이루어야 하겠지만 사람의 '몸'과 '혼'을 구분하고 몸을 돌보기보다 혼을 돌보는 것이 아름답게 사는 것의 첩경이라는 것은[6] 위대한 철학자의 혼이 깃든

마오리족 전통 인사법, 홍이(hongi). 출처: 위키피디아.

말이다.

채플린은 1889년 4월 16일, 히틀러는 4월 20일, 둘은 4일 차이로 태어난 동갑내기이다. 그러나 한 사람은 웃음의 아이콘으로 또 한 사람은 독재와 비극의 아이콘으로 상반된 삶을 살았다. 최근 레오나르도 디카프리오가 주연한 영화 〈레버넌트: 죽음에서 돌아온 자〉의 사냥꾼 휴 글래스가 복수심에 불타는 대표적인 망령亡靈이라면 히틀러는 악령의 소유자이고 채플린은 생령生靈이랄 수 있다. 뉴질랜드 원주민 마오리족의 전통 인사법인 홍이hongi는 서로 이마와 코를 맞대고 동시에 누르며 생명의 숨결, 즉 서로 영혼을 교환하고 섞는다는 의미심장한 인사법이다. 고조선의 건국이념인 홍익弘益과 그 이름이 비슷하여 친근하게 들렸다. 성경의 창세기에 따르면 "존재론적으로 사람은 영적인 존재7로 진흙으로 사람을 만들기 위해 생기生氣를 그 코에 불어 넣으니 사람이 생령이 되리라"고 했다. 인디언들은 말을 타고 가다가 이따금 말에서 내려 자기가 달려온 쪽을 한 참 동안 바라보고선 다시 말을 타고 달린다고 한다. 말이 지쳐서 쉬게 하려는 것도 아니고 자기가 쉬려는 것도 아니다. 혹시 너무 빨리 달려서 자신의 영혼이 미처 뒤따라오지 못할까봐 자신의 영혼이 다가올 때까지 기다리는 것이다. 어찌 이러한 그들의 삶의 모습을 가볍게 볼 수 있겠는가. 이들이야말로 영성이 밝은 참 사람들이다. 믿음도 사랑도 기다림이다. 영혼도 본질상 슬로이기에 기다리는 자에게 복이 있다.

프란치스코 교황은 2014년 8월 방한에 앞서 한국 일정 동안 가장 작은 차를 이용하고 싶다는 뜻을 전했으며, 실제 사용된 소형차의 이름은 바로 영혼을 뜻하는 쏘울soul이었다. 실은 황제라는 뜻의 교황敎皇보다는 교종敎從이라는 말이 그 분에게 어울릴만하다. 이 프란치스코 교황이 아르헨티나 부에노스아이레스 교구장 시절 신자들에게 가르친 손가락 기도는 단순하고 실용적인 방법으로 복음을 전파했던 기도법으로 이것만 보더라도 참으로 인간적이고 친근한 교황임을 알 수 있다. 엄지기도는 가족과 친지를 위한 기도로 엄지는 첫째로 가까이 있는 이들을 가리킨다. 검지기도는 교육자를 위한 기도로 둘째 손가락인 검지는 가르치고 가리키는 이들인 교육자와 성직자들을 지향하는 기도이다. 중지기도는 지도자를 위한 기도로 가운데 손가락인 중지는 가장 길고 높아서 사회의 중심역할을 하는 지

도자, 대통령, 정치인, 기업가
를 위한 기도이다. 약지기도
는 약자를 위한 기도로 넷째
손가락인 약지는 나약함을 상
징하는 병자, 가난한 자, 소외
된 이들을 위한 기도이다. 애
지기도는 자신과 가장 작은이

교황 자리에 앉아 있는 개구쟁이 꼬마를 전혀 개의치 않는 프란치스코 교황

들을 위한 기도로 다섯째 손가락인 애지는 가장 짧아서 미소한
이들을 상징하기에 어린이와 청소년을 위한 기도이다.

현대는 영적 빈곤의 시대다. 정신적, 영적 배고픔에 고통 받
고 있으며 영혼의 지도자에 대한 갈증과 기근에 시달리고 있
다. 「작은 것이 아름답다」의 저자 슈마허는[8] 영성 없는 경제학
에는 내적 충만함이 있을 수 없다고 얘기한다. 우리는 영혼 없
는 정치지도자와 기업경영자가 넘쳐나는 시대에 살고 있으며,
상품을 너무 빨리 버리는 습관에 젖어 있다. 미처 상품이 마모
되기도 전에 말이다. 카를 마르크스는 "물리적인 마모보다 도
덕적인 마모가 더 빠르다"고 말했다.[9] 그러니 기업의 최고의사
결정자인 CEO라면 지위가 높아질수록 자신의 마음을 평온하
게 하고 고요한 영혼을 가지도록 노력해야 할 것이다. 긴장감
에 정신없이 바쁘다고 아우성치는 사람들에게 큰일을 맡기게
되면 기업과 우리가 사는 세상이 어떻게 되겠는가? 서양에 초
월명상Transcendental Meditation을 소개한 인도의 수도승 마하리쉬
마훼시 요기1918-2008는 "흔들리는 물을 가라앉히기만 해도 그

불멸의 금자탑 별밤, 빈센트 반 고흐의 '별이 빛나는 밤'(1889). 출처: 위키미디아.

대 존재의 표면에 해와 달이 비치리라"고 말했다. 이제 영혼 없이 육체로만 버티는 시대는 지나갔으며, 돈으로만 직원들을 움직이는 데는 한계가 있다. 직원들의 에너지가 곧 기업의 힘이므로 직원들을 신들린 듯 일하게 만드는 원동력인 꿈과 혼을 불러 일으켜야 한다.

필자는 최근 세계인이 가장 좋아하는 그림 〈별이 빛나는 밤〉The Starry Night, 1889을 그린 불멸의 예술가이자 세기적인 광기의 천재화가 빈센트 반 고흐1853-1890의 생가가 있는 네덜란드의 준데르트Zundert를 방문했었다. 고흐의 〈별이 빛나는 밤〉을 특히 좋아하는 이유는 하루 중 10시간이 어둠이고 밤은 느리고 인간의 감정이 풍요로워지는 때이기 때문이다. 고흐의 생가 방문을 계기로 이 그림의 작품 배경을 유추하다보니 더욱 이 그림에 대한 애틋함과 으스름음예예찬, 陰藝禮讚을 예술로 승화시킨 그의 천재성에 다시 한 번 감탄하고 말았다. 고흐는 고갱과 다툰 뒤 자신의 귀를 자른 사건 때문에 파리 생레미 정신병원에 보내졌고 이곳에서 이 작품이 탄생되었다. 무릇 동트기 직전이 가장 아름답다고 한다. 그는 시골의 새벽이 가까워지는 별이 반짝이는 밤하늘의 전경을 수놓은 구름과 대기, 별빛, 달빛을 곡선의 화필로 그려냈다. 어두운 밤은 새까만 색을 쓰지 않은 채 강렬한 파란색과 노란색으로 격렬하게 그려 내고, 그와는 대조적으로 별 아래 마을은 평온하고 고요하게 그려냈다. 그림 속 사이프러스 나무는 땅과 하늘을 연결하듯이 묘사했으며, 교회 첨탑은 고향 마을을 연상케 한다. 실내 그림을 좋아했

빈센트 반 고흐의 '작가의 초상',
1888년 2월 빠리10

던 고갱과는 달리 시골출신이었던 고흐는 자연을 좋아해서 야외에서 그림 그리는 것을 좋아했다. 고흐는 자신의 동생 테오Theo van Gogh에게 보낸 편지에서 "진실한 인생이야말로 최고의 예술이라고 할 수 있지. 그리고 혼신을 기울인 예술가의 작품만이 영원한 법"이라고 썼다. 화가의 의무는 자연에 몰두하고 온 힘을 다해서 자신의 감정을 작품에 쏟아 붓는 것이다. 만일 화가가 팔기 위해서만 그림을 그린다면 그 목적은 결코 달성되지 못할 것이며, 이는 예술을 사랑하는 사람들의 눈을 속이는 행위일 뿐이다. 고흐는 모델료를 지불할 돈이 없었기에 자기 초상화를 가장 많이 그린 작가이기도 하다. 자신의 귀를 자르기도 하고 결국 밀밭에서 권총자살로 생을 마감한 이 광기의 천재 예술가는 몹시도 가난했지만 진실한 '영혼'을 가졌기에 시대를 초월하는 영원한 작품을 남긴 불멸의 화가로 우리 기억 속에 오래도록 남아 있다.

국제슬로시티연맹 회원도시로 가입하게 되면 다음과 같은 인증서가 주어진다. " … 마당과 극장과 가게와 다방과 식당/ 영혼이 깃든 장소들이 가득하며 온화한 풍경과 숙련된 장인들이 사는 고장/ 계절의 변화가 주는 아름다움을 느끼며 맛과 영양 의식의 자발성이 존중되며 산물의 자연성에 율동, 리듬에 맞춰 / 여전히 느림을 알며 사람들이 살아가는 고장"이라고 적힌 슬로시티 선언문Cittaslow Manifesto에서 봤듯이 슬로시티는 영혼이 깃든 장소에 높은 가치를 둔다.

하나님의 성품 네 가지를 인자하심, 진실하심, 의로우심, 공평하심이라고 한다.11 인간은 철저히 이기적이기 때문에 도저히 의로워질 수 없다. 이에 프랑스의 종교개혁가 칼빈은 이신득의以信得義, 즉 의로워지는 것은 오직 예수 그리스도를 믿는 민음밖에 없다고 했다. 예수님의 율법 613가지 계명12을 단 두 줄로 요약하자면 "너의 하나님을 **사랑**하라"와 "네 이웃을 너 자신처럼 사랑하라"이다. 위로는 하나님을 사랑하는 것과 옆으로는 이웃을 사랑하는 것인데, 이는 곧 십자가(✝) 정신이다. 보이지 않는 하나님과 보이는 하나님이 바로 이웃이라 가르치고 있다. 현대인들이 너무 바쁘고 빠르게 살 때 우리의 인생의 속도를 줄이는 방법은 한 번 옆을 돌아보며 이웃에게 관심을 갖는 일이다. 속도를 줄이면 안보이던 세상이 보이게 된다. 일을 함에 모든 사람을 기쁘게 하며 자신의 유익을 구하지 아니하고 많은 사람의 유익을 구하라고 가르치고 있다. 경제를 발전시키려면 혼자 잘 사는 것이 아니라 더불어 사는 삶, 내 주변 이웃이 웬만큼 잘 살아야 한다. 왜냐하면 실제 구매력으로 이어지는 유효수요가 필요하기 때문이다. 인간이란 사랑 없이는 살아갈 수 없는 존재이다. 새 계명을 너희에게 주노니 서로 사랑하라. 내가 너희를 사랑한 것 같이 너희도 서로 사랑하라. 너희가

렘브란트의 〈돌아온 탕자〉 "아들아, 평화 속으로 가되 더 이상 죄는 짓지 마라". 명암법을 즐겨 사용한 렘브란트는 주인공들을 밝게 하고 그 외의 배경과 주변 인물들은 어둡게 처리함

서로 사랑하면 이로써 모든 사람이 너희가 내 제자인줄 알리라.13 예수께서 십자가에서 처형당하신 후 부활하여 승천하시기 전 재림을 약속하시며 남기신 예수님의 사랑인증은 사랑 강조의 압권이다. 하물며 물도 사랑한다고 하면 육각수로 형체가 바뀐다. 영화 〈마농의 샘〉Jean De Florette, 1986에서 "대지에는 물이 필요하고 사람에게는 사랑이 필요하다"라는 명대사가 나온다. 세상에는 오직 하나 만의 진리가 있을 뿐이니 그것은 바로 사랑하는 것이다. 필자에게 늘 감동을 주는 〈돌아온 탕자〉The Return of the Prodigal Son란 명화가 있다. 재물을 가지고 먼 나라에 가서 허랑방탕하며 그 재산을 낭비하고 돌아오는 둘째 아들을 기다리며 아버지는 다음과 같이 얘기한다. "나는 너를 사랑하기에 너를 용서한다. 너는 내 사람이지. 내 손을 잡으렴. 아들아, 평화 속에 가되 더 이상 죄는 짓지 마라(I forgive you, I love you. You are mine, take my hand. Go in peace, sin no more. beloved one)."

노자의 철학이 '사랑의 철학'으로 불리는 이유는 그의 사상인 무위자연無爲自然에서 엿볼 수 있다.14 즉, 자연은 "아무것도 하는 것이 없는데 하지 않는 것이 없다"는 의미의 무위자연과 같이 '없이 계신 하나님', 그것이 사랑이다. 성경에서 바라는 평등사상은 예수께서 가르쳐 주신 사랑이자 박애정신이다. 김수환 추기경은 생전에 이런 말을 남겼다. 젊은 시절에는 머리와 마음이 일치하지 않아서 방황했었지만, 지금은 머리와 마음이 일치하므로 전념하고 몰입할 수 있으며, 사랑이 머리에서 가슴으로 오기까지 70년이 걸렸다고 고백했다. 정작 머리에서 가슴까지가 가장 먼 거리였던 것이다. 우리나라 18세기 조선 후기의 대표 실학자인 성호星湖 이익1681-1763이 40년간 학문을 닦으며 집필한 「성호사설」을 살펴보면 "조선은 예로부터 인정국人情國이라 칭한다"라는 대목에서 우리나라는 본디 인정의 나라로 일컬어졌음을 알 수 있다. 요즘과 같이 각박한 세상에 가장 필요한 것이야말로 온정tenderness이라는 사랑이다. 경남 산청군에 소재한 성심원의 스페인 게르니카 출신의 루이스 마리아 우리베 신부한국명 유의배는 지난 34년 동안 접촉만 해도 전염된다는 오해로 사람들이 악수조차 꺼려하는 한센인에게 선뜻먼저 다가가 볼을 비비고 이마에 입을 맞추는 스킨십을 아끼지 않으며, "사랑합니다"라고 인사한다. 사랑이란 말은 흔히 쓰이는 추상명사이지만 감이 애매할 때가 많다. 「엔터테인먼트산업」(손대현, 2004) 중 펀마케팅 편에서 양말가게 점원의 친절親切사례가 있다.

스위스에서 양말을 한 켤레 살까 하고 백화점에 들렀다. 나이 지긋한 아주머니가 다가와 도와줄 것이 있는가 물었다. 양말을 사려 한다고 말했더니 어떤 양말을 생각하고 있느냐고 하면서 정장을 입을 때 신을 것인지 아니면 스포츠용인지 물어왔다. 정장에 신을 것이고 색은 남색을 원한다고 앞질러 말해 주었다.

그런데 이번엔 100퍼센트 면을 원하는지, 아니면 50대 50 또는 100퍼센트 폴리를 원하는지 물었다. 양말 한 켤레 사는 데 웬 말이 이렇게 많을까 생각하면서도 그 부인의 태도가 너무나 진지해 보여 대답을 성심껏 해주었다. 물론 내가 신을 양말이니 당연한 일이지만.

어쨌든 이제는 내가 원하는 양말을 골라 주려나 했더니 다른 질문이 또 있었다. 발에 땀이 많이 나느냐 발의 피부가 예민하냐 하고 묻는 것이 아닌가! 사실 나는 내 발의 피부가 두꺼운지 얇은지도 모르고 여태껏 살아온 사람이라 적이 당황했다.

더욱이 지금까지 양말을 살 때 병원에 가서 진찰받는 것처럼 증세를 설명해본 적도 없다. 그런데 값이 얼마 되지도 않는 양말을 하나 파는데 내 발에 대해 묻고 또 묻는 그 판매원이 참으로 친절하고 믿음직해보였다. 그래서 결국 여러 켤레를 사게 되었다. 그 부인의 세일즈맨십보다 그녀가 발에 대해 박사처럼 박식한 데 놀랐다.

여기서 주목할 것은 친절이란 겉치레에 그치고 마는 그저 순전히 피상적인 것이 아니라 마음에서 우러나오는, 즉 한자의 친할 親은 친부모, 친형제에 쓰이는 친이고, 끊을 切은 양말가게에서처럼 그 장소에 맞는 친절을 베풀어 가족처럼 애정을 갖고 임하는 사랑인 것이다. 쉽게 말해 사랑은 친절이다. 유대인 속담에 똑똑한 사람보다 친절한 사람이 되라는 속담도 있다.

기독교인이 가장 많이 하나님께 간청하는 것 중의 하나가 **평화**平和이다. 예수께서 땅바닥에 그린 유일한 그림이 물고기인데, 물속에 물고기는 수없이 많지만 결코 서로 다투지 않고 평화롭게 살아간다. 예수께서는 높은 차원의 평화를 얻기 위해서는 낮은 차원의 평화를 과감히 포기해야 한다고 가르쳤다. 성경 구절 중 "나는 평화가 아니라 칼을 주러 왔다"라는 구절이 있다.15 이는 얼핏 보면 반평화적인 것 같아 보이지만 실은 평화를 위해서 예수가 주신 칼로 평화를 방해하는 세상의 수많은 유혹들을 단호하게 자르고 버려야 한다는 가르침이다. 즉, 인간적인 마음의 집착들인 성공, 편견, 물질, 탐욕 등 자신의 존재감을 드러내려는 과도한 욕구를 과감히 끊어버리고 마음을 비움으로써 참평화와 행복을 얻으라는 메시지이다. 전쟁, 부정부패, 착취, 음해 등이 판치는 이 세상에 평화가 있을까? 도처에 폭력과 전쟁이 가득한 이 세상에서 서로 사랑하라. 사랑 가운데 평화가 온다고 성경은 강조한다. 평등과 평화는 인간의 힘과 능력으로 유지하기란 불가능하다. 종교성이 매우 강한 중동은 이 지역의 3대 종교인 유대교, 기독교, 이슬람교의 진원지이면서도 7세기 경 시작된 종파전쟁이 1,000년 넘게 이어져 온 세상에서 가장 오랜 전쟁을 하는 곳이라니 참으로 역설적이다. 한반도도 분단국가로서 어떻게 보면 71년간 전쟁이 진행 중이라고 할 수 있다. 이에 많은 사람들이 평화로운 한반도를 위해 그리스도의 평화_{Pax Christi}를 염원한다.

이탈리아의 시인이자 정치가, 행정가였던 단테는 자신의 유명한 서사시 〈신곡〉神曲에서 다음과 같이 섬뜩한 경고를 한다. "지옥의 가장 뜨거운 자리는 도덕적 위기의 시기에 중립을 지킨 자들에게 예약되어 있다." 실베스텔 신부님께서는 "정의란 남의 것을 전부 돌려주는 것이며, 사랑이란 내 것을 전부 이웃에게 주는 것이다"라고 얘기한다.[16] 이는 이 시대에는 너무 많이 가지는 게 죄악이라는 메시지이다. 무릇 공공정책은 빈곤을 최소화하고 불평등을 없애는 방향으로 나아가야 하며 무조건 경제성장만을 외쳐서는 안 된다. 그러므로 배제의 경제가 필요하다. 즉 가난이 발생하는 원인은 구조적인 문제이며, 이 불의가 지속되는 것은 정치체재 때문이며, 그 불평등의 구조적인 원인에 맞서는 참여가 필요하
며, 그런 사회정의가 강물같
이 흐르도록 해야 한다. 또 하
나 사무치는 **정의**의 가르침을
얘기해보고자 한다. 조국의
운명을 풍전등화처럼 일촉즉
발의 위험으로 내몰았던 일제
침략의 원흉, 이토 히로부미

순국 5분전 어머니가 지어 보낸
흰옷을 입고 있는 안중근 의사

초대 조선 통감을 척살한 안
중근 의사가 사형선고를 받게 되자 안 의사의 어머니는 자신의
아들에게 이렇게 편지를 썼다. "옳은 일을 하고 받는 형이니 비
겁하게 삶을 구걸하지 말고 떳떳하게 죽는 것이 이 어미에 대
한 효도인줄을 알아라 … 네가 사형언도를 받은 것이 억울해서
공소를 한다면, 그건 네가 일본에 너의 목숨을 구걸하는 행위
이다. 너는 대한을 위해서 깨끗이 하고 떳떳하게 죽어야 한다
… 여기에 너의 수의를 지어 보내니 이 옷을 입고 가거라." 이
처럼 안 의사의 가족을 묶어주는 기본적인 요소는 정의와 윤리
였다.

오늘날 우리가 살아가고 있는 시대는 모든 분야에서 **신뢰**와
의로움을 상실한 시대라고들 한다. 한국영화 사상 최고의 흥행
을 기록한 〈명량〉鳴梁, 2014은 이순신 장군이 12척의 조선 수군
으로 330척의 왜군을 격파시키며 23전 23승을 거둔 전승불패의
비결을 그린 명화이다. 임진왜란은 조선과 일본, 중국이 8년 동

안 싸운 처절한 전쟁으로 그로 인해 조선 산하는 쑥대밭이 되었다. 임진란 때 조선 사람의 씨가 없어지지 않은 것은 실로 그의 공이다.[17] 그는 사私를 죽이고 공公을 살리며 충의와 청절전진에 있는 7년 간 여자를 가까이 하지 않음의 귀감으로 백성을 사랑하기를 자신의 손발같이 하였다. 영화 말미에서 이순신 장군과 아들이 나눈 대화에서 승리의 핵심에 대한 내용이 들어 있다. 아들이 "물의 회오리를 이용한 것은 천행天幸이었지요"라고 하니, 이순신 장군은 "넌 그걸 천행이라고 보느냐? 두려움을 용기로 바꿔 '민심'을 움직인 것이 천행이었지"라고 얘기했다. 이순신 장군은 전략과 전술을 꿰어내는 실력을 겸비했으며, 감수할 위험과 피할 위험을 철저히 구분하여 왕의 명령에도 불복하는 공정성을 발휘했으며, 무엇보다 이순신 장군의 가장 중요한 핵심 역량은 바로 자신과 함께 하면 절대로 패하지 않는다는 '신뢰감'이었다. 즉 이순신 장군이 어부, 농부, 종으로 이루어진 무적의 군대에게 준 믿음과 애민愛民사상이 비록 작지만 강한 수군을 만들어 냈던 것이다. 폴란드의 시인 비스와바 쉼보르스카 1923-2012의 시 〈두 번은 없다〉 중 "너는 존재한다-그러므로 사라질 것이다 / 너는 사라진다-그러므로 아름답다"처럼 이순신 장군은 긴 여운을 남기고 떠나셨다.

주말 드라마 〈징비록〉을 보면서 다시 한 번 역사를 상기하였다. 일본의 도요토미 히데요시豊臣秀吉는 일본 역사상 최대의 급성장 조직을 키워 일본을 통일하였다. 그는 일본의 전쟁이 난무하던 100년간의 춘추전국시대를 끝내고 결국 통일을 이룩한 전쟁의 귀재였다. 그는 일본을 통일한 후 득의만만한 기세의 탈출구로 인접국과의 무역이 아니라 신시장을 개척하기로 마음먹고 그 방편으로 조선침략을 선택하였다. 이윽고 일본 군부는 만주사변1931-32, 중일전쟁1937-45, 태평양전쟁1941-45까지 일으켰다. 약자를 억압하여 자신들의 힘을 극대화하는 제국주의적 사조로 말미암아 6백만 명의 유대인이 학살되었으며, 일제는 19세기 후반부터 20세기 중반까지 무려 8백만 명의 한국인을 참혹하게 대학살holocaust했다. 1894년 갑오동학 혁명을 진압하면서 동학군과 양민을 합쳐 최고 30만 명으로 추산되는 조선인을 학살했으며, 조선의 국모 명성황후까지 시해했다.

일본의 만행도 로마인들이 사람을 죽이면서 즐기는 비인간적 레저에 필적할만하다. 이른바 종군위안부를 성노예sexual slavery로 삼으면서 성병치료나 임신방지를 위해 인체에 치명적인 중금속인 수은을 사용했다고 한다. 유엔인권위 산하 〈차별방지 – 소수자보호 소위원회〉18 보고서에 따르면 일본정부와 일본군은 1932년부터 2차 대전 종료 시까지 20만 명 이상의 여성을 아시아 전역에 설치된 강간센터rape center로 강제 동원했다고 한다. 또 1937년 12월 13일 일본군은 당시 장개석이 지배하에 있던 중국의 수도 남경을 점령한 후 6주 동안 민간인 35만 명을 살해했다. 재미 중국계 언론인 아이리스 장의 「난징대학살」19에 따르면 살인과 강간이 '유희적 행위' 또는 장난으로 변했으며, 머리 베기 대회를 열어 두 일본군이 각각 105명과 106명의 머리를 자르는 기록을 세워 마치 살인행위를 잔치로 여기며 흥에 겨워했다고 한다. 최근까지도 일본은 한국인의 자존심에 깊은 상처를 주고 있는 성노예 사건을 끝까지 부인하며 역사를 왜곡하고 진심어린 사과를 하지 않고 있다. 이는 신뢰감의 문제다. 위안부문제에 대한 한－일 정부 간의 2015년 12·28 합의 이후도 일본 정부가 군이나 관헌이 직접 일본군 위안부를 강제 연행했음을 입증할 만한 증거는 발견되지 않았다는 입장을 유엔에 전달하였다. 누가 위안부라 말했는가? 14세 어린 나이에 끌려가 하루에 배당된 40~50명을 상대케 한 것이 성노예가 아니라면 이는 달리 말장난이거나, 그들이 끝까지 참회 없이 강제성이 없었다고 주장한다면 자발적인 매춘행위, 매춘부라는 낙인인데, 이것은 돈의 문제를 떠나 씻을 수 없는 이중, 삼중의 명예 훼손이고 죄를 짓는 것이다. 그리고 계속되는 역사왜곡만 남을 뿐이다. 1930년대 당시 한국 인구 2천만 명 중 꽃 같은 여성 20만 명을 처녀 공출했다 함은 한국인의 씨를 없애겠다는 무서운 음모가 있었던 것 같다. 그들의 어마 무시한 범죄에 대해 죄는 취소될 수 없다. 성노예 할머니들이 다 돌아가셔도 일본군이 저지른 죄는 남는다. 다만 용서될 뿐이다. 용서는 결코 망각이 아니다. 그러한 역사의 비극이 언제 다시 시작되지 않도록 하기 위해 절대 잊지는 말아야 한다. 폴란드 아우슈비츠 수용소 박물관 복도 한쪽 벽면에는 스페인 출신의 미국 철학자이며 시인인 조지 산타야나George Santayana의 "역사를 기억하지 못하는 자는 그 역사의 올가미에 다시 걸려든다"는 섬뜩한 경고문이 걸려있다.

일본 시마네현 의회의 독도조례안 통과를 둘러싸고 국내 여론이 연일 들끓고 있는 가운데 식민지배의 상흔이 깊게 새겨진 한일 관계의 악연과 한국 국민의 강인성을 제 3자의 시각에서 바라본 한 독일인의 글이 여전히 우리의 눈길을 끈다. 2001년 10월 독일 언론인 슈테판 뮐러는 일본과 같은 2차 대전 가해국인 독일의 국민이지만 어느 한편에 치우치지 않는 인류보편적인 시각을 보여주었다. 뮐러는 기고문에서 '어느 독일인이 쓴 한국인'이라는 제목으로 실린 손기정에 관한 스토리를 소개했다.

당신은 감동적인 이야기를 좋아하는가?
이 이야기를 이해하기 위해 먼저 지도를 펴기 바란다.
아마 당신이 알고 있을 중국과 일본 사이에 한반도가 있고 그곳에 한국이라는 나라가 보일 것이다.
이야기는 이 조그만 나라의 어느 마라토너가 중심에 있다.
이 나라는 지도에서 보이는 바와 같이 중국과 일본이라는 두 무력에 의존하는 나라 사이에서 놀랍게도 2000년간 한 번도 자주성을 잃어본 적이 없는 기적에 가까운 나라이다. 그리고 이럴 경우 이 한국인들은 나라 대신에 "민족"이라는 표현을 쓰기를 좋아한다.

어느 여름날 우연히 본 한 장의 사진 때문에 나는 이 나라, 아니 이 민족의 굉장한 이야기에 빠져들고 말았다. 1936년 히틀러 통치 시절, 베를린에서 올림픽이 열렸고 그 때 두 일본인이 1위와 3위를 차지하였다. 2위는 독일인이었다.
헌데 시상대에 올라간 이 두 일본인 승리자들이 표정… 이것은 인간이 표현할 수 있는 가장 슬픈 모습을 하고 있는 것이 아닌가. 이 불가사의한 사진 …

폴란드 아우슈비츠 수용소 벽면에 적힌 조지 산타야나의 글귀

역사의 무게 아래서 무릎 꿇은 독일. 1970년 12월 7일 폴란드를 방문한 빌리 브란트 서독 총리가 바르샤바 게토 봉기 기념탑 앞에 무릎을 꿇고 사죄하는 모습에 세계는 감동했고 독일은 전범 국가의 오명을 극복하고 선진국의 이미지를 확립할 수 있었다. 진정한 겸손이 무엇인지를 깨닫게 해주며, 더 참혹한 범죄를 저지른 일본과는 비교됨

무엇이 이 두 승리자들을 이런 슬픈 모습으로 시상대에 서게 했는가 …

과거도, 그리고 현재도 가장 인간적인 유교라는 종교가 지배하는 이 나라, 아니 이 민족은 이웃한 일본인에 대해 영리한 원숭이에 불과하다는 가치관을 가지고 있으며 불행히도 이 인간적인 품위를 중시하는 자부심 강한 민족이 이 원숭이들에게 "강간"이라고 표현할 수밖에 없는 침략, 즉 식민지로 떨어지고 말면서 이야기는 시작된다.

당시 대부분의 불행한 식민지의 청년들은 깊은 고뇌와 번민에 개인의 이상을 희생하고 말았고, "손" 과 "남"이라고 하는 두 청년들 역시 예외일 수는 없었다.

이 두 청년들은 달림으로써 아마도 자신들의 울분을 표출해야만 했는지도 모른다.

이 두 청년들은 많은 일본인 경쟁자들을 물리치고 마침내 올림픽에 출전할 수 있었을 것이다. 그리고 달렸을 것이다. 달리는 내내 이 두 청년들은 무엇을 생각 했을까.

그들은 승리했고 시상대에 오를 수 있었지만 그들의 가슴에는 조국 한국의 태극기 대신에 핏빛 동그라미의 일장기가 있었고, 스탠드에 역시 이 핏빛 일장기가 올라가고 있었다(대부분의 국기는 혁명이라든가 투쟁이라든가 승리 또는 위대한 황제의 문양인데 비해, 이 나라, 즉 한국의 국기는 우주와 인간과 세상 모든 것의 질서와 조화를 의미한다).

이때 이 두 청년의 표정이란 … 그들은 깊게 고개를 숙인 채 …

한없이 부끄럽고 슬픈 얼굴을 어느 누구에게도 보이고 싶지 않았을 것이다.

그리고 이 뉴스를 전한 일본 검열하의 한국 신문 Eastasia(동아일보를 지칭하는 듯)는 이 사진 속의 일장기를 지워버리고 만다.

이 유니크한 저항의 방법 …

과연 높은 정신적인 종교 유교의 민족답지 않은가. 그런데 일본 정부는 이 신문사를 폐간시키고 만다. 이 우습고도 단순하면서 무지하기까지 한 탄압의 방법이란 …

이야기는 여기서 끝나지 않는다.

마침내 이 민족은 해방되고 강요당한 이데올로기에 의해 무서운 또 한 번의 전쟁을 치른 후, 한강의 기적(한국인들은 지구상에서 일본인들을 게을러 보이게 하는 유일한 민족이다)을 통해 스페인보다도 포르투갈보다도 더 강력한 경제적 부를 이루고 만다.

그리고는 1988년 수도 서울에서 올림픽을 개최하기에 이른다.

불과 50년 … 태극기조차 가슴에 달 수 없었던 이 나라 아니 이 민족이 올림픽을 개최하고 만 것이다. 그리고 개막식, 성화를 들고 경기장에 들어선 작고 여린 소녀 마라토너로부터 성화를 이어받은 사람은 그날 너무나도 슬프고 부끄러웠던 승리자, "손"(손기정)이었다.

노인이 되어버린 이 슬픈 마라토너는 성화를 손에 든 채 마치 세 살 먹은 어린애와 같이 훨훨 나는 것처럼 즐거워하지 않는가!!

어느 연출가가 지시하지도 않았지만 역사란 이처럼 멋지고도 통쾌한 장면을 보여 줄 수 있나 보다. 이 때 한국인 모두가 이 노인에게, 아니 어쩌면 한국인 개인 개인이 서로에게 얘기할 수 없었던 빚을 갚을 수 있었다고 한다.

그리고 극적이게도 서울올림픽 도중에 일본 선수단은 슬픈 소식을 들어야만 했다, 쓰러져 죽음을 기다리는 히로히토 일왕의 소식 …

한국인들의 종교 유교는 인간, 심지어는 죽은 조상에게까지 예를 나타내는 종교이다. 이 종교의 보이지 않는 신이 인류 역사상 기적을 일으킨 것이다.

나는 이 이야기가 여기서 끝이기를 바랐다. 이처럼 굉장한 이야기가 이대로 보존되기를 바랐기 때문이다. 그런데 한국인들은 (이해할 수 없는 집념과 끈기, 그리고 폭력과 같은 단순함이 아닌) 놀라운 정신으로 그들이 50년 전 잃어 버렸던 금메달을 되찾고 만 것이다.

서울 올림픽이 끝나고 4년 후 바르셀로나 올림픽, 마라톤에서 "황"이라고 하는 "손"노인과 너무나 흡사한 외모의 젊은 마라토너가 몬주익 언덕에서 일본과 독일의 선수들을 따돌리고, 마침내 더 이상 슬프지 않은, 축제의 월계관을 따내고 만 것이다.

경기장에 태극기가 올라가자 이 "황"은 기쁨의 눈물과 함께 왼쪽 가슴에 달린 태극기에 경의를 표한다. 그리고는 스탠드로 달려가 비극의 마라토너 "손"에게 자신의 금메달을 선사하곤 깊은 예의로서 존경을 표한다 …

"황"을 가슴에 포옹한 "손"은 말이 없다.

1936년 베를린 올림픽 마라톤 시상대에서 승리의 월계관을 쓰고도 한없이 부끄럽고 슬픈 얼굴로 깊게 고개 숙인 채 월계수 잎으로 재치 있게 일장기를 가린 손기정(좌: 중앙)과 남승룡(좌: 좌) 선수, 참으로 희한하게 1992년 바르셀로나 올림픽 마라톤 금메달리스트인 한국의 황영조 선수(우). 이때도 일본이 2위, 독일이 3위를 차지하여 베를린 때의 상황과 꼭 일치함

나는 이 이야기를 접하고는 인간에 대한 신뢰에 한없이 자랑스러움을 숨길 수 없었다.

인간이란, 이 한국인 아니 이 한국 민족처럼 폭력과 거짓과 다툼이 아니라 천천히 그러나 불굴의 의지로서 자신들의 고통을 해결할 수 있는 것이다.

그럼으로써 그것이 비극적인 눈물로 시작된 역사일지라도 환희와 고귀한 기쁨의 눈물로 마감할 수 있는 것이다.

역사상 어느 민족도 보여주지 못했던 인간과 국가와 민족의 존엄을 이 한국인 아니 한국 민족이 보여주지 않는가.

여러분이여, 도서관에 달려가라!
그리고 1936년 베를린 올림픽 마라톤 시상대에 두 한국인의 사진을 찾아라 …

이 글은 당신은 그 순간 세상에서 가장 행복한 인간이 되리라는 감동적인 이야기로 끝맺으며, 한국인이 정신적인 종교인 유교의 민족이라고 한 것은 손기정 선수가 승리한 당시의 시대적인 맥락을 잘 이해할 수 있는 대목이라는 언급도 있다.

성경 구절에 "너희가 거저 받았으니 거저 주어라,"[20] "가서 가진 것을 팔아 가난한 이들에게 주어라. 그러면 네가 하늘에서 보물을 차지하게 될 것이다"라는 구절이 있다. 이는 내가 가진 것을 나의 것이라 생각하면 나눔에 인색해지지만 하나님의 선물이라 생각하면 이를 나누는 것만으로 행복할 것이라는 가르침이다. 한국의 전통인 대가족이야말로 **나눔**의 중요성을 가르쳐주는 가족제도이다. 동국대에 6억 원을 기부한 부산 영일

암의 주지 현응스님은 "재물은 분뇨와 같아 살포하면 거름이 되지만 재워두면 악취가 나죠"라고 얘기하고 장석주 시인은[21] "섬김은 존중이고 친절이며, 협력이고 나눔이다. (중략) 섬기는 사람은 행복한 사람이다"라고 얘기한다. 미국의 저명한 와튼 스쿨의 애덤 그랜트 교수는 자신의 저서 「기브앤테이크」를 통해 "베풀어야 성공한다"는 메시지를 전한다. 실로 남에게 베풀어야 나도 받게 된다는 고전적인 자리이타自利利他의 정신이다. 가난한 사람이 부처에게 물었다. "나는 왜 성공하지 못합니까?" "베푸는 법을 배우지 못했기 때문이다." 가난한 사람이 다시 물었다. "저에게는 아무것도 없는데 어떻게 베풀란 말입니까?" 그러자 부처는 웃으며 아무것이 없어도 베풀 수 있는 것은 많다며 '재물이 없어도 남에게 베풀 수 있는 일곱 가지 보시', 즉 무재칠시無財七施의 베푸는 기쁨과 나누는 행복을 들려주었다.[22] 첫째 화안시和顏施는 얼굴에 웃음을 띠고 부드럽고 정다운 얼굴로 남을 대하는 것이며, 둘째 언시言施는 사랑의 말, 칭찬의 말로 베푸는 것이며, 셋째 심시心施는 마음의 문을 열고 따뜻한 마음으로 배려하는 것이며, 넷째 안시眼施는 호의를 담은 눈으로 베푸는 것이며, 다섯째 신시身施는 몸으로 남을 돕는 것이고, 여섯째 좌시坐施는 자리를 내주어 양보하는 것이며, 일곱 번째 찰시察施는 상대의 마음을 보살피는 것이다. 아무런 재물도 없이 깨끗한 마음으로 나눔을 베푼다는 뜻이다.

베푸는 일 중에서 특히 사회봉사는 덕德 베풀기라고 볼 수 있다. 여덟 가지 덕을 지닌 부채란 뜻의 팔덕선은 풀잎을 엮어 만든 둥근 부채로● 이처럼 부채조차 8개의 덕八德扇을 베풀고 있다. 비를 가려 젖지 않게 하는 덕/ 파리나 모기를 쫓아주는 덕/ 땅바닥에 앉을 때 깔개가 되어주는 덕/ 여름날 땡볕을 가려주는 덕/ 방향을 가리킬 때 지시봉의 구실을 하는 덕/ 사람을 오라고 시킬 때 손짓을 대신 하는 덕/ 빚쟁이와 마주치게 되었을 때 얼굴을 가려주는 덕/ 남녀가 내외할 때 서로 얼굴을 가려주는 덕이 그것이다. 시인 박노해는 '나쁜'의 어원은 '나뿐'이며 반대로 '좋은'의 뿌리는 '주는'이라고 얘기한다. 세계적인 금융인이자 3번의 뉴욕 시장을 지낸 성공한 정치인이자 2013년 개인자산 270억 달러약 30조원로 포브스가 선정한 세계 부자 순위 13위에 이름을 올린 마이클 블룸버그는 돈을 버는 목적이 기부 때문이라고 얘기한다. 블룸버그는 유대인 노벨상으로 불리는 제네시스 상Genisis Prize의 초대 수상자로 선정되어 받은 상금 100만 달러한화 10억 원를 장학금으로 써달라며 기부금으로 쾌척하기도 했다. 블룸버그는 말한다. "저의 가장 좋은 자산 계획은 장의사에게 저의 마지막 남은 수표를 지불하는 것입니다." 생전에 모든 재산을 사회에 환원하겠다고 공언해 온 블룸버그는 자선사업은 책임이 아니라 가진 자의 특권이라며 "자선사업가에게 최선의 삶이란 자신의 장례식 비용을 낸 수표가 부도나는 것"이라는 유머를 구사했다. 고령자의 여생餘生은 그저 남은 시간이 아니라 나누는 여생與生이어야 한다.

● 슬로시티 전주의 부채박물관의 부채의 팔덕선

달리기를 즐기는 사람들은 종종 러너스 하이runner's high를 경험하는데, 이는 30분 이상 달릴 때 얻어지는 행복하고 고양된 기분을 말한다. 마찬가지로 다른 사람을 도울 때 내가 오히려 행복해지는 헬퍼스 하이helper's high가 있다. 미국 내과의사 앨런 룩스가 3천 명의 자원봉사자를 대상으로 연구한 결과 응답자들은 헬퍼스 하이를 경험, 즉 남을 도움으로써 면역항체가 증가되는 엔도르핀이 솟아나고 스트레스가 사라지며 행복감과 자존감이 높아졌다고 한다.[23] 중국 속담에 한 시간이 행복하려면 낮잠을 자고 하루가 행복하려면 낚시를 하고 한 달이 행복하려면 혼인을 하고 1년이 행복하려면 부모의 유산을 상속 받고 평생이 행복하려면 봉사로 남에게 베풀라는 말이 있다. 간디Mahatma Gandhi, 1869-1948는 "높은 자리는 사회에 **봉사**하는 자리이지 대접받기 위한 자리가 아니다"라고 했다.

1시간 봉사 = 1토비

헬싱키 시간은행Stadin Aikapankki: 누군가를 위해 혹은 공공을 위해 봉사를 하면 그 시간만큼 토비(Tovi)●로 저축됨. 반대로 도움이 필요할 때는 시간은행에 저축된 자신의 토비로 타인에게 도움을 요청함[24]

● 아주 짧은 시간을 의미하는 핀란드의 고어

2014년 프리츠커 건축상Pritzker Architecture Prize을 수상한 일본 건축가 반 시게루는 1990년 초부터 르완다 난민을 비롯하여 지진으로 판잣집마저 무너져버린 아이티 이재민, 일본 쓰나미로 집을 잃은 이재민, 그리고 터키와 인도의 지진 피해자를 위해 세계 각지의 재해지역에 난민 구호소로 '종이 주택'페이퍼 건축물을 만들어 건축을 통한 재난피해 복구활동을 해오고 있다. 그는 건축가란 직업이 특권계급을 위한 일은 하면서도 사회를 위한 일을 하지 않았음을 깨닫게 되었으며, 재해로 삶의 터전을 잃은 사람들에게 기능적이고 아름다운 건축을 제공하고자 하는 것이 봉사동기였다고 얘기한다.

이제 한국은 '동방예의지국'이란 말의 뜻을 이해하는 젊은이를 찾아보기 힘든 이상한 나라가 되었으며, 본디 우리의 자랑거리였던 예의와 배려에 대해서조차 서양 심리학자들에게 되물어야 하는 상황에 처하고 말았다. 청주 마야사 주지 현진스님은25 미소, 검소, 간소의 3소 운동을 실천하여 누군가에게 따뜻한 느낌을 전해줄 수 있다면 그 삶은 행복할 것이라고 얘기한다. 현진스님은 그저 마야사 식구들이 자급자족할 정도로 밭농사에 몰두하며 느슨하고 단순히 소소하고 고요하게 살아간다. 혹시 '맡겨두는 커피'를 아는가? 카페에 들어온 두 사람이 주문을 한다. "커피 다섯 잔이요. 두 잔은 저희가 마실 거구요. 세 잔은 맡겨둘게요." 그들은 커피 다섯 잔의 값을 내고 두 잔만 들고 카페를 나선다. 시간이 어느 정도 흐르고 허름한 차림새의 한 남자가 문을 열고 들어와 공손히 묻는다. "저기, 맡겨

둔 커피 있나요?" 그렇다. 사람들은 음료 한 잔 사마실 수 없는 누군가를 위해 커피 값을 미리 지불해놓는 것이다. 이 맡겨두는 커피는 이탈리아 나폴리에서 시작되어 전 세계로 퍼져나갔다. 이제 어떤 곳에서든 커피뿐만 아니라 샌드위치나 한 끼의 식사를 맡기기도 한다.26 영화 〈앵무새 죽이기〉To Kill a Mockingbird, 1962에서의 "진짜 용기란 총을 드는 게 아니라 상대방에 대한 배려다"라는 대사가 마음을 울린다. 인간들이 나누는 사랑만큼 시공을 초월해 많은 사람의 심금을 울리는 것도 없을 것이다. 사랑은 대형 파이프에서 뿜어져 나오는 순간의 열정이라기보다 모세혈관처럼 몸속 깊이 스며드는 섬세한 **배려**이다.

인간 최고의 미덕은 '감사'이다. 성경에서 인간을 향한 하나님의 뜻은27 '항상 기뻐하라, 쉬지 말고 기도하라, 범사에 감사하라'이다. 이는 좋은 일에만 감사하는 사람의 본성에 정곡을 찌른 말로 기쁜 일, 슬픈 일 가리지 말고 감사해야 한다. 하버드대학교의 긍정심리학 교수인 숀 어쿼는 TED 강연에서 성공해야 행복하다는 공식은 잘 못 되었으며, 성공의 상태가 아닌 긍정의 상태를 항상 유지할 것, 즉 감사를 표현하라고 했다. 하버드대 졸업생들은 졸업 후 사회에 진출한 뒤에도 끊임없이 학교를 지원하는 전통으로도 유명하다. 많든 적든 경제적 지원을 함으로써 자신을 길러준 학교에 대한 고마움을 표하는 것이다. 기독교에서 음식을 먹기 전 짧은 감사기도를 통해 음식이 자신의 앞에 오기까지 하나님의 섭리와 여러 이웃들의 수고에 대한 사례謝禮로 **감사**의 예를 표한다. 1990년 2월 11일 넬슨 만델라는 비로소 자유의 몸이 된다. 1962년 평화시위를 주도한 죄목으로 수감되었다가 종신형을 선고받고 복역해오던 중 27년 만에 출옥한 것이다. 많은 사람들이 물었다. "다른 사람들은 5년만 수감생활을 해도 폐인이 되어서 나오는데 억울한 옥살이로 27년 동안이나 그 안에 사셨는데, 어찌 이렇게 건강하십니까?" 환한 미소를 머금은 만델라는 "저는 교도소에서 언제나 하느님께 감사했습니다. 하늘을 보고 감사하고, 강제노동을 할 때도 감사하고 … 제게 있어 교도소는 원망과 괴로움의 장소가 아니라 성장과 배움을 위한 소중한 장소였습니다"라고 답했다.

20세기 물성物性, 제품의 품질·성능의 시대는 가고 21세기 감성시대가 도래하여 잃어버렸던 마음의 중요성을 발견하는 시대이다. 성경은 마음이 정결한 자는 복이 있다고 말한다.[28] 그리스도인에게 있어 정치 참여는 일종의 의무이다. 대제사장과 백성들이 소리치며 밀어붙이자 제 5대 유대총독 본디오 빌라도는 예수 그리스도의 피에 자신은 무죄하니 너희가 당하라며 손을 씻고 사형판결을 내렸다. 그리스도인들은 빌라도처럼 손을 씻으며 뒤로 물러나는 행동을 할 수는 없다. 왜냐하면 우리가 정치에 참여해야 하는 이유는 정치라는 공동체적 '선'을 찾는 것이 보다 특성화된 사랑의 한 표현이기 때문이다. 아리스토텔레스는 「니코마코스 윤리학」에서 매사에 절제와 선을 강조했다. 선善이 곧 행복이다.[29] 선과 행복은 같은 뿌리에서 나왔다. 최근 기업에서 선한 마음으로 사업에 임하는 착한 제품과 착한 가격으로 착한 마케팅을 펴는 것도 이와 상관성이 있다고 하겠다.

선진국先進國이라 함은 물질이나 기술이 앞서기보다 국민이 착하고 따뜻한 사회가 정녕 선진국善進國이다. 정부·시장기업·박애phi-lanthropy는 사회의 3대 기둥이다. 정부와 시장이 각각 권위와 이윤의 영역이라면 선의goodwill에 바탕을 둔 박애는 삶의 중심이라고 할 수 있다. 한 보고에 따르면 미국은 박애가 경제의 10퍼센트를 차지한다고 한다. 한국은 정부·기업·박애 중에서 정부와 기업에 비해 박애가난의 구제 부분이 약한 편이다. 생텍쥐페리의 소설「어린왕자」에서 여우는 사막의 밤하늘을 수놓는 달빛과 별빛, 소리마저 순수한 기막힌 아름다움을 바라보며 "가장 중요한 것은 눈에 보이는 것이 않는다"고 얘기한다.30 독일 철학자 임마누엘 칸트1724-1804는 자신의 마음을 늘 새롭고 더 한층 감탄과 경외심으로 가득 채우는 것이 두 가지가 있다고 얘기했다. 그것은 바로 자신 위에 있는 별이 빛나는 하늘과 자신 안의 도덕법칙이라 했다. 연전에 인도 북부의 라다크를 여행하는 도정에 읽은「오래된 미래」를 보면 라다크에서는 예쁜지 아닌지가 중요하냐고 물으면 사람들은 이렇게 답한다고 한다. "별로 중요하지 않아요. 문제는 내면이 어떤 가에요. 여자의 성품이 더 중요하죠." 라다크에는 '호랑이의 줄무늬는 밖에 있지만 인간의 줄무늬는 안에 있다'는 말이 있다. 커피 한 잔을 타도 맛있게 타는 사람이 있고 맛없게 타는 사람이 있다. 커피를 타면서 어떤 생각, 어떤 마음으로 만드는가 하는 것이 진짜 레시피다. 에모토 마사루의「물은 답을 알고 있다」에서는 마음과 생각이 곧 빛이요, 에너지요, 입자요, 파동이라고 한다. 다시 말해 물이 답을 알고 있다면, 밥도 답을 알고 화초도 답을 알고 있다는 얘기다.

　인간의 느림은 실은 몸이 아니라 마음이 움직이는 속도mind speed이다. 1분에 한 호흡들숨과 날숨이 되도록 숨을 다스릴 줄 아는 내면적인 수준의 슬로 마인드야말로 슬로시티의 시작이므로 내 안의 슬로시티가 되는 것이 슬로시티의 출발이다. 내적 기쁨이 없을 때 서두르고 탐욕에 목숨을 거는 것이다. 중국 명나라 말기 문인 홍자성의 저서 「채근담」에도 "세월은 본래 긴 것인데 바쁜 이 스스로 빠르다 하고 / 자연은 본래 넉넉한 것인데 비루한 이 스스로 좁다 하며 / 바람, 꽃, 눈, 달은 본래 한가한 것인데 일로 소란스러운 이 스스로 번거롭다"라고 하니 이것 또한 슬로 마인드가 필요한 것이다. 한국사회는 34분마다 1명씩 자살하는 자살 공화국이다. 우울증을 흔히 마음의 감기라고 한다. 마음의 병이 깊은 슬픔을 가진 자는 아무 말도 남기지 않고 가버린다. "숨을 깊이 들이쉬십시오. 그럼 당신의 마음에 평화가 찾아옵니다."[31] "행복의 50퍼센트는 유전적 설정값이 결정하며, 환경에 따라 결정되는 것은 겨우 10퍼센트다. 나머지 40퍼센트는 자신에게 달렸으니 끊임없이 노력하고 실천하면 행복지수를 설정값 이상으로 올릴 수 있다."[32] 마음먹은 대로 살 수 있는 인생은 없지만 사람은 마음먹은 만큼 행복해질 수는 있다. 정부는 연일 국민소득 3만 달러 진입을 앞두고 있다고 홍보한다. 하지만 학생들은 친구들과 어울려 노는 시간을 갖기보다는 매일 반복되는 입시공부에 지쳐있으며, 청년들은 좋은 직장을 구하려고 아르바이트와 비정규직을 전전한다.

중년들은 해고에 대한 두려움과 경쟁에 시달리며, 노인들은 불투명한 노후를 염려하고 있다. 이러한 것들이 우리를 불행하게 만들기도 하지만 무엇보다 경제적 부를 나누려는 마음, 나와 생각이 다른 사람을 존중하는 마음, 나보다 약자를 배려하는 마음, 고통을 겪는 이의 슬픔에 함께 울어주는 마음, 불의에 맞서 정의를 이루기 위해 연대하는 마음, 이런 마음이 없어서 우리는 불행한 게 아닐까?

유럽의 대표적 상징물로 고딕성당을 꼽을 수 있는데, 이러한 거대 성당들이 본격적으로 들어서기 시작한 것은 유럽 전역에 유행병이 종적을 감춘 뒤 농업과 상업이 날로 번창하며 모든 것이 평화로웠던 13세기부터였다.33 하늘 높이 솟아오르고자 했던 인간의 욕망이 예술적으로 승화된 걸작이 바로 고딕성당이다. 지금 전 세계적으로 만연해 있는 저성장사회와 저소비사회 현상이 앞으로 장기간 지속될 것으로 예견되므로 이제 욕망이라는 이름의 전차에서 내려 거품, 투기, 벼락부자, 대박이라는 욕심을 버릴 때이다. 그리고 비움, 즉 생물학적으로 필요한 것 이상을 소유하지 않는 자발적인 가난에 드는 게 바람직하다. 덧셈의 논리에서 벗어나 뺄셈의 논리로 비워 나가야 한다. 불가佛家에서 쓰는 말 중 방하放下라는 말이 있는데, 탐욕과 성냄, 어리석음을 모두 내려놓고 마음을 비우는 게 편하다는 의미이다. 사람의 얼굴에는 일곱 개의 구멍, 칠규七竅가 있는데 눈구멍이 둘, 귓구멍이 둘, 콧구멍이 둘, 입구멍이 하나가 그것이다. 주먹을 쥐면 아무 것도 없이 빈손이지만 놓으면 모든 걸 다

잡을 수 있다. 채움은 채움으로 시끄러워지고 비움은 비움으로 여유자적하며 자유로워진다. 우리는 손으로 일하는 사람을 노동자, 손과 머리로 일하는 사람을 기술자, 손과 머리와 마음으로 일하는 사람을 예술가라 부른다.

성장의 혜택이 모든 사람에게 골고루 미치지 못하는 이유는 무엇일까? 성경에서는 부자가 남겼다는 것을 '죄'라 했다. 우리의 아름다운 옛 전통 중의 하나가 지족수분최행정知足守分最幸程, 즉 족함을 알고 지키는 것이 가장 행복한 길이라 가르쳤다. 이스라엘 민족이 하나님의 인도로 노역의 땅 애굽을 출애굽하여 약속의 땅 가나안으로 가는 40년간의 긴 여정의 광야생활을 하는 동안 하나님께서 그들에게 준 것은 '매일 먹을 일용할 양식뿐'이었다. 한 젊은 부자 청년이 예수에게 영생을 얻는 법을 묻자 "네 소유를 팔아 가난한 자들에게 주라. 그리고 와서 나를 따르라"고 말했다.34 이 말 속에 가난과 영생, 행복이 함축되어 있다. "행복하여라. 마음이 가난한 사람들"이란 짧은 말로 명시하고 있다.35 연전에 먹을 곳, 잘 곳이 없어 동가숙서가식東家宿西家食하는 미국의 한 노숙자가 4만 2천 달러가량의 현금과 여행자수표가 든 여행가방을 돌려주었다는 뉴욕타임스 기사를 보았다. 가난해도 우아하게 살 수 있으며, 최소한의 돈으로도 부유하게 살 수 있다. 사실 부자야말로 진짜 가난한 사람일 게다. 비틀즈 멤버였던 존 레논1940-1980이 1971년에 발표한 〈이매진〉Imagine의 가사는 오랜 세월이 지났건만 아직까지도 우리의 심금을 울린다. "상상해 보세요, 소유가 없는 세상을 / 당신이 그럴 수 있다면 난 놀랄 거예요 / 탐욕이나 굶주림이 필요 없는 형제애로 가득 찬 그런 세상 말이에요 / 상상 해봐요, 모든 사람들이 세상 모든 것을 서로 나누는 것을." 2013년 브라질 아파레시다 대성당에서 프란치스코 교황은 돈과 권력, 쾌락 같은 덧없이 사라질 우상에 집착하지 말고 빈자와 소외된 이웃을 위해 힘쓰라고 얘기했다. 또한 2014년 빈곤층 및 실업자 문제 논의를 위한 세계민중운동회의에서 근로자의 권리를 투쟁하는 운동을 촉구하며 "지붕이 없는 가정이 없어야 하고, 땅이 없는 농민이 없어야 하고, 권리 없는 근로자가 없어야 하고, 품위 없이 노동하는 사람이 없어야 한다"고 말했다. 김수환 추기경은 생전에 "남은 세월이 얼마나 된다고 … 재물 부자이면 걱정이 한 짐이요, 마음 부자이면 행복이 한 짐인 것을 …"이란 글을 쓰기도 했다. 가난함 속에서 즐거움의 철학을 누린다는 안빈낙도安貧樂道와 깨끗한 부자로 즐거움의 철학을 누릴 수 있다는 청부낙도清富樂道가 전하는 울림이 크게 느껴진다. 그렇다. 현대인들은 이제 좀 가난하게 살아야 할 필요가 있다. 위에서 말한 선, 박애, 마음, 슬로 마인드, 비

강릉 선교장. 열화당으로 들어가는 솟을대문에는 '선고유거'라는 편액이 있는데 이곳에 들어오는 사람은 신선이 되어 기거하라는 뜻이다. 열화당悅話堂은 일가친척들이 이곳에서 정담과 기쁨을 함께 나누며 재물은 혼자 가져야 별 소용이 없다는 돈후한 나눔정신이 전통 가훈임

움, 가난 등은 종교성이 풍부한 키워드들이다.

　소크라테스도 이미 오래 전에 돈을 가장 소중한 것으로 여긴 나머지 지나치게 돈에 집착하는 배금주의를 질타했다. 사리私利를 추구하기보다는 어떤 일이 있어도 절대적 가치로 되돌아가야한다고 외쳤으며, 가난하지만 자유로운 삶, 즉 인간의 **자유**에 방점을 찍었다. 성경에 "진리가 너희를 자유케 하리라"The truth will set you free라는 구절이 있다.36 "죄를 범하는 자마다 죄의 종이라"37 했다. 사람은 누구나 편안해야 한다. 정말 자유로울 때가 편안하므로 자유는 행복의 절대조건인 것이다. 자유自由란 스스로 말미암는 까닭이란 글자 뜻대로 전 세계 70억 인구 중에서 자신과 같은 DNA를 가진 사람은 없으며 유일하게 혼자라는 독존자獨存者의 존재이유가 진짜 실감나는 자유이다. 그러므로 내가 나다움이 행복이다I am happy just the way I am. 그럼에도 불구하고 많은 사람들이 독일 철학자 쇼펜하우어1788-1860의 말처럼 다른 사람과 같아지기 위해 자신의 삶의 4분의 3을 쓰고 있다. 돈키호테는38 "자유와 명예를 지키기 위해서라면 목숨을 걸어야 한다"고 그의 종자 산초에게 충고한다. 자유야말로 우리 인간이 하늘로부터 부여받은 가장 고귀한 보물이라고 말한다. 이는 당시 뇌물과 부정한 돈 때문에 자신의 영혼을 팔아먹는 부패한 귀족과 영주들에게 명예회복을 위해 뼈있는 비판을 던지고 있다. "땀이 혈통을 만든다"는 돈키호테의 근대사상은 혈통이 혈통을 만들고 세습되던 왕정국가를 부정하면서 인간이 자신의 능력대로 공정하게 인정받을 수 있는 유토피아의 꿈

을 반영하고 있다. 자유하네, 새롭게 하네, 새롭게 하네, 자유
하네.

   태초에 인간에게 '자유의지'라는 것을 주었으며, 하나님께서
도 인간의 자유의지를 침범하지 않으셨다. 결국 선택은 우리에
게 달려 있다. 즉, 할 자유와 아무 것도 하지 않을 자유가 우리
에게 있는 것이다. 우리에게 선택의 기회는 우리의 자유의지이
고 선택의 자유를 사랑함은 자발적인 것이며 결코 강요될 수
없는 것이다. 그 자발성을 막는 것은 인간다움을 감소시키고
인간을 로봇과 같은 기계로 만드는 것이나 다름없다. 어디까지
나 자발적으로 행할 수 있는 선택의 자유를 주신 것이다. 15년
담배소송에서 대법원은 원고 패소를 판결했는데 이는 흡연자
가 자유의지로 담배를 피웠으니 암 발병은 사실상 흡연자 책임
이라는 것이다. 현명한 제약이 우리를 자유롭게 한다. 예를 들
면 꽃이 있을 때 그냥 단순히 꽃을 보지 않고 꽃의 아름다움을
본다는 것은 눈의 자유, 즉 선을 택하는 자유의지이다. 선과
악, 경제적 부와 행복 중 무엇을 택하느냐는 자유의지에 따를
테지만 어떤 것을 택하느냐에 따라 고통이 따르느냐 아니냐의
차이는 있다. 프랑스 루이 14세1638-1715는 왕권신수설에 기반
을 두고 "짐은 곧 국가다"라고 주장했으며, 절대왕정의 절대자
유를 누리면서 백성은 속박된 종이고 왕은 혼자 자유인이었다.
왕정이나 가부장제는 질서와 통제만을 강요하고 혼돈自由을 싫
어하기에 새로움이나 다양성이 불가능하여 창조의 원천이 소
멸되기 쉬웠다.

자유에는 무엇으로부터의 자유freedom from와 무엇을 향하는 자유freedom for가 있다. 연전에 아까운 목숨을 놓아버린 대구의 한 여고생이 쓴 유서에 본인은 스타일리스트가 되기 위해 관련 학과가 있는 대학에 진학하고 싶지만 부모님의 반대로 자살을 택하게 되었으며 "제가 다시 세상에 태어나면 (개줄에 묶인) 개로 태어나겠습니다"라는 글을 남겼다. 세계에서 12년째 자살률 1위인 한국은 하루 평균 43명이 목숨을 끊는다. 자살은 불행한 삶을 마치고 다른 세상으로 가고 싶다는 충동이다. 특히 10~20대 청소년 자살자 수는 전체 자살자의 절반을 차지할 정도로 많으며 청소년들은 자살에 대한 거부감이 약하다. 덴마크 사람들은 단순한 삶을 좋아한다. 물욕도 권력욕도 없다. 덴마크 청소년 중 70퍼센트가 열여덟 살이 되면 자기방식대로 독립적으로 더 큰 자유를 느끼기 위해 부모 곁을 떠난다.[39] 사회나 부모가 그렇게 하라고 강요하지도 않는데도 말이다. 그리스 신화의 프로크루스테스는 자신의 집 옆으로 다니는 여행객들을 붙잡아 철제 침대에 눕히고는 침대 길이에 맞도록 사지를 억지로 늘리거나 잘라내며 가혹하게 죽였다. 오늘날 대다수 사람들은 프로크루스테스 침대에 자신의 몸을 맞추고 거기에 적응하며 살아간다. 노벨 문학상 수상자인 미국 소설가 솔 벨로1915-2005에게는 어린 시절 야생동물을 채집해서 키우는 취미가 있었다. 그의 집은 숲 근처에 있었던 터라 해질 무렵이면 지빠귀 떼가 날아와 쉬다 가곤 했다. 지빠귀가 지저귀는 소리가 너무나 아름다워서 그는 한 마리를 잡아다가 집에서 키우면 좋겠다고 생각했다. 얼마 뒤 그는 숲에서 새끼 지빠귀를 잡아

지빠귀와 독초. 출처: 네이버 지식
백과

왔다. 새끼는 날개를 파닥거리며 새장 안을 초조하게 맴돌았다. 그러나 서서히 안정을 되찾으면서 낯선 환경을 받아들이는 듯했다. 마침내 아름다운 새소리를 듣게 된 그는 가슴이 벅차올랐다. 그는 새장을 뒤뜰에 놓아두었는데 어느 날 어미 지빠귀가 입에 먹이를 물고 날아왔다. 그러고는 새끼에게 정성껏 먹여주었다. 그는 애틋한 모정에 가슴이 찡했다. 그런데 다음날 뒤뜰에 나가보니 새끼 지빠귀가 싸늘하게 굳어 있는 게 아닌가. 그는 눈앞에 벌어진 상황이 믿기지 않았다. 정성껏 돌봐주고 어미 지빠귀까지 먹이를 물어다 주었는데 뭐가 부족했던 것일까? 마침 유명한 조류학자가 그의 아버지를 만나러 왔다. 그가 새끼 지빠귀의 갑작스러운 죽음을 이야기하자 조류학자는 당연하다는 듯 말했다. "어미는 새끼가 새장에 갇힌 걸 알고 일부러 독초를 먹였던 거야. 평생 새장에 갇혀 사느니 차라리 그 편이 낫다고 믿었기 때문이란다."[40]

 '무엇을 향하는 자유'는 무엇일까? 영화 〈희랍인 조르바〉1964에서 주인공들이 다음과 같은 대사를 주고받는다. 조르바는 자신의 고용주가 "인간이라니, 그게 무슨 뜻이지?"라고 묻자 "자유라는 거지요. 나는 자유를 원하는 자만이 인간이라고 생각합니다"라고 답한다. 조르바는 인간은 자유라며, 이어서 얘기한

행복은 돈이나 명예가 아니라 그저 소소한 것들에 불과하다며 영화의 피날레에서
춤추는 환상적인 명장면. 조르바 역에 안소니 퀸

다. "일할 땐 당신이 보스지만 노래하고 춤출 때 나의 주인은
나요."[41]

11세기 중국 문인 소동파蘇東坡는 타고난 자유인이었다. 그의
글쓰기와 서예 원리는 내가 마음대로 만들어 쓰는 것이며, 본
래 법이란 게 없음我書意造 本無法이었다. 대부분은 그 반대였다.
수守, 파破, 리離로 요약되는 대원칙에 따르면, 먼저 주어진 매뉴
얼을 따라서 모방부터 하되, 나중에 그걸 깬 이후 비로소 자기
스타일을 개척하는 것이었다. 한국의 지방자치와 이 땅에 교육
혁신이 잘 되지 않는 이유도 자유의 진정한 가치를 깨닫지 못
했기 때문일 것이다. 한국 슬로시티의 방향을 한 마디로 요약
하자면 자유와 행복을 맘껏 누리게 하는 것이다. "자기 스타일

이 있는 그 곳에 가서 행복한 얼굴을 가진 주민을 보라." 슬로시티, 행복이 아니면 가짜다. 다시 말해서 행복한 얼굴을 한 주민이 주인이 되어 사는 고장이 슬로시티인 것이다. 미국 애틀랜타에 소재한 마틴 루터 킹 목사 박물관에 있는 그의 묘비에는 다음과 같은 글귀가 새겨져 있다. 마침내 자유Free at last!, 마침내 자유Free at last!, 하나님, 감사합니다Thank God Almighty. 우리는 마침내 자유를 얻었습니다 I'm free at last. 1963년 8월 28일 워싱턴 시가행진에서 그는 다음과 같이 연설했다. "나에게는 꿈이 있습니다. 조지아 주의 붉은 언덕 위에, 노예의 후손들과 노예 주인의 후손들이 형제처럼 식탁 앞에 함께 앉을 수 있으리라는 꿈이 있습니다." 백인 우월주의자들의 온갖 테러에도 굽히지 않았던 흑인들의 비폭력 저항은 드디어 1964년 흑백 평등권이 법제화되는 결과를 낳았고 그들은 자유를 쟁취하였다.

정치와 행복　　소크라테스는[1] "국가의 목적은 국민이 훌륭하게 살도록 하는 것이며, 정부의 목표는 행복하게 생활할 수 있는 질서를 이룩하는 것"이며, "국가는 행복을 만드는 전문가들의 집합체"란 매우 의미심장한 말을 남겼다.[1] 사람이 살아가면서 추구해야 할 최고의 선, 최선의 가치, 최고의 목표, 좋은 삶이 바로 아리스토텔레스의 유데모니아행복란 것이다. 그리고 신체적·정서적으로 행복한 상태를 유포리아euporia, 행복감·다행감라고 한다. 사실 국가가 사람을 행복하게 하는 것은 아니다. 왜냐면 행복은 개인의 내면에 달려 있기 때문이다. 다만 국가는 단지 행복의 토대를 튼튼히 다질 수 있도록 질서와 최고의 요소를 제공해야 하는 것이다. 특히, 덴마크는 사람들이 행복해지도록 시스템을 만들어 낼 줄 안다는 점에서 뛰어나며[2] 덴마크 국민들 또한 그 시스템을 존중한다. 독일의 슬로시티 발트키르히의 33세의 신임 로만 괴츠만 시장과의 면담에서 새롭고 신선한 사실을 발견하였다. 시장은 이 지역 출신이 아니었으며, 독일 시장 1천 명 중 30퍼센트는 타 지역 출신이라니 한국에서는 상상도 할 수 없는 일이다. 어떻게 지역 연고와 관계없이 시장이 될 수 있느냐는 질문에 '정책의 차별화'라고 답했다. 즉, 매력적인 정책대결이 당락을 가름하는 가장 중요한 잣대라는 것이다. 다시 말해 정치에 권모술수를 쓰는 게 아니라 정책 아이디어의 대결장인 정책선거인 것이다. 이곳의 시장 임기는 8년으로 전임 시장의 경우 4선에 32년간 재임하였다고 한다. 모두를 만족시키는 프리사이즈once size, fit all, 즉 하나의 정책이 모두에게 맞을 수는 없다. 하지만 국가의 정책은 사회

경제적 발전 수준, 문화, 종교, 정치체계, 자유화 정도에 따라 달라지니 방향을 선택해야 한다. 많은 전문가들이 1인당 국민 소득이 1만 5천 달러에 도달하게 되면 국가의 정책기조를 경제 성장 위주에서 삶의 질로 옮겨야 한다고 주장한다. 「논어」에서 **정치**政治란 바르게 하는 것이며, 무엇을 바르게 하느냐면 바로 정치의 본本, 뿌리인 사람을 바르게 하는 것으로 사람들의 아름 다움과 사회의 역량을 완성해 준다는 뜻이다. 정치, 즉 나라를 다스리는 일은 국민들이 인간다운 삶을 영위하게 하고 사회질 서를 바로 잡는 것이다.

우리나라 헌법 10조 "모든 국민은 인간으로서의 존엄과 가 치를 가지며, 행복을 추구할 권리가 있다"는 천부인권天賦人權, 즉 국가적 자연권을 선언한 것이다. 미국 제 2대 대통령 존 애 덤스는 민주 정부의 목표는 "최대 다수의 최대 행복"the greatest happiness for the great numbers을 달성하는 것이지 가진 자와 힘센 자 를 돕는 게 아니라고 했다. 현 우리나라 정부의 국정지표를 보 더라도 경제부흥, 국민행복, 문화융성이다. 또한 천부인권처럼 복지 역시 국가의 의무다. 2014년 정부의 복지예산은 100조원 이상이나 편성되었지만 행복이 돈으로만 해결될 수 없다는 한 계가 있다. 2013년 OECD가 발간한 「2013 삶의 질」How's Life 2013 보고서에 따르면 한국은 OECD 회원국 중 삶에 대한 만족도는 평균 이하이고 친척이나 친구가 있는가 하는 사회적 지지감은 최하위권인 것으로 나타났다. 경제는 발전했지만 세상 살기는 더 어려워지고 각박해졌다. 역사상 가장 잘 살건만 가장 섬뜩한 사회, 기분 나쁜 사람들이 가득한 사회가 되었다. 한편 맹목적인 성장 추구 이면에는 이 성장이 결코 행복의 성장을 뜻하지 않는다는 사실이 날이 갈수록 확연해지고 있다.

행복국가 ≠ GDP국내총생산

행복추구는 헌법상의 권리임에도 불구하고 압축적 성장에 모든 에너지를 쏟아 부은 결과, 우리는 좋은 삶을 잃어버렸다. 우리사회가 얼마나 행복한가란 조사에서 사회적 행복지수는 10점 만점에 4.96점에 그쳤다.[3] 보건복지부에 따르면 지난 10년간 우리사회의 우울증 환자는 63퍼센트 증가하여 국민 6명 중 1명이 정신질환을 앓고 있어 이러다간 한국이 큰일 날지도 모를 일이다. 우리 사회를 가장 불행하게 하는 사람은 누구인가라는 설문에 응답자 10명 중 7명(67.5%)이 정치인을 꼽았다.[4] 왜 정치가 이렇게까지 되었을까. 국립보건연구원이 2,200명을 대상으로 실시한 조사에서 한국 여성이 평균 49살에 폐경을 맞는다는 결과는 사회적 행복지수와 무관하지 않다고 본다.

현대국가를 움직이는 시스템은 말단 공무원부터 대통령에 이르는 관료제다. 지난 세월호 참사는 단순한 인재가 아닌 관재官災이며, 이로써 관피아관료+마피아가 한국 관료체제의 거대한 문제임이 드러났다. 이는 대통령이나 검찰이 아닌 국민을 염두에 두고 국민을 두려워하는 시스템을 만들어 다시 한 번 근본, 즉 본本을 깨달으라는 경고 사인이 울린 것이다. 행정은 최대의 서비스 산업이다.5 박종화의 역사소설 「세종대왕」에서 세종대왕은 신하들을 불러 놓고 "벼슬하는 사람들이 받아먹는 국록은 임금인 내가 주는 것이 결코 아니다. 내가 무슨 재물이 있겠는가? 백성으로부터 세금을 받아 나라 일에 대한 수고의 대가로 백성을 대신하여 전달할 뿐이다. 그대들은 나라 일만 하느라 농사도 짓지 못하고 장사도 하지 못하기에 백성들이 그대들에게 처자식을 먹여 살리고 나라의 행정을 잘 보아 달라고 녹을 먹게 하는 것이다. 이러니 백성을 위하지 아니하고 자신의 호강을 위하여 벼슬길에 나온 사람이 있다면 당장 벼슬자리에서 물러나라"고 꾸짖었다. 그런데 오늘날 공무원은 국민을 섬기는 척 하면서 군림하는 사례가 비일비재하다.

사진 속 헐렁한 러닝셔츠 차림으로 어딘가를 응시하는 김수영1921-1968 시인의 〈풀〉은 동료 시인들 사이에 가장 가슴 떨리는 시구를 노래하는 시로 손꼽힌다.

일제 강점기 만주로 이주했던 김수영은 6.25와 4.19를 겪은 현실참여 시인임

(전략)
풀이 눕는다.
바람보다도 더 빨리 눕는다.
바람보다도 더 빨리 울고
바람보다 먼저 일어난다.
(후략)

바람보다 더 빨리 눕고 더 빨리 일어나는 풀은 백성으로, 바람은 백성에게 불친절하고 억압하는 세력으로 대조적으로 그리고 있다. 풀이 제대로 서있지 못하고 눕는다. 프란치스코 교황이 하루는 이탈리아의 영향력 있는 정치 지도자들을 새벽에 불러 모으고는 "여기 모인 여러분은 그냥 반질반질한 대리석 묘지 같다. 겉은 하얗고 반짝반짝하지만 속은 썩고 있는 시체와 같다"고 얘기했다. 소통하라, 소통하라, 소통하라. 이 말인즉슨 독선, 독재하지 말라는 뜻일 게다. SNS와 디지털 생활의 진화 덕분에 빠르고 폭넓은 커뮤니케이션은 가능해졌지만 사람들은 오히려 더 외로워하고 소외감과 소통부재의 아픔을 느끼고 있다. 왜 일까?

정政이란 바르게 하는 것, 즉 사회질서를 바로 잡는 것이라 했다. 우리나라 정치인들은 국민이 절박하게 느끼는 문제로 싸우는 게 아니라 자기들이 중시하는 문제로 싸우는 것 같다. 갈등 중재자여야 할 정치권이 갈등 유발자가 된 것이다. 고구려의 패망이나 동인과 소인이 남인, 북인, 노론, 소론 등으로 분화하며 상대 당파를 살육하는 피비린내 나는 사색당정四色黨政이 300년 넘게 이어졌고 임진왜란 때의 갈등과 분열도 만만치 않았다. 청나라 말기 변법유신파의 지도자였던 량치차오梁啓超, 1873-1929는[6] 조선을 망하게 한 것이 중국, 일본, 러시아이기도 하지만 멸망의 최대 원인은 바로 궁정과 양반 간의 내부 분열로 이 때문에 조선은 스스로 망한 것이라 했다. 가정이든 회사든 국가든 분열되면 무너질 수밖에 없다.

「넥스트 리더십」을 펴낸 김택환 교수에 따르면 독일과 한국은 전쟁의 폐허 위에서 분단국가로 시작한 공통점이 있지만 독일은 우리와 달리 '다 같이 잘 사는 나라'로 성공했는데, 이는 지도자의 리더십의 차이 때문이라고 얘기한다. 8명의 독일 총리들이 거쳐 간 기간 동안 독일 정치권은 부패가 없고 자유, 정의의 연대와 열정이라는 기본가치를 공유하며 정책을 논의하는 등의 새로운 정치가 있었기에, 그 속에서 독일 통일이 가능했던 것이다. 반면 한국은 아직 온전히 성공한 대통령이 없다는 것이 문제다. 우리도 이제는 독일을 뛰어 넘어 행복한 나라라는 국격國格이 바로 서는 나라를 만들어야 할 때이다.

개인과 사회가 풍요로워지기 위해서는 경제성장에 의한 물질적 풍요로움이 아닌 참된 풍요로움이 필요하다. 각자가 누리는 호젓함이 그것이다. 많은 것, 큰 것보다 사람에게는 평온, 안온이라는 고요함을 갖는 안민사상安民思想, 좀 덜 가져도 되는 안빈낙도安貧樂道가 곧 행복인 것이다. 독일 메르켈 총리의 따뜻한 정치를 엄마Mutti 리더십이라 한다. 주부와 같이 편안함을 느끼도록 하는 엄마 리더십에서 국민들은 안락감을 느낀다. 북유럽 국민의 행복지수가 높은 이유는 복지제도가 아니라 남을 존중하고 사회적 약자를 배려하며 옛 동양의 오랜 전통인 물질보다 소박한 삶, 따뜻한 가정을 중시하는 데 있다. 호세 무히카7 전 우루과이 대통령은 "우리는 발전을 위해 태어난 것이 아니다. 우리는 행복하기 위해 지구에 온 것이다. 인생은 짧고 바로 눈앞에서 사라지고 만다. 정말 빈곤한 사람은 조금만 가진 사람이 아니라 욕망이 끝이 없으며 아무리 많이 소유해도 만족하지 않는 사람"이라 했다. 세종대왕의 여민락與民樂의 뜻은 백성과 더불어 즐긴다는 것이다. 플라톤은 우리가 국가를 건설하는 목적은 한 집단을 특히 행복하게 만드는 것이 아니라 국가 전체를 최대한 행복하게 만드는 것이며, 그런 국가에서는 정의를 발견할 가능성이 높은 반면, 가장 잘 못 경영되는 국가에서는 불의를 발견할 가능성이 가장 높다고 했다.[8] 우리는 한참 늦었지만 국가는 지금이라도 제대로 된 행복정책을 펼쳐 행복배분을 해야 한다. 1890년대 당시 백성들은 동학혁명의 녹두장군 전봉준의 "새야 새야 파랑새야"를 읊조리며 행복의 파랑새를 희구했다.

국제비교통계에[9] 의하면 한국인 10명 중 2명 정도만 정부를 믿는다고 한다. 한국은 정치에 대한 국민의 신뢰도에서 OECD 회원국 중 최저 수준이다. 애석하게도 정치에 대한 불신은 독재시절보다 더 깊어졌으며,[10] 정부의 공약 파기도 부지기수다. 이는 유권자를 만만하게 보는 정치인들의 태도 때문이다. 2014년 통계청의 '한국의 사회동향 2013' 보고서에 따르면 다른 사람에 대한 신뢰, 즉 다른 사람을 믿을 수 있다고 여기는 한국인은 10명 중 2명에 불과한 것으로 나타나 국가적으로 보더라도 신뢰자산이 매우 빈약해져 한국은 불신의 늪에 빠져 있음을 알 수 있다. 비단 정치 영역뿐만 아니라 신뢰집단이 없기는 경제, 문화, 교육, 종교, 언론, 사법 등 사회의 다른 분야도 마찬가지라는 데에 문제의 심각성이 있다. 이처럼 출구가 막힌 불신·불만·불안의 3불 사회환경에서 가장 필요한 것은 신뢰를 줄 수 있는 '지도력'이다. 공자는 제자인 자공이 정치에 관해서 묻자 "훌륭한 정부란 충분한 식량과 무기를 갖추고 백성의 신뢰를 받아야 한다"고 답했다. 또한 무기, 식량, 신뢰 가운데 마지막으로 지킬 것은 신뢰라고 하였으니 실로 교훈적이다.

2014년 베를린의 〈국제투명성기구〉 조사에 따르면, 한국의 부패지수는 대상 국가 174개 중 43위로 34개 OECD 회원국 중에서는 27위였다. 이 정도면 세계기준에 거의 못미치는 수준으로 우리사회의 불의와 불평등, 부정과 부패가 만연되어있음을 여실히 보여준다. 부패는 개인의 부를 목적으로 권력을 남용하는 것이다. 장관 청문회 때마다 사회 최상류층에 속하는 후보자들이 일삼은 위장전입, 병역기피, 부동산 투기 등의 불공정 경쟁에도 불구하고 이런 자들이 선거에서 백전백승하며, 국민들은 권력을 계속 누리려는 정치인의 욕망에 희생되는 제물이 되고 만다. 서민경제는 계속 불황으로 국민은 유리지갑인데 2015년 고위 공직자 재산공개에서[11] 고위공직자 10명 중 7명은 재산이 늘어난 것으로 확인되었다. 행정부, 입법부, 사법부를 통틀어 우리나라 고위공직자 절반이 상위 5퍼센트의 자산가이다. 계속된 불황 속에서 가난한 서민은 갈수록 가난해지고 부유한 고위공직자는 오히려 재산이 날로 늘어난다는 것이다. 최근 국제투명성기구가 발표한 국가청렴도 중 국가별 부패인식지수에 따르면[12] 덴마크가 92점으로 1위로 공공부문이 매우 투명한 것으로 나타났으며, 한국은 55점으로 43위를 기록했다.

한국이 배워야 할 덴마크의 강점은 다음과 같다.[13] "주변 사람들을 얼마나 믿을 수 있습니까"라는 설문에서 EU 국가 중 덴마크의 신뢰도가 6.99로 가장 높은 것으로 나타났다. 개인의 신뢰도도 높을 뿐만 아니라 누구나 정직함을 기본자세로 여긴다. 어릴 때부터 집과 학교에서 가장 먼저 배우는 것이 남을 존중하고 남에게 피해를 줘서는 안 된다는 것이다. 또한 덴마크는 〈포브스〉가[14] 선정한 세계에서 가장 좋은 정부에서도 1위를 차지했다. 덴마크는 핀란드, 뉴질랜드와 더불어 세계에서 부패 수준이 가장 낮다. 부패란 개인의 부를 목적으로 권력을 남용하는 것이다. 2014년 1인당 소득이 5만 6112달러로 세계 8위를 차지한 부자나라 싱가포르의 경우 국민의 73퍼센트가 정부를 신뢰한다. 흔히 정부 주도라면 비효율을 떠올리기 마련인데, 이 나라의 경제 발전은 깨끗할 뿐만 아니라 혁신적이기까지 하며, 이를 공무원이 주도한다. 이들의 행복과 안녕감은 정직과 정의에서 온다. 독일 프랑크푸르트 광장에는 광장의 상징인 정의의 분수가 있다. 한 손에는 칼, 한 손에는 천칭 저울을 들고 있는 정의의 여신인 유스티티아Justitia상으로 영어에서의 정의 justice의 어원이 되었다고 한다. 저울은 치우침이 없는 공정한 정의를 나타내고 이를 어기는 경우 칼로 다스린다는 무서운 조형물이다. 다른 나라에서는 보통 법원 앞에 세워져 있는데 여기는 시청 앞 청사를 향해 있다는 것이 특징이다. 시의 공직자들에게 공정한 판단과 엄격한 행정집행을 요구하는 시민들의 바람을 나타낸 것이리라.

독일 프랑크푸르트 광장의 유스티티아상. 사진 제공: 슬로시티 전주 조영호 팀장

정책은 국민의 **세금**으로 이루어지는 정부의 실천행위이며, 국가는 이 행위를 통해 국가의 존재 이유를 찾는다. 정책의 설정, 집행, 평가에는 합리성이 담보되어야 하는데, 그 이유는 정책의 비합리성으로 인한 모든 피해가 고스란히 국민의 몫이 되

기 때문이다. 국민들이 내는 세금에 대해 떠도는 풍자는 "이 땅에서 태어났더니 … 주민세 / 피땀 흘려 노동했더니 … 갑근세 / 힘들어서 한 대 물었더니 … 담배세 / 퇴근하고 한잔했더니 … 주류세 / 아껴 쓰고 저축하니 … 재산세 / 북한 때문에 불안하니 … 방위세 / 황당하게 술에 왜 붙니 … 교육세 / 화장품에 뜬금없이 왜 붙니 … 농어촌특별세 / 월급 받고 살아보려니 … 소득세 / 장사하려 차 샀더니 … 취득세 / 차 넘버 다니 … 등록세 / 월급쟁이 못해서 회사 차렸더니 … 법인세 / 껌 하나 샀더니 … 소비세 / 집에서 가만히 쉬었더니 … 전기세, 수도세 / 전기만 썼더니 … 누진세 / 배 아파서 똥 좀 누면… 환경세 / 좀 있는 놈들은 … 탈세"란다. 한국조세연구원에 따르면[15] 세금을 꼭 내야 한다고 하는 국민은 40퍼센트뿐이며, 경제적 능력이 높은 사람이 더 많은 세금을 부담하고 있느냐는 질문에 그렇지 않다와 전혀 그렇지 않다가 82.1퍼센트에 달했다.

2014년 미국은 소득의 상위 1퍼센트의 세금이 전체 연방 소득세의 45.7퍼센트를 차지할 정도로[16] 부자증세 정책인 데 반해 한국은 부자감세 정책이다. 이명박 정부의 부자감세액이 연간 약 20조원이었음에도 불구하고 박근혜 정부는 부자감세정책의 기조를 유지하고 있다. 재벌닷컴이 2015년 국내 10대 그룹 92개 상장사의 감사보고서를 분석한 결과, 세전 순이익은 50조 7710억 원으로 전년 대비 8.7퍼센트 늘어났는 데 비해 법인세 납부는 2.8퍼센트 감소하였다. 우리나라는 저출산으로 인해 세수는 줄고 복지비 지출은 늘어나 부채 증가율이 10퍼센트에 육박하고 있으며, 이는 경제성장률의 3배에 달한다. 한국의 조세체계가 소득 불평등 개선에 기여하는 정도는 OECD 회원국 가운데 최하위 수준으로 이는 한국의 조세체계의 소득 재분배 기능이 상당히 낮은 것으로 평가된다는 것을 의미한다. 덴마크는 '투명한 정부'를 갖고 있으며, 국가 전반에 "세금을 뜯긴다"는 생각보다 "내가 낸 만큼 돌려받는다"는 믿음이 뿌리내려 있다. 즉, 세계에서 공무원과 정치인이 제일 깨끗한 나라라는 뜻이다. 덴마크는 소득세 60퍼센트, 자동차세 170퍼센트, 부가가치세 25퍼센트로 세금부담률이 48퍼센트나 되지만,17 대부분의 국민들은 많은 세금을 기꺼이 부담하고 복지국가에 대한 애착이 크다. 모두가 나눔에 함께 참여하면서 행복을 느끼며, 그들의 공동체 의식은 덴마크 문화와 정신의 중요한 가치다. 네덜란드는 창의적인 농업과 무역으로 1인당 국민 총생산이 5만 2천 249달러(IMF, 2014)나 되지만 직장인의 월급은 그다지 많지 않으며, 수입의 거의 절반을 세금으로 납부한다.

독일 마인츠州都의 금속기술자 요하네스 구텐베르크가 금속활자를 발명하여 180권의 성경을 인쇄한 덕분에(1450년) 마틴 루터와 칼뱅의 종교개혁이 성공했으며, 이는 중세 사회의 붕괴를 가져왔다. 반면, 고려에서 「직지심체요절」이 금속활자로 인쇄된 것은 이보다 73년이 앞선 1377년으로 고려의 인쇄술을 이어받은 조선의 금속활자는 중세 체제의 붕괴가 아닌 중세 체제의 고착화에 기여했다. 그 이유는 국가가 활자서 출판에 이르기까지 금속활자를 독점하고 고위관료에게까지만 서적이 배포되었으며, 도서관 출입도 허락된 사람만 가능했기 때문이다. 금속활자가 지식대중화를 이끈 서유럽과는 달리 조선에서는 지배체제를 굳히는 도구로만 이용되어 세상을 바꾸지는 못했던 것이다. 이러한 활자에 대한 국가 독점은 중국, 일본에서도 찾아보기 힘든 조선만의 특징이다. 직지 하권 39쪽을 보면 스님 백운화상이 원나라 곳곳을 돌아다니며 부처님 말씀을 채록해 고려로 돌아와 이를 널리 알리려 금속활자를 만들었다고 한다. 이 행동의 궁극적인 뜻은 어떤 정보라도 모두가 공유할 수 있도록 하고자 하는 평등이었다. 세계 최초의 금속활자로 찍은 직지심체요절의 상하권 인쇄본이 상당수 찍었을 텐데 정작 우리나라에는 단 한권도 남아 있지 않으며, 프랑스 국립도서관에 하권 한 권만이 보관되어 있다. 그때나 지금이나 관료체제나 지도자의 리더십의 차이가 이러한 엄청난 격차를 만들어 낸 것이다.

우리의 성장동력은 OECD 31개국 회원국 가운데 13위로 중위권이나 사회통합은 24위, 환경은 25위로 하위권이다. 특히 사회통합의 경우 관용과 안전 부문이 취약한데, 타인에 대한 관용 태도, 외국인 비율 등 관용부문 지표가 31위로 최하위이다. 남에 대한 배려가 부족하고 위험을 느끼는 사회에서 주머니에 돈만 들어온다고 과연 우리는 행복할 수 있을까. 아니 칼리버그 미국 노스캐롤라이나대 교수는 행복한 사회의 조건으로 첫째, 불평등을 줄일 것 둘째, 삶의 질을 높일 것 셋째, 안전성을 보장할 것을 내세웠다. 우리 모두 삼풍백화점 붕괴사고와 성수대교 붕괴사로를 생생하게 기억하고 있을 것이다. 최근의 세월호 침몰사고는 대표적인 정부 실패사례이다. 세계적으로 한국의 명예를 실추시킨 메르스 발병에 대한 정부의 대응은 주먹구구식이었고 역학조사마저도 엉터리였다. 보건당국은 사전예방의 원칙을 무시하였다. 감염병이 발생했을 경우 24시간 이내에 전 세계로 확산된다. 이 또한 글로벌이다. 한반도의 지구온난화 정도가 극심하다 보니 각종 바이러스의 침습에서 자유롭지가 못하다. 우리나라 국가 및 국민 **안전**의 최대 쟁점은 남북한 관계로 이보다 중요한 것은 없다. 한반도의 전장화戰場化 방지와 중·미 갈등이 앞으로 한반도의 전장화로 이어지지 않도록 남북관계의 개선이 매우 시급하다. 65년 전 발생한 한국 전쟁은[18] 521만 명의 인명피해를 낳았으며, 당시 남북한 인구 3천만 명의 절반이 훌쩍 넘는 1,900여만 명이 전쟁 피해를 입었다. 지금은 남북한의 파괴력이 6.25 전쟁 당시의 250배가 더 된다고 한다. 몸의 중심은 뇌나 심장이 아니다. 아픈 곳이다. 산업화로 생태계가 신음하고 분단으로 사람들의 신음과 탄식 소리가 그치지 않고 있다. 한반도의 한 형제끼리 가시철조망을 사이에 두고 70년 세월 동안 떨어져 살며 분단의 현장에서 대립하고 있다. 남한의 국방과 안보는 미국에 종속되어 있으니 그야말로 노예제도 아래에 놓여 있다고 할 수 밖에 없다. 동독 출신의 메르켈 총리는 한반도 통일 과정에서 가장 필요한 것에 대해 "전혀 다른 삶을 살아온 사람들을 열린 마음으로 대하고 그 사람들이 하는 이야기에 귀를 기울이라"고 충고했다. 통일은 혼자 하는 게 아닌데도 불구하고 오만하기 그지없는 통일대

소금처럼 스며드는 관용과 화해의 간디의 소금행진

박론과 힘으로 상대를 제압하려던 이른바 5자회담으로 인해 현 정부에 대한 불신은 더욱 깊어졌다.

사드 배치니 뭐니 해도 무기로 전쟁을 끝내지는 못한다. 만약 북한 사람들이 외부와의 교류를 지속한다면 한 5년 후의 북한은 매우 달라져 있을 것이다. 재미동포 북한전문가인 박한식 교수는 "이념에 동의하지 못하더라도 서로 다름을 인정하고 포용해야 한다"고 얘기한다. 우리가 꾸준히 인내를 갖고 먼저 배려하고 이질성을 존중한다면 마음의 문이 열릴 것이다. 동시에 남북 모두에 득이 되는 독도 지키기에 공동 대응하기, 북한의 유기농 사업을 남한이 지원하는 등의 공동 프로젝트를 시작하는 것이다. 지금 한국의 국내외적 환경을 감안한다면[19] 저성장의 탈출구는 북한이며, 중국의 추격을 따돌릴 수 있는 것도 북한과의 경제협력이 최상의 방도가 될 것이다. 남북은 이미 개성공단이라는 놀라운 성공 사례를 이룩했으나 근래 이마저도 폐쇄되고 말았다. 영국의 식민지였던 인도의 독립은 소금 덕분이다.[20] "소금을 지니고 서로 화목하라"[21]는 성경 말씀대로 어촌마을인 단디까지 장장 360킬로미터를 맨발로 걸었던 간디의 비폭력적 소금행진Dandi Salt March이 독립의 기폭제로 작용했던 것이다. 소금처럼 녹아 스며들어 힌두이즘의 영성에 기초한 아힘사, 즉 관용과 화해의 윤리가 위기의 공동체를 살려낸 것이다. 통일統一에서 상호교류와 소통이 통일通一로 나아가는 소금처럼 스며들면 적대감을 녹일 수 있을 것이다.

전 세계에서 손꼽히는 **원자력발전소**핵발전소 밀집국가는 한국과 일본이다. 2011년 일본의 후쿠시마의 핵발전소 사고와 26년 전 러시아의 체르노빌 사고로 인해 아직까지도 엄청난 후유증을 앓고 있어 이를 반면교사 삼아야 한다. 핵무기nuclear power 와 핵발전소nuclear power plant는 군사와 경제를 위해 가공할 권력과 폭력적인 힘을 휘두르고 있다. 한국은 고의적으로 핵발전이란 말 대신 원자력 발전이란 용어를 사용하여 대중의 관심을 흐리게 하고 있다. 핵발전은 천재지변이 없는 조건, 인간의 사소한 실수가 없다는 전제조건에서 가동되는 고위험임에도 이에 대해 정부도, 언론도, 지식인들도 문제가 없다고만 한다. 이건 분명 파우스트의 거래Faustian Bargain, 즉 악마와 영혼의 거래보다 더 참담한 죽음의 거래다. 핵물질 10그램만으로 도시 하나를 초토화시킬 수 있다. 해결책은 핵발전을 하지 않는, 원전 없는 세상이다. 현재 한국의 에너지 공급원은 원자력이 30~40 퍼센트이고 햇빛과 바람 등 자연재생에너지는 지극히 낮은 1.3 퍼센트에 불과하다. 전 세계적으로 원자력 의존도가 겨우 2퍼센트인 것을 감안하면 한국은 매우 높은 편이다. 메르켈 독일 총리는 "후쿠시마 사고가 지금까지의 내 생각을 바꾸었습니다. 우리에게 안전보다 더 중요한 가치는 없습니다"고 얘기하며 2020년까지 독일의 모든 원전을 단계적으로 폐쇄하는 '탈원전 선언'을 공표했다. 2050년까지 에너지 소비량의 50퍼센트를 재생에너지로 충당하겠다는 목표로 지역주민이 함께 출자하는 조합형식의 '시민발전소' 설치 계획을 핵심으로 하고 있다. 최근 방한한 독일의 하리레만 환경청장에 따르면 독일은 원전 8개 폐쇄 뒤에도 전력수급에 아무 문제가 없다고 한다. 후손들의 미래를 위해서는 원전 핵무기는 없애야 한다. 인류의 마지막 식량보고인 바다를 지키는 궁극적인 방법은 원전을 중단하는 것이다. 우리가 즐겨 먹는 맛있는 참치도 수은 중독의 위험에 처해있다. 남한의 좁은 땅에 21기의 원전이 가동되고 있으며, 곧 2기가 추가 가동될 예정이다. 지금까지 핵발전을 통한 전기의 풍요라는[22] '단맛'을 보았다면 이제부터 우리는 핵발전소의 폐쇄와 핵폐기물 처리라는 '쓴맛'을 봐야할 시기를 맞고 있다. 탐욕과 소비주의에 기초한 핵문명에서 해방하여 우리는 이제라도 안전하게 살 권리를 찾아야 한다. 핵과 평화는 양립할 수 없다.

볕 빽빽한 마을密陽, 밀양에 신고리─북경남 간 765KV(원전 3호기)

LET THERE BE NIGHT

TESTIMONY ON BEHALF OF THE DARK

EDITED BY PAUL BOGARD

밤이 있게 하라
지금은 불을 켜기보다
어둠을 켜야 할 때임

송전선로 건설 강행으로 주민 2명이 자살하기에 이르렀고 이
는 인간의 기본적인 권리와 후손들의 안전을 전혀 생각하지 않
는 몰염치한 처사다. 원전은 배수구 없는 화장실을 아파트 안
에 안고 사는 것과 같다. 아직까지 핵폐기물을 완벽하게 처리
할 수 있는 기술은 전 세계 어디에도 없다. 대도시 주민들은 겨
울에도 반소매, 반바지를 입을 정도로 핵발전소에서 생산된 전
기를 흥청망청 쓰고 있다. 1인당 전력 소비량을 최소화하고, 밤
에는 불을 끄고 잠을 자야 한다. 전기에너지 의존도가 커지면
결국 핵발전소의 길을 가야 한다. 또한 우리나라는 석유소비가
세계 8위이다. 우리나라가 국가 예산의 3분의 1을 원유수입에
쓸 만큼 기름으로 중독된 사람들이다. 이제는 불을 켜는 게 아니
고 어둠을 켜야 할 때이다. 세월호 참사를 지켜보면서 국민들은
인간의 존엄성이 존중되고 모든 사람의 안전이 보장되는 나라
에 대한 믿음과 신뢰에 다시 한 번 깊은 회의를 품게 되었다. 세
월호 사고로 인해 꽃다운 젊은 304명의 생명들이 탄 배가 물에
잠기기까지 2시간 동안 시간이 있었는데도 한 생명도 구해내지
못한 실로 무능한 어이없는 대책이었다. 세계적으로 일정 수준
이상의 핵무기를 보유하거나 원자력 발전소가 있는 나라 중 최
소 20개국 이상이 사이버 공격 위협에 완전 무방비 상태에 놓여
있다고 한다.23 북한의 사이버 공격 또한 우려하지 않을 수 없다.

독과점 기업의 약탈적 관행, 늘어만 가는 비정규직 노동자,
비인간적인 입시제도, 세계 최고의 사교육비, 치솟는 주거비
등 국민의 안녕과는 거리가 먼 국민행복시대에 우리는 살고 있

다. 우리나라에서 안전사고가 많이 발생하는 이유는 프로젝트 수행을 외주를 주거나 경비를 줄이기 위해 비정규직을 고용하거나 또 뭐든지 빨리 하려고 하기 때문이다. 안전에 대한 경비를 쓰지 않으니 사고가 날 수 밖에 없다. 안전보다 돈을 택한 것이다. 선진국 국민들은 기본적으로 사회의 안전과 안심安心을 누리기를 바란다. 최근 필자는 이탈리아, 스위스, 독일 3개국을 관광버스로 횡단했는데 운전기사가 타코미터회전속도계 기록에 근거하여 정확히 2시간마다 휴식을 취하고 야간운전을 금하는 안전수칙을 철저히 준수하는 것을 보니 유럽의 수준 높은 안전의식을 절감할 수 있었다. 페라가모Salvatore Ferragamo는 오드리 헵번에게 자사 구두를 신기고 오드리 헵번 이야기와 브랜드를 연계시켜 최고의 브랜드가 될 수 있었다. 가냘프지만 키가 크고 유독 발이 컸던 오드리 헵번을 위해 페라가모가 그녀의 발에 잘 맞게 제작한 굽이 낮은 세련된 플랫슈즈는 헵번 슈즈로 불리며 대히트를 쳤다. 페라가모는 지금도 이탈리아 장인 정신을 그대로 이어가며 대부분의 구두를 수작업으로 제작하여 세상에 하나뿐인 나만의 구두를 만든다. 페라가모의 철학은 "디자인은 흉내 낼 수 있어도 그 편안함은 모방할 수 없다"이다. 분명 안전과 편안함은 인류의 구원의 목표이리라.

독일은 사회정책과 시장경제가 조화를 이루는 경제질서로 분배의 정의가 구현되고 있다.24 독일 국민들이 총수입의 19퍼센트를 세금으로, 21퍼센트를 사회보험료로 납부하기 때문에 사회안전망이 튼튼하고 노후가 보장되어 있다. 덕분에 독일 국민들은 세계에서 가장 여행을 많이 하는 국민으로 꼽힐 정도로 매년 길고 긴 휴가를 느긋하게 즐길 수 있다. 2015년 2월 국민안전처 조달청 자료에 따르면 소방관의 생명줄인 특수방화복 5,300벌이 짝퉁인 것으로 판명되었다. 성능검사조차 받지 않은 채 납품된 방화복이 전국 소방관들에게 지급되었던 것이다. 의심이 안심이란 광고 문구가 있을 정도로 사회 불신이 공공연히 조장되고 있다. 공공기관이 국민을 편안하지 않게, 즉 미안未安하게 만들고 있다.

현 정부는 3년 내 잠재 성장률 4퍼센트, 소득 4만 달러, 고용률 70퍼센트의 고성장을 목표로 하고 있다. 2012년 배당소득과 이자소득 100분위 자료에 따르면[25] 우리나라는 아이러니컬하게도 소득 분배 차원에서 상위 1퍼센트8만 8,254명가 배당소득의 72퍼센트8조 1,720억 원를 가져가 부의 쏠림현상이 뚜렷하다. 이렇듯 **경제성장**이 재벌기업과 소수 부유층 중심의 성장노선일 때 '그놈의 경제타령'으로 비아냥거림을 받게 된다. 세상은 급진주의자들이 넘쳐나며 우리나라에는 아직까지 광신적인 성장주의자들과 발전주의자들이 많다. 이러한 경제성장이 계속된다면 우리는 성장과 속도라는 유령과 싸워야 한다. 우리 삶의 거의 전 분야가 경제 논리에 종속되어 총체적으로 빨라졌다. 도시 뿐만 아니라 농촌, 국회, 병원, 심지어 대학도 더 속도를 내야하고 더 효율적으로 바뀌도록 강요받고 있다. 자본주의를 숭앙하는 자본가, 경제학자, 성직자 등에 의해 경제성장의 정당화가 전 영역을 지배하고 있다. 거슬러 올라가면, 특히 청교도적인 노동관이 대두되면서 노동은 천국, 게으름은 지옥이라는 논리가 생겨났다. "손이 놀고 있으면 악마가 일거리를 쥐어 준다."26 신이 그것을 바라신다고 하나님의 뜻을 왜곡시켰다. 여기에 독일의 사회학자 막스 베버의 「프로테스탄트 윤리와 자본주의 정신」1920에서도 프로테스탄트 금욕주의는 지속적인 직업노동을 요구한다고 옹호했다.

경제성장 지상주의가 팽배한 잘못된 사회에서 올바른 삶을 기대하기란 어려운 일이다. 우리나라는 반세기 이상 경제성장 논리로 일관한 나머지 인간의 영혼soul, 땅soil, 인간society의 천·지·인天地人, 즉 3S를 희생시키고 만물의 조화로운 관계가 깨져 시간, 돈, 스트레스의 노예가 되어 아름다움을 다 놓치고 말았다. 우리는 고도의 경제성장의 뒤안길에서 너무나 많은 중요한 것을 잃어버린 것이다. OECD 34개 회원국 중 두 번째로 긴 시간 동안 일하지만 소득격차, 빈부격차는 날로 커져가고, 동물사료를 제외한 사람이 먹는 곡물의 자급률은 22퍼센트 대에 불과해서 다가올 식량위기에 취약하며, 게다가 산재 사망률 1위, 자살률 1위, 출산율 꼴찌, 재생가능에너지 최하위, 원전 밀집도 1위, 온실가스배출 7위, 국민행복지수 33위 등 대한민국은 엄청난 경제성장 중독증의 폐해에 시달리고 있다. 개똥 경제학Mockery of Economics인 셈이다. 이 같은 사람 잡는 경제성장과 맹목적인 경제성장의 무조건적 전진(국민총생산GNP＝국민오염총생산)●은

● 심층생태학 이론가 아르네 네스의 방정식

마치 침몰하는 타이타닉호의 운명과 같을 수 있다. 최근 들어 성장이 우리를 행복하게 만들지도 않으며, 환경적으로도 큰 재앙을 불어옴에 성장이라는 불도저에 저항하는 바람이 불고 있다. 이제 우리는 피해갈 때가 되었다.

오늘날에는 '빠름＋경쟁＋돈＝인간성 상실'이란 등식이 성립하며 싸이는 자신의 노래 '강남스타일'의 말춤을 통해 자본주의의 비인간성을 풍자한 적이 있다. 서울 압구정동의 한 부촌 아파트에서 음식물 던지기 등 주민들로부터 동물과 같은 대접을 받으며 잔심부름과 언어폭력에 시달리다 못해 결국 경비원이 분신자살하고 20대 젊은이가 50대 경비원이 기분 나쁘게 쳐다본다는 이유로 폭행해서 코뼈가 부러진 사건이 일어나기도 했다. 이는 물질적 풍요가 가난만큼이나 정신을 피폐하게 만든 부조리의 단면이다. 프란치스코 교황은 물질주의의 유혹과 무한경쟁의 사조에 맞서 싸워야 하며, 새로운 형태의 가난을 만들어 내고 노동자를 소외시키는 비인간적인 경제모델을 거부하라고 촉구하였다. 정부는 세계적인 경기둔화 추세에도 불구하고 성장친화적으로 일관하여 재정 지출만 늘리는 바람에 국가부채가 빠른 속도로 늘어나고 있으며, 가계와 기업의 부채도 증가하고 있다. 경제성장은 목적이 아닌 인간행복을 위한 한낱 수단에 불과하므로 한국의 슬로시티는 고용 없는 성장시대에 대비하여 100년 후의 마을을 생각하는 백년지대계百年之大計를 디자인하고 있다. 경제성장을 최대화한다고 해서 다수에게 최대행복이 돌아가는 것이 아니라면 "성장이 무엇인가?"란 질문

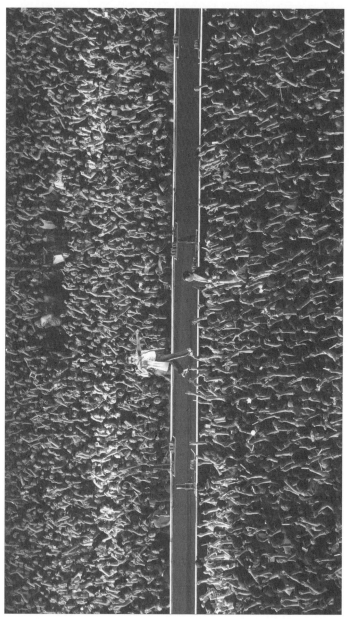

강남의 자본주의를 풍자한 싸이의 노래 '강남스타일'. 출처: blog.donga.com

174 한국 행복에 빠지다

이 나올 수 있다.27 지난 50년간 사람들은 끊임없이 소득이 늘기를 원했으며, 마침내 이루었다. 그러나 행복은 되레 후퇴하였으며, 행복하지 않은 청소년이 상상을 초월할 정도로 많아졌다. 이는 우선순위를 잘 못 둔 탓이다. 바야흐로 21세기형 시장·군수의 미션은 정치·경제가 아닌 주민이 편하고 행복하게 살 수 있는 질서를 이룩해야 하는 것이 세계적인 추세이다.

맹자가 정치에서 가장 중요하게 여긴 것은 경제 문제였다.28 그는 경제수준에 따른 민심을 세 가지로 파악했다. 첫째, 하루종일 일해도 끼니를 잇기 어려우면 이래 죽으나 저래 죽으나 같으니 이놈의 세상 확 뒤집혀 버려라 하는 심리가 팽배해져 혁명을 원하게 된다. 둘째, 끼니는 이을 수 있어 배고픔은 면했으나 부익부 빈익빈이 심하면 내우가 끊이지 않는다. 셋째, 부가 골고루 분배되면 사회가 화평해진다. 경제를 물과 같이 보고 물길을 골고루 공급하는 것인데, 경제의 흐름, 즉 돈의 흐름이 한쪽으로 치우치지 않도록 하는 것이 경제의 핵심이다. 그러나 공산주의처럼 절대 평등을 주장한 것은 아니고 개인의 노력과 자질에 따른 상대적인 부를 인정하였다. 그는 또한 정치의 두 축은 경제와 의식이며, 이는 수레의 두 바퀴와 같다고 얘기했다.29 의식이 수반되지 않는 경제적 부흥은 무질서와 향락의 사치풍조가 조장되어 부정부패와 혼란으로 사회가 쇠퇴하게 된다는 것이다. 한국이 관심을 갖는 독일 경제모델의 핵심은 **경제민주주의**이다. 대기업의 일부 임원들은 말도 안 되는 지나치게 높은 임금을 받는 반면, 많은 사람들은 최저임금의 임금불평등에 고통 받고 있다는 불편한 진실은 그야말로 심각한 일이다. 따라서 기업과 노동조합은 임금협상을 통해 근로자들의 임금이 차지하는 몫을 키워야 하는데 이것이 바로 경제민주주의의 핵심이다. 신자유주의자들은 성장과 분배가 상충된다고 주장하지만 분배가 균등할수록 경제성장도 더 건강해지고 질적인 성장이 안정적으로 이루어진다. 경제는 경세제민經世濟民의 준말로 세상을 다스리고 백성을 구제한다는 의미이니 이게 경제민주주의이고 동반성장이다. economy경제와 ecology생태는 같은 어간eco이므로 백성을 구제하는 것, 즉 생명, 생태를 살리는 것이 진짜 경제이다.

미국 CIA가 발간하는 「World Factbook」에 의하면 2013년 한국의 1인당 국민소득은 구매력 기준으로 3만 3,200달러. 우리는 지난 반세기 경제성장으로 이룩한 소득에 자부심도 있고 성장의 중요성도 알긴 하지만 이제는 성장 중심의 가치관에서 성숙 중심의 가치관으로 전환해야 행복에 가까이 갈 수 있을 것이다. 비근한 예로 "무엇이 행복입니까?"라는 질문에 우리가 실감할 수 있는 가장 중요한 기준은 '시간'일 것이다. 하루 24시간 중 8시간 일하고 8시간 잠자고 나머지 8시간은 자유롭게 사용할 수 있는 자유재량적 통제권을 확보해야 한다. '저녁이 있는 삶'의 조용하고 편안하고 안온安穩한 시간을 누려야 하는 것이다. 단순한 경제 성과만을 볼 때가 아니다.

소득과 행복은 상관관계에 있다는 주장이 있긴 하나 인과관계는 아니란 게 기존 정설이다. 영국의 리처드 레이어드 런던 정경대학 교수는 "소득이 일정 수준을 넘어서게 되면 소득이 늘어나는 만큼 행복해지는 게 아니다"라고 주장한다. 행복학의 대가인 오스트리아 출신 철학자 리처드 이스털린과 에드 디너 일리노이대 교수도 이와 같은 연구결과를 발표했다. 메르켈 독일 총리의 '행복 독트린'에서도 돈＝행복이란 등식이 꼭 성립되지 않는다고 했다. 부탄은 세계에서 유일하게 경제성장보다 국민의 행복에 우위를 두고 국민총행복Gross National Happiness, GNH 향상을 국가목표로 선포하여 유명해진 나라다. 현대인이 행복과 불행을 느끼는 정서상태는 경제구조와 밀접하게 관련되어 있다. 그래서 이를 풍자하여 경제학의 세계에서 '행복'을 말하는 것은 무례한 일이라는 유머까지 생겨났다.

성장이 없으면 행복이 없고 국가도 부도난다고 한다. 세계적 경제위기에 정부는 경기부양을 통해 성장률 수치를 높이고자 뉴타운개발과 부동산거래를 촉구하고 국내총생산 및 수출 증가를 국가의 지상 목표로 삼고 있다. 이건 경제원로인 조순 교수의 지적대로 정치 지도자의 치국治國의 원리인 치도治道가 빈약한 것이다. 경제성장은 우리들을 물질적으로 풍요롭게 하는 동시에 인간적으로는 매우 가난하게 만든다. 이러한 경제성장의 폐해는 우리나라에서 여실히 입증되었다. 지난 60여 년간 우리의 고도의 경제성장은 빚leverage이란 지렛대로 부풀려졌다. 빌린 돈은 투기에 동원되고 호재의 대상인 아파트, 땅, 증권 등으로 돈이 쏠렸다. 비정상적 거품성장의 주범인 금융업계는 경기부양책인양 돈을 마구 찍어 냈고 우리는 주름을 은폐할 뿐인 임시방편의 보톡스에보톡스 경제 놀아났다. 재화와 용역에 대한 교환가치인 돈이 본래의 목적을 잃고 돈이 돈을 낳는 투기에 동원되었다. 그렇다면 거품과 낭비가 빠져나간 지금의 저성장과 고실업 상황이 오히려 노멀정상이 아닐까? 절제와 검약의 삶으로 간다고 해서 과연 우리의 삶의 질이 떨어질까?

성장이 잘 못인 것이 아니다. 다만 양적 성장뿐만 아니라 질적 성장을 먼저 생각해야 한다는 사고논리가 우선되어야 세계가 지속가능하다. 탈성장décroissance 또는 역성장degrowth 사상의 선구자 이반 일리치는[30] "의료는 인간을 병들게 하고 학교는 인간을 무지하게 만들며 경제성장과 경제발전은 인간을 가난하게 한다"고 얘기했다. 현재 유럽 전역에서는 경제성장에 의존하지 않는 '진정한 풍요'를 요구하는 탈성장형 라이프스타일의 실천이 확산되고 있다. 토마스 아퀴나스와 아리스토텔레스의 유산이 지켜지며,[31] 미국 경제사학자 리처드 이스털린이 주장한 이스털린의 역설소득이 일정 수준을 넘어서면 소득 증대가 행복에 영향을 미치지 않음에 눈을 떴다. 경제학자 안토니오 제노베시는 "다른 사람의 행복 없이 우리의 행복은 없다. 이것은 우주의 법칙이다"라고 얘기했다. 탈성장의 길은 성장사회가 만들어낸 퇴폐와 박탈에서 벗어나 인간다움을 찾고 협동과 공생의 가치를 복원하여 품위 있는 사회를 재구축하는 것이다. 또한 경제성장이라는 종교, 경제 제국주의로부터의 탈출을 의미한다. 경제는 자전거와 같아서 계속 달리지 않으면성장하지 않으면 쓰러진다. 이 같은 사고방식에 젖어 있는 우리나라의 상황에서 탈성장을 주창하는 것은 어마어마한 도전이다. 하지만 이제는 오래갈 미래를 위해 무성장, 저성장에 익숙해져야 한다. 왜냐하면 이 길이 국민행복에 기여하는 참 영혼의 길이기 때문이다.

보다 본질적인 해결책은 성장 피로 증후군에 젖은 글로벌 경제에서 이탈하여 지역사회의 자립과 성장보다 깊이를 시도하는 지역경제가 필요하다. 칼 융학파도 성장보다 깊이를 중시하였다. 땅 위의 나무는 아름답다. 잎도 있고, 꽃도 피고, 새가 둥지도 튼다. 그런데 땅속은 캄캄하다. 벌레도 많고, 바위투성이에 공기도 희박하다. 그래도 뿌리는 아래로 내려가야 한다. 뿌리로 내려간 만큼 위도 자란다. 그래야 나무가 건강해진다. 지역사회를 건강하게 하는 사업 중의 하나가 국제슬로시티 운동이다. 경제적 성공은 언제나 생산규모를 나타내는 국내총생산GNP으로 정의되었으며, 더 많이 생산할수록 더 좋다고 여겨졌다. 그러나 이제는 덜 생산하는 것이 인류가 잠시라도 더 오랫동안 이 지구 위에 머물 수 있는 잘 사는 길이라는 환경적 사고방식이 주류를 이루고 있다. 작은 경제, 작은 기업, 작은 마을, 작은 농장 등이 필요하다.32 글로벌 경제는 소비자와 생산자를 자꾸만 멀리 동떨어지게 하고 더 많은 세계 인구를 도시에 집중시키지만 지역화는 비용이 적게 들고 재생 불가능한 에너지의 소비가 줄어들며 지역의 고용이 증대된다. 슬로시티는 진정한 의미에서 밝은 이야기이다. 행복하려면 자존감도 필요하며 전통계승도 행복의 밑거름이 된다. 자신들이 속한 지역

달팽이 지혜와 탈성장

의 어른들로부터 문화적인 가치관이나 삶의 지혜를 배워 성장
해가는 것이 전통이다. 20세기가 국가의 시대라면 21세기는 도
시의 시대라고 한다. 지역경제는 의존이 아닌 자립으로 가되
세계로 나아가는 길도 지역이 기초가 되는 지방의 세계화, 즉
세방화世方化, glocalization를 지향해야 한다. 한국경제가 글로벌경
제를 지향하지만 슬로시티는 작은 경제와 공동체 복원에 역점
을 두고 행복지수를 중점으로 수도권과 승부할 것을 주문한다.

　슬로시티가 표방하는 슬로건은 천천찬찬, 즉 "slowly but
surely천천히 찬찬히"에 발맞춰 천천히 제대로 안전하게 오래갈 미
래로서 슬로노믹스slow+economics, 지속가능한 느린 경제를 제안한다.33
행복 경제학에서 중심적인 역할을 하는 것은 인간관계에 근거한
재화이다. 근대 이전의 유럽에서 공동선共同善은 뺄셈의 논리덧셈이
아닌 비움의 정신에 기초를 두었다. 자신이 소유하는 무언가사적 이익

를 포기하고 잃을 각오가 되어 있는 경우에만 '우리의 것'共同善을 구축할 수 있었던 것이다.[34] 슬로시티의 상징마크인 달팽이에 대한 세르주 라투슈의 비유는 실로 절묘하다.[35] 달팽이는 섬세한 구조의 껍질을 겹겹의 소용돌이나선형 모양으로 키우고 나면 껍질 만들기 활동을 갑자기 '중지하거나 줄여'간다. 소용돌이를 한 번 더 거치게 되면 껍질 크기가 16배나 늘어나 버려 안정된 생활은커녕 무게의 부담이 엄청나다. 그때부터 증가된 생산성은 모두 껍질의 확대에서 오는 어려움을 극복하는 일에 쓰이고 마는 결과가 나타난다니 이야말로 탈성장사회에 대해 시사하는 바가 크다.

2014년 8월 현재 비정규직 근로자는 607만 7천명으로 전년도에 비해 2.2퍼센트나 증가했다. 임금근로자의 절반 이상을 차지하는 비정규직 600만 명이 현대판 천민으로 강등되어 집중적으로 착취되고 있는 것이다. 얼마 전까지 장안의 화제였던 비정규직, 저학력 직장인의 애환을 다룬 드라마 〈미생〉은 회사는 전쟁터지만 밖은 지옥이라고 얘기한다. 공자도 사마천도 세상이 평平의 세상이 돼야 하는데 아니기에 울음을 운다고 했다. 이는 개인을 위해 우는 작은 울음이 아닌 천하를 위해 우는 큰 울음인 것이다.[36] 2014년에 120주년을 맞은 동학농민혁명은 인류사의 유례없는 혁명으로 이를 실패한 사건으로 보는 것은 잘못이다. 사람이 곧 하늘이라는 가르침을 확립한 동학의 시천주侍天主 사상은 양반과 노비라는 기존의 신분질서를 뿌리서부터 뒤흔든 사건이었다. 한국 경제는 지난 반세기 동안 급성장했다. 인구 5천만 명이 넘는 나라 중에서 1인당 소득이 우리보다 높은 나라는 미국, 일본, 독일, 영국, 프랑스, 이탈리아뿐이지만 걱정이 더 되는 이유는 소득 분배의 불평등 악화와 경제력 집중도의 심화 때문이다. 10년 전만 해도 국내총생산GDP의 40퍼센트를 차지했던 삼성, 현대자동차, LG, SK 4대 그룹의 1년 매출이 현재는 60퍼센트에 이른다. 2016년 미국 대통령 선거에서 민주당의 대선 예비후보인 버니 샌더스 상원의원은 "미국의 상위계층 1퍼센트 때문에 99퍼센트의 마음이 상해있다. 그는 강한 국가는 소수의 사람들이 아니라 국민 모두를 위해 일해야 한다"는 유세로 돌풍을 일으키고 있다. OECD는 경제성장의 최대 걸림돌로 소득불평등을 지목했다. 1980년대에는 소득 상위 10퍼센트가 소득 하위 10퍼센트보다 7배 더 많은 소득을 가졌으나 2014년에는 9.5배로 증가했다. 재닛 옐런 미국 연방준비제도이사회Fed 의장은 미국의 소득 및 부의 **불평등**이 100년 만에 가장 높은 수준에 근접하여 심각한 수준이라고 말한다. 미국의 백인과 흑인 간 경제적 불평등은 폭력 시위를 부채질하고 있다. 「21세기 자본」의 저자 토마스 피케티 파리경제대학 교수 역시 미래에는 점점 더 불평등하게 분배될 것이라 예견하고 있다.[37]

이상과 같이 지금의 지구촌은 온통 저성장과 양극화로 홍역을 앓고 있다. 그 가운데 독일이 세계에서 잘 나가고 있는 것은 노동시장 개혁, 즉 민주적인 방법으로 노동시장을 보다 유연하게 고쳤기 때문이다. 고통스러운 경제개혁을 이룰 수 있었던 것은 정부에 대한 국민의 신뢰가 뒷받침했기 때문이다. 많은 사람들이 경제성장의 폐해를 지적하며 다양한 성장이 필요하다는 생각을 공유하고 있지만 여의치가 않다. 그래서 빌 게이츠는 "세상은 불공평하니 익숙해져라"World is not fair, but get used it는 선문답을 하기도 했다. 성경에서는 자신에게는 관대하고 남에게만 엄격한 것만큼 공정치 못한 일은 없다고 했다. 예수께서는 "너희는 이 작은 이들 가운데 하나라도 업신여기지 않도록 주의하여라"38고 말씀하시며 서열이 아닌 평등사회를 지향하셨으며, 석가모니도 당시 인도의 계급사회를 철폐하기 위해 출가했었다. 일본의 할머니 시인 시바다 도요는 "햇살과 산들바람은 한쪽 편만 들지 않아"라며 자연의 공평함을 읊었다. 경제성장이 일어나지 않는 성장사회만큼 최악인 것은 없다는 말이 지배적이었지만 이제 그런 파티는 끝났다. 무엇보다도 파이를 키워서는 안 된다. 갈등과 빈곤을 피할 유일한 가능성은 공정한 방법으로 파이를 나누는 길 뿐이다. 역사에는 시대의 흐름이 있다. 이제 돈과 권력이 아닌 평등이란 가치를 추구해야 인간은 행복해질 것이다. 만약 진정 행복을 원한다면 말이다.

세계 각국은 어떻게 하면 저성장과 불평등의 악순환 고리를 끊고 질적인 성장을 하고 사회가 조화롭게 발전할 수 있을지에 대해 성장의 과실을 함께 나누고 협력하고 공유하는 포용성장inclusive growth을 새로운 패러다임으로 제시하고 있다.39 대기업은 이미 다국적기업이다. 국내에 부가가치를 떨어뜨릴 중견·중소기업의 비중을 획기적으로 높여야 하는 이유는 중소기업의 혁신 없이 선진국이 된 나라가 없기 때문이다. 독일은 대기업, 중견기업, 중소기업의 비율이 3:3:3인데 반해, 우리나라는 대기업 비중만 70퍼센트이다. 재벌에서 독립된 기업을 중심으로 중소기업으로 성장할 수 있는 **히든 챔피언**작지만 세계를 제패하는 우량기업을 키워내야 한다. 세계 경제 상황은 계속해서 좋지 않을 전망인데다 일본은 독보적인 원천기술을 바탕으로 먹을거리를 확보하고 있다. 우리가 중국과 차별화되기 위해 융합으로 나아가야 하는 상황에서 국내의 기업 생태계의 취약성 때문에 히든 챔피언이 '**힘든 챔피언**'으로 남게 되면 오히려 위기를 맞게 될 것이다.

한국은 재벌 시스템의 황제경영방식, 회사 돈을 자신들의 돈으로 여기는 총수 일가, 그에 따른 인색한 배당 등 재벌의 지배구조 시스템이 문제이다. 재벌 대기업에 의존한 수출 편중 경제성장과 낙수효과落穗效果, 즉 추수 후에 땅에 떨어진 이삭을 통한 국민경제 향상이라는 번영의 도식은 이미 한계에 부딪혔다. 2014년 아시아미래포럼에 참석한 타르야 할로넨 전 핀란드 대통령은 "숲 속에 덩치 큰 나무만 살 수 없듯이 거대기업 1~2곳의 독점적 지배력이 국가 경제를 좌우하는 것은 위험하다"고 얘기했으며, 핀란드의 휴대전화 제조업체인 노키아의 몰락에 대해 대형 기업에 집중한 것이 패착이었다는 실수를 인정하였다.

「히든 챔피언」의 저자 헤르만 지몬에 따르면40 세계 시장을 선도하는 2천여 개 강소기업 중 독일어권 기업이 약 3분의 2를 차지하고 있다. 독일의 히든 챔피언인 강소기업은 틈새시장 전문가다. 사업이 대중화되어 알려지면 우리는 틈새로 틈새로 더 뚫고 들어간다. 그들은 시장을 정할 때 비록 한 국가 시장에서는 판매량이 많지 않아도 전 세계시장에서는 총 판매액이 커진다. 독일 시장을 100이라고 하면 유럽 시장은 370, 세계시장은 1,135로 확대되는데, 즉 독일을 벗어나면 유럽시장은 4배, 세계시장은 11배로 커지는 셈이다. 히든 챔피언 기업의 직원은 대기업에 비해 고객 접촉이 5배나 많다. 히든 챔피언의 경쟁력은 가격이 아닌 품질과 서비스로 제품만 좋으면 광고를 하지 않더라도 일정 시간이 지나면 일반 제품보다 10~20퍼센트 높은 가격에 판매되는 경우도 많다. 가장 중요한 포인트는 이들 독일 중소기업들이 독일 전체 고용의 80퍼센트, 직원 수의 80퍼센트, 수출의 40퍼센트 이상을 차지하며, 청년실업을 해소하고 경제와 무역의 양극화를 줄여 독일경제의 안정화 발판 역할을 하고 있다는 것이다. 즉, 국내의 내수경제의 활성화를 꾀한다는 것이다. 무엇보다 독일 전역에 고루 산재한 강소기업들이 독일인의 '행복'에 기여하고 있다는 사실이다. 중소기업이 경제의 참뿌리이고 '젊은 경제'로 가는 길임에도 불구하고 한국의 중소기업들은 대기업이 사육하는 먹이사슬에서 자유롭지 못하다. 그 이유는 한국 역사상 어느 정부도 대기업 밀어주기 원칙에 반기를 든 적이 없기 때문이다.[41] 박정희 시절부터 계속되어 온 대기업 밀어주기 덕분에 한국의 재벌기업들은 독과점 대기업으로 성장하였다. 한국에는 대기업 우선주의 때문에 진정한 의미의 자유시장이 존재한 적이 없다. 더욱 안타까운 것은 앞으로도 그것이 영영 불가능할지도 모른다는 것이다. 왜냐하면 사실상 대기업이 거의 모든 것을 장악하고 있기 때문이다. 한국의 기업환경은 빽빽하게 자란 키 큰 나무인 대기업이 나머지 나무들인 중소기업을 위한 햇볕을 가려버린 형국이라고 할 수 있다. 내가 살기 위해 남을 잡아먹는 정글이 아니라 서로 그늘이 되어 주고 쉬어갈 수 있는 숲의 생태계를 만들어 나가는 게 바람직하다.

21세기 또 하나의 화두는 **공유경제**共有經濟, sharing economy로 지속가능한 미래를 위한 해답은 소유가 아니라 공유이다. 공유경제는 더 적게 생산하고 기존의 것을 최대한 활용하는 것으로 소유 대신 대여하는 방식이다. "소유하지 말고 나누어라."Don't own. Share 공유경제는 협력적 소비를 통해 영리, 사회적 가치를 함께 추구하는 마법이다. 영국의 디자인계의 미래학자 존 타카라42는 "소비사회가 우리를 망치고 있다. 사람 한 명당 하나의 자동차, 하나의 집이라는 게 지금 경제의 룰이다. 이런 1대 1 소비는 건강하지 않다. 역사 속에서 개인소유라는 개념이 나온 건 불과 최근이다. 공유경제는 새로운 게 아니라 오래된 문화다"라고 얘기한다. 텃밭을 가꾸고 싶은 젊은이와 노인이 땅을 나눠 쓰는 랜드 쉐어, 집에 남는 방이 있는 사람들이 그 공간을 여행객들에게 효율적으로 빌려주는 '에어비앤비', 유료자전거 공유시스템인 시티바이크, 잔디깎이 등의 각종 연장과 수천 개의 장난감을 등록하여 서로 빌려 쓰기, 아파트 세대별 정원 대신 공동정원을 사용하는 것 등이다. 1명의 개인이 소유한 자동차를 하루 평균 23시간 세워두기만 하는 게 합당한 일인가?

공유시스템은 생산되는 제품의 양과 그것들을 만들고 유통시키는 데 소비되는 에너지의 양을 상당히 줄여주며, 이는 단기적으로 에너지 수요를 최대 20퍼센트 줄일 수 있으며, 21세기 중반까지 현재 수준의 50퍼센트까지 감소가 가능하다고 한다.43 첨단기술이 소비자 행태에 가져온 눈에 띠는 공유경제가 미친 변화 중 또 한 가지는 기업들이 핵심을 소형화하고 경량화하여 탈규모화unscaling하는 대신 보유할 필요가 없는 자산을 아웃소싱화하는 것이다.44 유튜브를 통해 싸이의 강남스타일을 공유할 수 있었기에 21억이 넘는 세계인들이 즐길 수가 있었고 싸이의 성공이 실현된 것이다. 공유시스템 덕분에 소유에서 '공유'하고, 관계에서 '공감'하고, 삶에서 '공생'할 때 우리는 거의 공짜나 다름없는 가격으로 행복을 누릴 수 있게 된다.

독식이나 탐욕의 경제는 곧 몰락할 것이다. 이제는 위계질서나 상명하복上命下服을 강조하는 불타는 플랫폼burning platform, 기존 사고방식을 버려야 한다. 인터넷이 몰고 온 개방·투명의 시대의 장점을 잘 활용하여 협업collaboration과 공유sharing의 길로 가야 기업은 성공할 수 있다. 강압적이고 권위적인 리더십과 엄격한 체계의 한국의 대기업들은 '자율'을 중시하는 미국 실리콘밸리 모델에서 배울 것이 있다. 실리콘밸리의 중심은 스탠퍼드대학이다. 이 대학의 모토는 "자유의 바람이 분다(The wind of freedom blows)"이다.45 미국의 실리콘 밸리를 이룬 것은 10퍼센트만 기술이고, 90퍼센트가 문화이다. 실리콘 밸리의 느리고 관대하고 개방적인 문화가 다양하고 창의적인 아이디어의 원천이다. 새로운 아이디어는 더 많은 일자리를 만들어 내고 다양한 산업분야를 발전시켜 더 많은 젊은 CEO를 배출한다. 실리콘 밸리, 실핏줄처럼 스며든 중소기업, 그리고 **협동조합**과 같은 작은 것이 아름답다. 유럽의 협동조합기업cooperatives의 착한 경제는 협업의 힘이 막강하다. 이익 공유가 아닌 독점을 지향하는 자본주의가 시장경제 자체를 위협하고 있다. 반면 이익을 조합원에게 공평하게 분배하고 소규모의 수평적인 민주적 주체가 주도하는 분산형 자급자족식 협동조합이 자본주의 이후의 새로운 자본주의 모델로 주목받고 있다. 왜냐하면 신뢰와 협동의 경제가 살길이기 때문이다. 2014년 방한한 크리스토프 슈미트 독일 경제전문가위원회 위원장은 성장과 분배의 조화가 이룬 독일 모델에 대해 다음과 같이 얘기했다.

독일은 최근 정권 교체에도 불구하고 좌우 연정이 빈번하고, 정책의 일관성이 유지되고 있다. 독일경제가 성공적인 것은 무엇보다도 노사갈등을 넘어 사회통합을 일궈낸 노동시장의 안정 때문이다. 독일모델의 핵심은 미국식 자유시장경제가 아닌 1940년대 말과 1950년대 초에 합의가 이루어진 '**사회적 시장경제**' 체제로 이는 국민 전체가 먹을 수 있도록 경제 전체의 파이를 최대한 키우되, 이를 공정하게 분배해서 사회정의를 실현하는 것이다. 이를 기반으로 사회적 타협과 노사협력 체제가 가능해졌다. 반면 한국의 노사관계는 대립적이고 일부 대기업은 사실상 노조를 부인하는 실정이다. 하지만 이제 급변하는 글로벌 시장과 국내시장의 경제적 충격에 제때에 대응하기 위한 유연성 강화를 위해 노동시장 질서 확립이 필요불가결하다. 현 정부는 2012년 선거에서 공정한 거래질서 확립, 경제적 약자보호, 재벌개혁을 담은 경제민주화, 복지확대를 약속하며 선거에서 승리했지만 이후 경제 활성화 및 경제성장을 내세워 공약을 저버렸다. 세월호 침몰사고도 성장만을 쫓다가 맞이한 비극적인 참사다.

학교는 나라정치의 근본王政之本이다. 인간 최고의 행복은 어디에서 오는가? 그건 두말할 것 없이 자아실현이며 사람은 이 세상에서 유일무이한 존재로 인정받으면서 자아를 실현할 수 있는 복을 누릴 권한이 있고 국가는 자아실현의 기회를 최대한 보장해야 한다. 이 자아실현을 위한 자기 정체성의 발견을 위한 최적의 기회가 **교육**이다. 교육은 국가의 공공서비스public service이다. 프란치스코 교황은 남미 순방 중 "식탁에 빵을 놓는 것, 아이들의 머리 위에 지붕을 만들어 주고 교육과 보건을 제공하는 것이 인간 존엄의 핵심"이라고 강조했다. 호모 에루디티오homo eruditio, 즉 인간은 학습하는 동물로서 어른이 되더라도 이는 변함없다. 인간은 먹고 사랑하고 공부하는 학습본능을 가지고 있다. 유럽 국가들은 초등학교부터 대학까지, 핀란드는 박사과정까지도 교육비가 무료이다. 이를 가능케 하는 것이 월급의 3분의 1에서 절반까지를 '세금'으로 내는 조세법이며,[46] 독일의 경우 '서울대'가 따로 없는 종합대학은 대학 간의 격차가 없는 평등교육을 실시하며 미국과 달리 모두에게 교육 기회를 균등하게 제공하고 가정·학교·기업·정부가 모두 합심 하여 교육에 관심을 기울이고 투자를 하는 데 인색하지 않다. 이 같은 평등교육과 평생교육을 통해 결국 국민들은 다양한 문 화를 향유하며 삶의 질을 높이고 있다.

지난 2013년 9월, 16개 시도의 2,171명을 심층 조사한 대한 민국 중학생 리포트에 따르면 중학생들의 사람됨의 위기와 정 직·배려·자기조절이 부족하다는 보고이다. 참다운 인간교육 이 외면되면 결국 국가장래에 위험한 종말이 올 수밖에 없다. 단적으로 말해서 진정한 교육은 사람을 목수로 만드는 게 아니 고 목수를 '사람'으로 만드는 것이다. 왜 공부하는가? 그 답은 바로 사람으로 살아가는 것, 즉 신나게 재미있게 사는 것을 배 우기 위해서이다. 왜냐하면 학교school는 그리스어 스콜레scholē 에서 비롯되었고, 스콜레는 레저leisure란 뜻이므로, 결국 학교 는 바로 레저이다. 그러니 스콜레는 생존, 노동, 시장과는 준별 되는 '다른 곳', 즉 능동적인 레저에 정진하는 곳이란 뜻이다. 집 에 가면 학교에 가고 싶고, 학교에 가면 집에 가고 싶게 하는 것 이다. 학교學校의 교校란 한자의 의미는 구부러진 나무를 곧바로 자라게木 하기 위해 학교에서 친구, 선생님과 교류·교제하며爻, 상담하며 배우는 곳이란 뜻이다. 이미 오래전부터 우리나라의 교육에서는 교라는 가르침만 있고 육이란 상담지도는 소홀히 해왔다. 학생을 기른다育는 것은 기다리고 정성을 들이는 일이다. 스콜레에서는 청소년이 자신의 감정을 절제하는 '감정 절제'라는 단 하나만을 배운다고 해도 과언이 아니다.[47] 자신의 감정을 풍요롭게 만드는 절제에 의해 개성이 발휘되게 한다. 절제와 자제력을 키운다는 것은 평생을 매진해도 힘들기 때문에 어릴 때부터 기초를 잘 다져놔야 한다. 빅토리아 시대는 피아노 다리도 가렸다. 노출의 사회학에서는 가릴수록 섹시하다고 하지 않았던가. 공부는 오래하는 것보다 이치를 깨닫는 것이 중요하다는 말이 공부工夫의 원 뜻이다. 내 머리 위에는 하늘이 있고 내 발 아래에는 땅이 있다. 하늘과 땅의 이치를 깨달아 연결하는 사람, 우뚝 선 사람工이란 뜻의 공자工子가 공부의 원리이다. 따라서 "학문에는 왕도가 없다"There is no royal road to learning 라는 서양 속담처럼 천천히 찬찬히 제대로 절차탁마切磋琢磨해서 배우는 것이 공부이다.

라틴어 'educare'의 뜻은 "사람이 가진 능력을 발휘할 수 있도록 이끄는 것"이다. 한 일간지가 직장인을 대상으로 "대학생으로 돌아간다면?"이란 주제로 설문조사를 실시했다. 설문조사 전부터 '다시 공부하고 싶다', '스펙을 쌓겠다' 등의 답변을 예상했지만 응답자의 41퍼센트가 답한 1위는 "적성부터 찾고 싶다"였다. 우리나라 속담에 "저 먹을 건 타고 난다"란 말은 누구나 자립할 수 있는 능력 하나씩은 타고 나게 마련이며 하고 싶은 것 한두 가지씩은 가지고 태어 난다란 뜻이다. 십인십색人+色인 것이다. 사람은 모두 다르다. 누구에게나 고유한 재능charisma이 있다. 자기 자신 속에 하늘이 준 다이아몬드와 같은 아름다운 재능이 있다는 것을 발견해내고 알게 해주는 것이 진정 교육의 역할이다. 우리 아이는 머리는 좋은데 라는 합리화보다 아이가 우기면서 "꼭 하고 싶어 하는 것"에 아이의 빛나는 재능이 숨어 있을 수 있다. 다산 정약용이 유배지에서 쓴 편지에 담긴 남다른 자녀교육법은 바로 "네가 관심 있으면 스스로 연구를 해서 그 분야의 최고가 될 때까지 한번 해보라"였다. 스티브 잡스도 스탠포드대학 연설에서 남의 눈을 의식하지 말고 진실로 하고 싶은 일을 찾은 사람은 행복하다고 얘기했다.

일본 교토의 히에이 산比叡山에 일본으로 건너간 백제승 전교대사傳敎大師 최징最澄, 767-822의 국보론을 보면 '한 모퉁이를 비추는 사람'이 나라의 국보라고 얘기한다. 천 가지 중 한 가지만 잘하면 국보가 된다는 것이다. 예수께서 마르다Martha에게 "마르다야, 너는 너무 많은 일을 하려는 욕심 때문에 염려하고 근심하며 피곤하고 힘들게 하는 일로 정신이 없구나. 몇 가지만

일본 교토의 히에이산 엔랴쿠지의 근본중당(좌)과 가르침을 전한다는 전교의 액자(우)

하든지 한 가지만이라도 족하니라"고 얘기했다. 오늘날 세상이 요구하는 멀티플레이어multiplayer는 창조질서에도 어긋난다. 내가 할 수 있고 나를 행복하게 하며 내 영혼을 살리는 일에 선택과 집중을 해야 한다. 자기 주관을 갖고 하고 싶은 것을 하라. 다만 실패하더라도 좌절은 금지다.

아이들이야말로 밖에서 노는 걸 좋아하는 호모 루덴스homo ludens, 놀이하는 인간이건만 점점 활기를 잃어버린 아이들이 많아지고 있다. 편리가 반드시 좋은 것은 아니다. 야외의 울퉁불퉁한 땅에서 뛰노는 불편도 즐거움이다. 동방의 성인 다석 류영모는 "하나님이 예수를 이 세상에 보낸 것은 유치원에서 장난을 시키기 위해서다. 마치 아이들이 천진난만하게 아무것도 모르고 노는 것 같이 사는 게 정말 사는 것이 아닐까?"라고 했다. 아이의 선한 본성과 잠재력에 확신을 가진 알렉산더 니일Alexander Sutherland Neill은 1921년 영국의 한 시골마을에 서머힐 학교Summer Hill를 세웠다. 서머힐에서 가장 중요한 일은 '노는' 일이다. 아이들은 하고 싶은 것을 찾아 자기만의 방식으로 여유 있게 논다. 자유는 허용되지만 방종은 허용되지 않는다. 방종은 남에게 피해를 주어 남의 자유를 침범하는 것이기 때문이다. 서머힐의 아이들은 피아노를 치며 놀 수는 있지만, 한밤중에 피아노를 쳐서는 안 된다. 아이는 오직 **자유** 속에서만 자신의 자연스럽고 선한 본성에 따라 성장할 수 있다. 자유롭게 성장한 아이는 진정한 행복이 무엇인지 안다. 일찍이 행복한 사람이 살인을 하거나 전쟁광이 된 적은 없다. 오로지 문제부모, 문제교사, 문제사회가 있을 뿐이라고 했다. 학교에 왜 가나? 성적때문이 아니다. 문제아는 없다. 아이는 선택과 가능성이므로 공부하며 노는 게 인생의 최고의 재미이며, 지금 행복의 기초공사의 터전을 준비하고 있는 것이다.

학교≠성적

자유하라. 자연 속을 걸어라. 최근 발표된 한 연구에 따르면 자연을 자주 접하는 학생들이 인지능력 평가에서 더 좋은 점수를 얻은 것으로 나타났다. 영화 〈죽은 시인의 사회〉1989에서 키팅 선생은 미국의 보수적인 명문 고등학교에서 대학 진학을 위한 틀에 박힌 교육에 짓눌려 있는 학생들에게 '자유'롭게 생각하고 진정 자신들이 원하고 즐길 수 있는 것을 찾도록 격려했다. 의사는 삼기三器 중에서 주로 약과 메스에만 의존하고 실제 대화를 통해서도 치료가 가능한데 이를 하지 않고 있다. 대화를 통한 치료는 환자의 몸속에 있는 본연의 치유력을 이끌어내서 병을 치유하는 방법으로 이를 우리는 전통적으로 인술이라 했다. 마이크로소프트 창업자인 빌게이츠의 아버지의 자녀교육의 가장 중요한 원칙은 "당신의 자녀를 절대 비하하지 말라. 그리고 당신이 자녀의 가장 열성적인 팬이 돼라"였으며, 두 번째 원칙은 폭넓은 대화였다.

스웨덴의 학교는 쉬는 시간이면 아이들이 운동장에서 뛰놀게 하기 위해 교실 문을 잠근다. 프랑스의 중학교에선 체육이 일주일에 네 시간으로 프랑스어, 수학 수업과 같다. 독일 고3 학생에게 영어 과목은 선택이지만 체육은 필수 과목이다. 이렇듯 몸으로 배우고 느낌으로 받아들이는 교육에 중점을 둔다. 네덜란드는 유럽에서 가장 행복한 1등 국가로 아이들은 학교에서나 집에서나 스트레스를 받지 않는다고 한다. 동네 마당에서는 수많은 아이들이 모여 노는 모습을 흔히 볼 수 있으며, 5살부터 12년간 의무교육을 실시하고 있다. 이곳의 아이들은 "모두들 좋은 학교, 좋은 직장에 다니면 청소는 누가해요"라고 되묻는다. 이 같은 균형과 평등의식이 교육 전반에 깔려 있다. 핀란드에선 세 살이면 숫자 3까지만 알면 되고 아이가 10이상을 알면 오히려 이상하게 여긴다. 한국 부모들도 아이들이 자연스럽게 숫자에 대한 개념을 알아갈 수 있도록 해주었으면 싶다. 이들 국가들의 교육은 어떤 지식을 주입시키는 것이 아니라 '놀이'를 통해 자연스럽게 깨달음을 얻도록 한다. 그러니 공부가 달 수밖에 없다. 학교는 스콜레레저라는 기본정신이 투철한 것이다. 한국을 방문한 키우루 핀란드 교육장관은 핀란드 교육의 최우선 가치로 평등을 꼽았다. "누가 대통령이 될지, 유명한 가수나 훌륭한 언론인이 될지 모른다"며 "모든 아이에게 똑같이 투자하고 똑같은 교육 여건을 제공하면 최선의 결과가 나온다"고 얘기한다. 두 번째 가치로 신뢰를 들었는데, 핀란드에서는 좋은 학교와 나쁜 학교를 구분하지 않고, 예산은 각 학교에 균등하게 배분되며, 학생과 학부모는 어디서나 질 좋은 공교육을 받을 수 있다고 믿는다고 한다.

안식년을 맞은 한국의 아버지를 따라 영국에서 고등학교 2학년 학기를 마친 딸은 엄마에게 쓴 편지에 "너무너무너무너무 행복한 딸 ○○○올림"이라며 끝을 맺었다. 영국의 고등학교는 사회활동 참여 관련 선택과목, 2개의 특별활동 병행, 대학 전공 수업과 맞먹는 선택과목 등 학생의 적성과 장점을 살려 능력을 발휘하도록 도울 뿐 억지로 시키지 않다보니 한국과 달리 공부가 하는 게 행복해서 '너무'라는 말을 네 번이나 썼던 것이다. 사람은 자기가 처한 현재의 시간, 자기가 사는 공간, 자기가 만나는 사람들, 즉 시간, 공간, 인간의 세 단어와 사이가間 좋아지는 것이 행복한 사람이 되는 것이다. 독일 초등학교 교과목에는 '행복' 수업이 있다. 이 수업에서는 공부의 중요성보다 행복해질 수 있는 방법, 미래에 대한 자신감을 일깨워 준다. 건강한 신체를 위해 고른 영양을 갖춘 음식이 필요한 것처럼[48] 건강한 정신을 위해 행복은 반드시 충족되어야 할 요소이기에 경제적으로 소유한 만큼 잃어버린 정신적 행복을 학습을 통해 다시 찾고자 시도한 것이 바로 이 수업인 것이다. 초등학교 4학년을 마친 후에 학업 능력과 적성에 따라 직업학교, 실업계고등학교, 인문계고등학교로 진학하게 되는데 이후 학교 간 이동이 가능하다. 초등학교 4년 동안 한 명의 선생님이 학생을 면밀히 관찰하여 진로를 지도하고 숨겨진 재능을 찾아준다.

독일은 우리나라와 달리 갈등비용이 작은 나라이다.[49] 그들은 갈등이 불화가 아닌 '차이'를 증언하는 표식으로 생각하고 갈등을 해결하기 때문에 서로에 대한 이해가 깊어지고, 그 만큼 공동체가 탄탄해진다. 독일 학교의 또 다른 특색은 모든 수업이 토론식으로 이뤄진다는 점이다. 책상도 칠판을 바라보도록 일렬로 놓여 있지 않고 학생들이 마주 보도록 배치한다. 최고의 교육은 바로 '회의'이다. 회의와 토의와 같은 수업방식은 교사와 상대하는 학생 수가 스몰 사이즈여야 하고 학교 또한 학생 수가 적정 수인 작은 학교들이다. 오늘날 한국의 명문대가 가르치고 있는 모든 것은 '직업적'이라 할 수 있다. 교육의 철학, 삶의 목적과 같은 중요한 질문에 제대로 답하지 못하는 대학은 직업양성소가 된지 오래다. 그럴 바에야 독일처럼 초등학교부터 인문계와 실업계로 진학하는 게 바람직하고 진정 공부와 학문할 학생에게만 대학을 진학하게 하여야 한다.

덴마크의 초등학교에서는 7학년까지는 시험이 아예 없고 8학년부터 시험이 있는데 등수는 매기지 않는다. 담임교사는 9년간 아이를 지켜본 후 아이에 대한 관찰결과와 시험결과를 가지고 학부모와 학생과 면담하여 인문계고등학교와 직업훈련학교로의 진학 여부를 상의한다. 덴마크는 몇몇 엘리트에게 맞춰 교육하지 않고 대다수 평범한 학생들의 수준에 맞춘다. 덴마크에서는 어느 직업이든 세금을 많이 내야 하기 때문에 연봉이 직업선택에 있어서 그다지 중요한 조건이 아닌 경우가 많다. 대신 성취감을 주는 직업을 선택한다. 이스라엘의 교육이라고 하면 떠오르는 세 가지는 유대인의 교육열, 창조행위 교육, 오늘 무엇을 배웠느냐 대신 오늘 무엇을 질문했느냐를 묻는 것이다. 이스라엘에서는 질문하고 생각하게 하는 교육을 한

추사 김정희가 15년간의 제주도 유배시절에 향교 유생들의 공부방에 의문당이란 편
액을 써주었음

다. "생각하는 법을 가르쳐야지, 생각한 것을 가르쳐서는 안 된
다"는 것이다. 문제의식을 가진 사람이 새로운 미래를 창조하
려는 도전정신을 갖게 되기 때문이다. 이스라엘은 산모의 휴가
가 3년인데 그 이유는 3살 때까지의 어머니의 유아교육이 아이
의 평생을 좌우한다는 것이다. 공자의 「논어」를 보면, 아기를
3년 간 키우므로 부모님이 돌아가셔서 부모님과 이별할 때도
3년을 돌보는 3년 초상제도가 있는데 이는 3년의 자녀 양육 기
간과 일치한다. 유대인 남자는 13세, 여자는 12세가 되면 한 명
의 성인으로 인정받는다. 전 세계인구의 0.2퍼센트에 불과한
유대인이 전체 노벨상 수상의 24퍼센트를 차지한다. 그 바탕에
는 어머니의 교육이 크게 작용했다고 볼 수 있다. 한국인의 아
이큐 지수가 유대인보다 12점이나 높다는 보고가 있긴 하지만
한국과 유대인 어머니의 자녀교육법에는 큰 차이가 있다. 마지
막까지 줄이지 못하는 우리의 교육비와 교육열의 잘못된 방향
을 바로 잡을 때이다. 학교가 창의력을 죽이기 때문이다.

콜로라도대학의 모리스 홀트 교육학 명예교수는 아이다운 속도로 기르는 교육법인 **슬로 스쿨링**slow schooling을 제시하고 세계 차원의 운동으로 전개한바 있다.50 전통적인 국가 교육의 지속적인 압력과 빠른 속도의 전횡에서 아이를 해방시키고 아이에게 맞는 속도로 배우고 살게 하는 가정교육인 홈스쿨링 home schooling 인구는 캐나다는 10만 명, 영국은 9만 명이나 된다. 세계 몇몇 슬로시티 지역에서는 슬로 데이Slow Day를 지정하여 아이들이 하루 동안 숙제 없이 논리와 질서로부터 해방되어 자유롭게 놀도록 하여 아이다움을 한껏 드러낼 수 있도록 하고 있다. 이 날만큼은 느리게 모든 것을 즐겁게 노는 날이다. 긴 호흡과 작은 학교, 끼를 살리는 것이 느림학교Slow School이다. 예술적 감성 배양은 교육의 중요한 기능이다. 창조적 일상의 아름다움과 행복을 누리기 위해 물과 공기처럼 문화예술을 향유하는 기초교육을 몸에 배게 한다. 행복이 아니라면 교육은 가짜다. 그리고 행복이 아니라면 슬로시티 운동도 가짜다.

청년실업 문제는 세계적 현상이다. 한국 청년들은 88만원 세대, 3포세대에서 시작하여 5포세대연애·혼인·출산·인간관계·내집마련 포기라고 불리더니 심지어 청년 실신실업자+신용불량자 시대라는 말까지 나오고 있다. 최근 세계 청년실업자들의 현실에 불만을 품은 테러리스트들, 이슬람 수니파 무장반군 이슬람국가IS, Islamic State의 테러집단으로 하여금 급진주의에 빠져들게 하는 주요 원인의 뿌리가 바로 벽에 부닥친 높은 청년실업률과 경제적 박탈감에 따른 소외감이라고 한다. 젊은 세대에게 가치 있는 일

자리를 만들어주는 것은 참으로 중요함에도 불구하고 전 세계적인 저성장 및 고실업이란 세계경제 환경의 변화로 그 전망이 매우 불안하다. 일생을 90년이라 본다면 30세까지는 충돌하고 방황하는 시기로 대학진학과 취업에 고군분투하고, 다음 30년은 혼인과 육아, 재산형성에 힘을 쏟으며, 최종 30년은 노후생활을 즐기는 시기이다. 성인의 삶으로 가기 전인 30세까지의 진로 고민은 한국사회도 매우 심각하다. 현재 한국 청년이 가장 공감하는 신조어가 바로 헬지옥조선이라고 한다. 한국도 아닌 조선은 아직까지도 신분의 대물림에서 벗어나지 못하고 있다. 금수저, 흙수저 등 부모의 경제적 지위가 대물림되는 수저 계급론, 즉 부모의 경제력이 자녀의 취업을 결정짓는다는 사회적 불평등, 불합리의 소용돌이 속에서 한국 청년들은 무력감을 느낀다. "성공을 위해 영혼을 팔아 치운" 미국의 명문대 졸업생들의51 거의 절반에서 3분의 1가량이 밥벌이가 좋은 금융계, 컨설팅업계로 진출하는 말 잘 듣는 온순한 양Excellent Sheep이라고 한다. 한국은 지난 30~40년간 고성장에 따른 경제적 부흥으로 많이 더렵혀지고 망가졌으며, 그 여파로 낭비와 도덕적 해이가 심해졌다. 이제 더 이상 그러한 고성장 시대는 기대하기 어려운데다 현재의 불황이 단순히 순환적 불황이 아닌 구조적 불황이기에 이는 멀리 오래갈 것으로 예상된다.52 2016년 〈다보스 포럼〉에서는 일자리의 미래에 대해 향후 5년간 510만개의 일자리가 지구상에서 사라진다고 예견했다. 거기에다 장차 알파고 같은 인공지능 로봇의 발달로 고용 없는 사회는 더욱 재촉될 것이다. 바야흐로 저성장, 저출산, 초고령화 시대가 닥처 가정, 직장, 사회에서 절약과 절제에 적응하는 방식을 배워 작심하고 아껴야만 살아남을 수 있게 되었다. 이런 시대일수록 취업난이란 한파가 불어올 테니 자기 분야의 전문가가 돼야 살아남을 것이다.

청년빈곤은 이제 전 지구적 현상이다. 한 사회를 이끌어갈 주역들이 아무리 열심히 일을 해도 소득이 늘지 않는 한계가 있다. 시장만능을 신봉하는 신자유적 모델로는 청년빈곤문제를 해결할 수 없다. 특히 고성장시대에서 자란 한국의 청년들은 지금의 저성장시대에 적응하는 데 고통이 뒤따를 것이다. 따라서 이 나라의 밝은 미래를 위한 교육정책과 교육혁신이 필요하며, 특히 우리 정부의 **청년정책**을 위해 청년들은 정치적 의사표시를 적극적으로 하고 상시적으로 반영하게 하여 청년들이 행복을 스스로 찾아야 할 것이다. 「초인수업」을 보면[53] 독일의 철학자 프리드리히 빌헬름 니체는 초인超人이란 고난을 사랑하며 맞서는 것이라 했다. 만약 그가 지금의 '88만원 세대'를 만날지라도 "돈에 연연하지 말고 온 열정을 다 바쳐 정말 하고 싶은 것을 하라. 그리고 어떠한 곤경이 와도 그것을 자기성장의 발판으로 삼으면서 흔쾌하게 받아들여라"라고 말할 것이다. 인생에서 청춘이 머물 때 뜨거움과 열정이 독수리같이 차고 올라가 대장부답게 도전하는 용기를 잃어서는 안 될 것이다.

지금 우리나라의 젊은이들은 뒤틀린 교육환경에서 자란 탓에 너무 무기력하고 꿈과 패기가 없어 보인다. 한국의 대학 졸업생들은 취직과 의식주 문제 해결돈의 노예에 급급한 분주함으로 큰 꿈과 이상을 키우기가 어렵다. 대학과 직업을 선택할 때 이런 진지한 질문을 해봤으면 한다. 내 인생의 목적이 무엇인가? 내가 어떻게 살까? 내 자신이 어떤 존재이며, 나는 인생에서 무엇을 해야 하는지 깊이 오래 생각해보자. 눈앞의 현실만 바라보거나 일용할 양식을 얻기 위해 헤매거나 돈을 벌기 위해서 무엇이든지 하지 말자는 것이다. 이 때문에 그 푸른 청춘을 잃어서는 안 될 것이다. 성경은 말하고 있다. 공중의 새를 보라. 들판의 백합화가 어떻게 자라는지를 보라. 무엇을 먹을까, 무엇을 입을까를 염려치 말라. 출애굽 당시 시내 광야에서 이스라엘 민족에게 만나manna●와 메추라기를 딱 하루치만 매일 공급하였다. 공중의 새와 야생화는 아무런 수고도 길쌈을 하지 않아도 먹이고 입히거늘 하물며 신의 형상대로 지은 사람에게 매일 일용할 양식을 주지 않겠냐는 종교관이 삶의 태도를 결정짓게 했다. 우리사회가 아무리 돈·명예·성공에 물든 세태일지라도 좋은 것을 베풀며 봉사하며 헌신하는 희생정신을 가진 빛나는 청년들로 하여금 우리 사회에 희망을 길어올리도록 염원한다. 사람에게는 누구나 자기의 고유한 달란트, 즉 카리스마타고난 재능를 가지고 있으므로 그걸 잘 찾아 천천히 그 재능에 몰입하고 집중할 때, 자기 정체성을 발견하고 자유인으로 행복을 누릴 수 있는 길이 열릴 것이다.

● 모세의 지도 아래, 에집트를 탈출한 이스라엘 백성이 광야에 이르러 굶주릴 때 하나님이 내려준 신비로운 양식으로서 단 하루가 지나면 다 녹아버리는데, 즉 일용할 양식은 딱 하루 분의 먹을거리임

서울대 사회발전연구소는 '미래한국리포트'(2011)에서 OECD 국가의 사회의 질에 대한 조사결과를 발표했다. 이 조사에서 덴마크가 1위를 차지했으며, 한국은 28위로 최하위권에 머물렀다. 특이한 대목은 덴마크 젊은이들이 과감하게 창의적인 일에 도전하는 경우가 많은 반면, 한국의 젊은이들은 위험을 회피하기에 급급하다는 보고였다. 한국의 발랄한 젊은이들에게서 "좋아하는 일을 하다 보니 성공했고, 사실은 그래서 행복하다"라는 얘기가 나와야 국가의 미래가 밝을 수 있다. 한국과학창의재단이 한국·중국·일본의 성인 3,000명을 대상으로 '창의 인식 비교조사'(2013)를 실시한 결과, 창업은 위험하고 부정적이라는 답변에서 한국은 73퍼센트로 일본의 55퍼센트와 중국의 41퍼센트를 크게 앞섰다. 한국 젊은이들의 기상과 꿈이 이토록 위축되고 말았다. 「논어」에 학이시습지學而時習之란 말이 나오는데, 학은 배움이고 습은 행함으로 학문은 현실 속에서 실천할 때 비로소 터득된다는 뜻이다. 배운 것을 실천하여 마음이 기뻐하고, 자신이 아는 것을 행동으로 옮기는 것이 호연지기浩然之氣다.

창조경제의 성공여부는 단순히 취업률을 높이는 것이 아니라 창업으로 미래에 도전하는 젊은이에게 달려 있다. 실패를 두려워하지 말고 흔쾌히 받아들이는 청년창업의 꿈을 펼쳐보는 것이다. 그러나 우리나라와 같이 중소기업은 위축되고 대기업은 강화된 체제에서는 창업이 힘들다. 더군다나 원래 창업이란 성공 확률이 극히 낮기 때문에 청년층에는 창업 포비아공포증 현상이 널리 퍼져 있다. 그러므로 창업은 정직한 실패를 용인

한다는 전제조건으로 청년 창업에 대한 지속적인 지원활동이 필요하다. 이를 위해 젊은이는 보수적인 후위rearguard에서 진취적인 전위vanguard가 되어야 한다. 영화 〈클락와이즈〉에서의 대사처럼 말이다. "절망이 문제가 아냐. 절망은 받아들일 수 있어. 정말 견딜 수 없는 것은 희망이라고." 강형철의 시 〈재생〉을 보라. "명경으로 누운 호수 / 튀어 오르는 단치 한 마리 … (후략)" 앞길이 창창한 그들이 튀어 오른 단치처럼 젊은 기상을 잃어서는 안 될 것이다. 그래야 우리사회가 바라볼 희망이 있을 것이다. 농촌은 또 하나의 비즈니스 기회의 보고이다. 손과 머리를 이용한 벤처 정신으로 창조적 활동에 도전하여 전통농법과 스마트 기술로 억대 소득을 올리는 창업 성공 사례 역시 많다. 미국 실리콘밸리의 창업 실패율은 99퍼센트에 달한다. 그러나 에인절스Angels, 창업을 지원하는 기업가는 창업지원의 끈을 놓지 않고 끊임없이 도움을 준다. 이와 같은 미국의 저력이야말로 부러움의 대상이며, 한국도 에인절스의 출현과 지속성이 어느 때보다 절실한 실정이다.

필자는 2013년 1월 홍콩의 MaD 포럼Make a Difference: 차별화를 꾀하라[54]에 초청되어 아시아에서 온 천 여명의 젊은이들에게 개발의 광기에서 속도 늦추기Slowing Down Amidst Development Frenzy라는 주제로 영어강연을 했다. 당시 포럼의 주제가 창부동 변칙통創不同 變則通에 관한 것이었다. 막히면 변화해야 하고, 변화하면 소통하게 되고, 소통하면 그 생명이 오래간다窮則變 變則通 通則久. 세상은 급변한다. 그러니 상상하고 또 상상하라. 격변의 시기에 세

2013년 홍콩 MaD 포럼에서 초청 강연을 하고 있는 필자

상이 정해놓은 틀 속에서만 살 수 있는 건 아니다. 사람마다 생각이 다르고 삶의 방식이 다를 수 있다. 이 다름이 세상을 풍요롭게 할 수 있다. 그러므로 진실로 한국에서 **창조경제**를 원한다면 **창조교육**이 선행되어야 한다.

　지금 한국교육의 대부분의 목표는 행복한 아이가 아닌 좋은 성적과 좋은 대학으로의 진학이다. 보건복지부의 '2013 한국아동종합실태조사'에 따르면 한국 아동의 삶의 만족도가 OECD 국가 가운데 가장 낮은 수준이다. 삶의 만족도가 낮아질수록 '아동 결핍지수'는 높아지는데 한국은 54.8퍼센트(1위)로 다른 회원국들에 비해 월등히 높은 수치를 기록했다. 우리나라에서는 수십만 명의 아이들이 남들에게 뒤처지지 않기 위해 저녁과 주말에도 주입식 위주의 사설학원에 다니고 있다. 학원 수업 교재를 다 합치면 15킬로그램이나 될 정도여서 초등학생의 경우 학원 교재를 캐리어에 싣고 다니기도 한다. 학부모들은 아이들을 너무 일찍부터 타 죽게 하는burn out 경쟁으로 내몰고 있다. 오로지 승리A win is a win is a win와 경쟁 숭배는 악마의 배설물이다.

스웨덴 일간지 스벤스카 더그블라뎃Svenska Dagbladet은 서울의 한 남자고등학교를 방문해 12시간씩 공부하고도 다시 학원으로 향하는 고교생들의 일과를 전했다. 신문은 '한국교육의 본질은 어머니들의 압력'이라며, 한국의 PISAOECD 국제학업성취도평가 순위는 세계 최고지만 그 이면엔 아이들이 미래에 대해 꿈꿀 시간이 없다는 현실이 자리 잡고 있다고 보도했다. 뉴스위크지의 한 보도에 따르면, 한국은 문맹률이 1퍼센트로 매우 낮고 평균 지능지수가 제일 높은 국가 중의 하나이지만 청소년의 공부시간이 7시간 50분으로 세계에서 청소년의 공부시간이 가장 긴 나라로 손꼽혔다. 학습속도를 높이기 위해 태아 때부터 초음파를 이용하여 어떻게든 음악이나 외국어 등을 미리 접하게 하는 등 선행학습 교육열이 뜨겁다. 그러니 청소년들은 항상 지쳐 있고 힘들게 사니 즐거움도 기쁨도 없다. 대부분의 유럽 국가들의 대학진학률이 20퍼센트 대인데 비해 한국의 대학진학률이 82퍼센트인 것만 보더라도 많은 사람들이 잉여인간으로 살고, 또 많은 국비가 낭비되고 있음을 알 수 있다.

최근 강남의 한 초등학교 학생의 일과표가 뉴스에 공개되었다. 학교가 마칠 무렵인 오후 3시에 시작된 영어학원은 5시 철학 그룹과외, 7시 수학 학원으로 이어지고 마지막 수업은 보통 밤 10시에 끝난다. 강남지역 초등학교 5학년 학생들은 평균 6.5개의 학원수업, 그룹과외, 개인과외를 받고 있는 것으로 나타났다. "죽도록 공부해도 죽지 않는다"는 학원의 광고문구가 한국의 교육 현실을 대변해준다. 아리스토텔레스의 "가슴으로 교육하지 않고 머리만 교육하는 교육은 교육도 아니다"라는 말이 절절하다. 대부분의 학생들에게 있어 학교는 꿈꿀 수 있는 시간과 영감이라고는 전혀 불러 일으켜 주지 않는 지겹고 따분한 장소로 전락했다. 기존 가치를 일방적으로 주입하는 전통적 교육방법으로는 산만한 부적응아만을 대량생산하는 꼴이다. 정치인들은 실업률, 고용율, 일자리 창출 등 숫자로 따지기만 할 뿐이어서 교육의 질이 어느 때보다 중요한데 거기엔 관심이 없다. 지금 한국 교육의 구조적 문제는 서구식 모방교육과 식민교육이라는 점이다. 조선총독부 아베 노부유키 총독이 패망 후 조선을 떠나며 한 말을 새겨들어야 한다.[55] "우리(일본)는 패했지만 조선이 승리한 건 아니다. 장담하건대, 조선인들은 옛 조선의 찬란하고 유구했던 영광을 100년이 지나도 되찾지 못할 것이다. 우리 일본은 조선민족들에게 총, 칼, 대포보다 더 무서운 것을 심어 놓았다. 대일본제국의 식민교육, 이것이야말로 그들이 새로 평생토록 이간질하며 노예적 삶을 살게 할 것이다. 보라! 실로 조선은 위대했고 찬란했으며 찬영燦榮했지만 현재 조선은 식민사고와 노예사상으로 물들어 '정기'를 다 잃어버렸다. 한국은 결국 식민교육의 노예로 전락할 것이다."

3시간 자면 대학에 붙고 4시간 자면 떨어진다는 '3당 4락'이라는 허울 좋은 미명 아래 '학습노예'가 되어 버린 한국의 젊은 이들은 결국 화폐노예로 전락한다. 괴물은 그들이 아니라 국가와 사회가 괴물이다. 지금 우리에게 획일적 교육을 탈피하기 위해 채택해야 될 국가의 최우선 순위는 경제나 안보가 아니라 **교육의 혁신**이다. 지금의 심상치 않은 암울한 징후는 햄릿의 죽느냐, 사느냐처럼 우리에게 교육 혁명·개혁을 할 것인가, 말 것인가를 판단할 것을 요구한다. 한국인이라면 누구나 학생, 학부모, 국가의 미래를 위해 모두를 불행하게 만드는 문제의 심각성을 공감하면서도 "I Can Do!" 정신으로 그 어려운 경제 건설을 이룩했지만 이 정신 나간 교육제도는 개혁하지 못하고 있다. 이 문제를 해결할 자가 미래의 대통령감이라고 얘기할 정도이고 신이 오더라도 힘들 거라고들 한다. 그만큼 사태가 위중하다. '한강의 기적'을 이끌어 낸 제조업기반 경제는 정부 주도 하에 잘 이뤄졌다. 그러나 새 시대에 맞는 참된 창조경제를 위해서는 구시대적인 교육체계 대신 독창성을 기르는 새 패러다임을 도입하고 창조적인 교육을 위한 환경조성이 뒷받침되어야 한다. 창조성의 전부는 각 개인으로부터 비롯되지만56 오히려 학교가 학생들의 창의력을 죽이고 우리의 교육제도가 우리의 정신을 갉아먹고 있다.

아이들은 세상에서 가장 아날로그적인 존재이다. 그런데 지금 한국의 아이들은 심심할 시간이 없다. 학원을 몇 군데씩 다니고 어쩌다 시간이 남아도 TV와 인터넷, 스마트폰이 아이들을 심심하도록 내버려두지 않는다. 창의력은 심심할 때 생기는 법인데 우리는 아이들에게 쉴 새 없이 입력시키고 닦달한다. 창조적 아이디어는 뇌가 지루하다고 느낄 때 나오는데 말이다. 창의성은 스마트함의 다른 말이다.[57] 대세가 스마트다. 전화는 스마트폰, 텔레비전도 스마트TV, 건물도 전자제어시스템의 스마트 빌딩, 행복중심복합도시 세종시에 스마트 스쿨이 그것이다. 문제는 디지털과 아날로그의 균형인데 한 쪽으로 기우뚱하게 편향되어 버렸다. 버트런드 러셀은 1932년에 이미 정보편식의 우려를 내다보았다. "디지털 세상은 더는 자유로운 소통의 공간이 아니고 오히려 끼리끼리 뭉치는 인간의 습성을 더욱 자극하고, 그 정보의 편식이 편견의 확대로 이어져 민주주의가 위협받을 것"이라는 통찰력을 발휘했다. 지난 2014년 11월 한국을 방문한 알렉산데르 스툽Alexander Stubb 핀란드 총리는 의미심장한 얘기를 남기고 갔다. "정보가 넘쳐나는 지금, 단순 암기는 무의미하다. 정보를 분석하고 적용하는 법을 가르치는 게 교육의 기본이 되어야 한다. 스마트 장비를 이용한 교육은 학생들의 생각할 기회를 뺏는다. 파워포인트를 활용한 수업도 마찬가지일 수 있다." 즉, 교실에서 스마트 장비를 치우라는 것이다.

교육은 기본으로 돌아가야 한다. 덴마크 평생교육의 아버지로 불리는 그룬트비Grundtvig가 기본에 충실한 학교를 설립했었다.[58] 그는 평등, 분배, 타인 존중, 공동 프로젝트 참여 등의 기본 가치를 존중하며 배우는 즐거움을 바탕으로 한 교육제도를 만들었다. 캐나다를 여행할 때 발견한 한 초등학교의 교명이

벤치Bench Elementary School이었다. 교명대로 자기도 편안하고 남도 편안하게 행복하게 하는 게 교육의 중요한 목표이리라. 또 「성호사설」의 저자 이익은 늘 의문을 품고 질문할 것과 실학 정신에 맞게 좋은 생각은 항상 메모하는 공부 습관을 가르쳤다. 사람은 누구나 자신만의 독특한 개성이 있다. 그 소질素質대로 뻗어나가게 하되 국가는 교육을 통해 자아실현의 기회를 최대한 보장해주어야 한다. 얼마 전 방한한 독일 발도르프 학교의 교사이자 의사인 볼프강 케르스텐은59 "조기 취학은 아이를 조기에 망친다"며, 생후 6~7년간은 신체에 기초적인 발달을 이루는 기초공사 기간이므로 영유아나 만 5세 아동의 조기 취학을 만류해야 하고 선행 학습도 입학 후 학교 적응에 되레 방해가 된다고 얘기한다. '책상보다 놀이'가 중요하다는 것이다. 아이들이 도시에 갇혀 있어서는 집중력이나 상상력이 커지지 않는다. 자연을 벗 삼아 제대로 뛰어 놀아야 한다. 자연을 이해하고 자연에게서 배워야 아이들이 훨씬 부드럽고 여유로울 것이다. 이 같은 교육의 질이야말로 단순한 인재보다 창재創才를 만드는 길이다. 다름과 차이를 인정하지 않으며 상상력과 다양성이 결여된 우리사회에서 한국을 비판하면 무조건 좌파라고 규정하고 나와 생각이 다르면 무조건 빨갱이로 보는 시각부터 고쳐야 한다. 한국 정치인들 가운데 일부는 정견의 차이를 배신의 정치란 이름으로 낙인찍어 차별하여 공동체에서 축출하여 소외시키는 현실을 보이고 있다.

「열하일기」의 저자 박지원은 "비슷하면 가짜다"라고 했다.

즉, 관점과 사고의 차이의 다양성
이 존중받아야 한다는 것이다. 퇴
계 이황이 추구한 것은 "인문학을
가까이 하되 아는 것에서 끝내지
말고 현실에 적용할 수 있도록 하
라"였다. 학문은 절대 공리공담이
나 탁상공론이 아니라 현실 문제를
해결하기 위해서 해야 하는 것이
다. 그러기 위해서 창의성을 길러

한국인 입양아에서 프랑스
의 꽃이 된 플뢰르 펠르랭
전 문화통신부 장관

야 한다. 한국인 입양아 출신의 플뢰르꽃 펠르랭한국명 김종숙 프랑
스 전 문화통신부 장관은 그 이름대로 프랑스의 꽃이 되었다.
어떤 교육을 받느냐에 따라 이렇게 달라질 수 있다. 2015년 100
만 명이 넘는 난민을 받아들인 독일의 경우 그 전 해에 아프리
카 난민의 불법체류 문제로 떠들썩했을 무렵60 10살 전후의 어
린 초등학생들이 "불법적인 인간은 없다"고 적힌 현수막을 내
걸고 시위를 했다. 독일은 고등학교 1학년인 16살 때부터 지방
의회의 선거와 교육감 선거, 18살부터 연방의회 선거에서 투표
권을 행사할 수 있다. 14살이 되면 누구나 정당에 소속된 청년
회에 가입할 수 있고 16살부터는 정식으로 정당의 당원으로 활
동할 수 있다. 이처럼 독일은 학생들을 민주시민, 세계시민으
로 길러내 가장 높은 정치의식을 가진 시민의 힘으로 성숙한
민주주의로 정치적 안정을 이룩하고 있다.

국가의 교육 혁신을 위해서는 나라의 **교육정책**을 혁명적으

로 바꾸어야 한다. 지금 한국은 교육과정조차 정부가 독점하고 있고 정부가 바뀔 때마다 교육과정 개정이 수시로 이루어진다. 중앙정부가 입시경쟁 체제를 만들어 놓는 바람에 교사들은 아이들에게 점수 향상을 목표로 하는 한 일방적이고 획일적인 교육을 할 수 밖에 없는 구조적인 문제다. 입시경쟁 교육, 사회적 배경을 만드는 서열경쟁 교육과 수직문화가 학생과 학부모, 그리고 우리사회 등 우리사회 모두를 불행에 빠뜨리고 있다. 정부부터 조변석개하는 교육 오년지소계가 아닌 국가 백년지대계로 하루속히 전환해야 한다. 미국의 경우 교육에 관한 권한이 연방정부에 있지 않고 주정부에게 있기 때문에 교육제도 종류가 50개 이상 되는 셈이다. 우리도 최소한 지역별로 차별화된 교육과정을 만들고 교육 정책 수립에 있어 하향식톱다운과 상향식보텀업이 조화를 이루어야 할 것이다. 이렇게 될 때 우리는 다양성과 창의성이란 열매를 딸 수 있을 것이다. 오직 인간이라는 동물만이[61] 미래에 대해 생각할 수 있다. 미래에 대한 생각이 인간의 행복과 불행을 결정하는 핵심인 것이다.

구글 코리아가 6년 연속 구직자들의 외국계 입사선호도 1위인 가장 큰 이유는 바로 자유로운 조직문화 때문이다. 1950년대만 하더라도 관료제가 컴퓨터 역할을 대신했었다.[62] 사람들은 관료시스템 상 각기 다른 부서에 배정돼 기계적으로 정보를 처리하는 과정에서 개성이 중시되지 않았다. 그러나 변화무쌍한 현대사회에 대응하기 위해서는 경직된 지능지수보다는 감성지수가 높은, 즉 감성적 인간이 최고의 인재라고 할 수 있다.

그래서 창조경제로 나아가기 위해서는 질서를 중시하는 관료 사회와 전통적인 유교사상은 걸림돌이 될 수 있다. 우리가 노래 부르고 있는 창조력의 관건인 핵심기술의 돌파를 위해서도 감성지수가 높은 인재에 의한 창조경제가 필요하다. 한국의 제조업은 기초가 약하다. 제품을 더 좋게, 더 빨리, 더 싸게 만들어 온 제조업에게 필요한 혁신은 뿌리기술의 경쟁력에 달려 있다. 소재를 부품으로, 부품을 완제품으로 만드는 공정산업이 바로 뿌리산업이고 이 뿌리산업의 바탕을 이루는 것이 핵심기술이다. 그런데 한국의 뿌리기술은 갈수록 쇠약해지고 있다. 나무의 뿌리처럼 세계와 경쟁할 수 있는 1등 뿌리기술을 키우기 위해 히든 챔피언 중소기업에 실력 있는 인재가 오래 머물게 해야 한다.

  아직도 한국 주요산업의 핵심기술은 외국에 의존하고 있다. 국내 반도체장비의 국산화율은 20.6퍼센트에 불과하며, 잘 팔리는 국내 화장품 원료의 80퍼센트를 외국에서 수입한다. 조선업의 기자재 자급률은 20퍼센트에 불과하고 설계 실력은 미국의 73퍼센트 수준 밖에 안 된다. 수출액이 높다고 요란하게 떠들지만 실속과 알맹이는 실로 초라하다. 스위스는 첨단 제조업과 첨단 서비스업을 동시에 발전시키고 있다.63 세계 4대 제조국가인 독일은 직원 수를 유지하되 양질의 하이테크 제품을 예전보다 더 많이 생산하고 있다. 그러니 스위스와 독일은 청년 실업률이 비교적 낮다. 우리나라도 제조업의 르네상스를 위해서는 선진 사례들로부터 비교하여 우리의 문제가 무엇인지를 정확하게 인정해야 한다. 앞서 뿌리산업과 핵심기술 사례에서 보았듯이 우리나라의 주요 공산품들은 껍데기만 국산이지 최신의 설계를 하지 못해 모방을 하고 있다. 크레디트 스위스 글로벌 투자 은행 보고에 따르면[64] 2015년 삼성 스마트폰의 판매 대수가 애플보다 1억대가 더 많지만 영업 이익에서는 삼성은 대당 28달러인데 반해 애플은 208달러였다. 누가 장사를 잘 하였냐는 불문가지이다. 왜 이런 결과냐 하면 애플은 하드웨어의 핵심인 소프트웨어인 운영체제를 자체 개발하고 선택과 집중으로 전문 업체와 협업하는 개방형이라면, 삼성은 하드웨어 중심의 다품종 소량 생산 체제로 부품 조립식 조직에 수직적으로 계열화되어 있다. 왜 국내 간판 기업이 창조 역량을 발휘할 최고급 인재의 경험과 지식을 축적, 숙성시키지 못하고 있는 것일까? 한강의 기적은 끝났다. 과거의 한국형 성장방식은 끝난 것이다. 이러한 문제와 시행착오는 몇십 년 전부터 지적되어 왔던 일이다. 그러니 똑같은 잘못을 지금까지 개선하지 못하고 반복하는 것은 정신병자들이나 할 짓이다.

스웨덴, 덴마크, 핀란드 등 북유럽의 초선진 강소국들이 척박한 자연환경을 이겨내고 강한 도전과 열정의 원동력을 키울 수 있었던 것은 철저한 교육시스템과 과학기술 덕분이다. 국가정책이 이 분야를 중시한 결과 창의성 및 여성의 사회적 역량 발휘, 중소기업 강세(덴마크는 98.9%가 중소기업), 기본적 행복추구권을 누릴 사회시스템의 개발을 가능케 했다. 교육이 사람을 살리고 나라를 부강하게 만들었다. 조선 중기의 유명한 예언가 격암

남사고1509-1571 선생이 남긴 기록 유언에 따르면65 한민족은 천손민족하늘에서 내린 뛰어난 손재주와 머리를 가지고 태어남이다. 그는 21세기는 두뇌와 우주시대로 선천적으로 물려받은 재능을 찾아내어 발전시켜 세계의 중심국이 되거나 반대로 몰락하여 비참해질 수 있는 기로에 서 있는 국가의 미래를 예언했다. 그 머리를 쓰는 방법이 바로 교육이다. 제아무리 손재주가 있고 뇌가 발달한 천손민족일지라도 지금과 같은 획일적인 주입식 교육에서 탈피하지 못한다면 창조경제는커녕 나라가 망할 수밖에 없다. 주입식 교육이 아닌 글로벌 인재를 키워내야 한다. 홍익인간 정신에서도 가르쳤듯이 우리는 스스로 즐거워하고 자유로워야 하고 이웃도 즐겁게 해서 남을 유익하게 해야 한다는 유산이 유장하게 전승되고 있다.

슬로느림와 행복 아기는 평균 2천 번을 '쿵'하고 넘어지고 나서야 비로소 걸음마를 배우게 된다. 이처럼 사람은 원래 굉장히 느린 존재였는데, 지금의 인간은 40배 가량 빨라졌다고 한다. 사람은 왜 살고 왜 일하는가? 사람은 사람답게 잘살아야 하는데, 그게 바로 행복인데 지금 현대인은 빠름이란 괴물 때문에 거반 다 죽어가고 있다. 자연이 공짜로 주어졌듯이 느림도 공짜인데 사람들은 왜 느림을 누리지 못하고 사는 걸까? 이처럼 곤경에 놓인 사람을 살리려는 국제적인 캠페인이 바로 슬로시티운동이다. 느림의 본질은 고요함·따뜻함·사랑·깊이와 삶의 질바탕質이다. 슬로시티운동의 철학은 품질삶의 양에서 삶의 질과 성숙성장에서 성숙, 행복불행에서 행복으로 이 아름다움의 본질을 탐색하는 미학의 새로운 바람이 지구촌에 불고 있다. 가수 카리나karina가 사랑을 위해 부른 〈슬로 모션〉slow motion의 노랫말대로 진정 사랑이야말로 느림이 아니겠는가.

우선, 나의 가장 친한 친구가 돼 줄 수 있나요?
네가 너를 내 남자라 부르기 전에 말이에요.
내가 널 느리게 사랑하면 안 되는 걸까요.
(중략)
진짜 너를 알고 싶어요.
하지만 다시 되돌아가고 싶어요.
내가 널 느리게 사랑하고 싶어요.
왜 그럴 수는 없는 걸까요.

장을 담가보면 알지만 절대 서둘러서는 안 된다. 장醬은 천천히 오래오래 돼야 진맛을 내기 때문이다. 전통장 명인 기순도에 따르면 장은 항아리 도기에서 짧게는 6개월에서 9개월 간 발효되며,1 오래된 간장의 경우 몇십 년간 묵히기도 한다. 우리의 장은 달콤한 맛, 짠맛, 쓴맛, 신맛의 모든 맛과 어울리고 조화를 이룬다. 된장이란 이름도 맛을 되게 한다는 뜻에서 된장이다. 한국의 장은 콩豆을 기반으로 하는데 콩의 꽃말이 '꼭 오고야 말 행복'이라니 실로 의미심장하다. 콩의 한자말이 들어가 있는 기쁠 희喜를 보라. 콩 두豆가 있다. 소상인과 장인이 성장하면2 경제도 발효할 것이다. 그 발효가 기분 좋은 경제, 기분 좋은 사회를 만드니 믿을 수 있는 물건을 만들고 좋은 서비스를 제공하는 사람에게 정당하게 비싼 값을 지불해야 마땅하다. 이러한 발효가 성숙이리라. 꼭 오고야 말 행복의 콩으로 만든 것 중의 으뜸이 두부이다. 추사 김정희는 대팽두부과강채大烹豆腐瓜薑菜 고회부처아녀손高會夫妻兒女孫이라 했는데, 즉 가장 좋은 반찬은 두부, 오이, 생강, 나물이요, 가장 즐거운 모임은 부부, 아들딸, 손주를 만나는 모임이라 했으니 지금을 살아가는 현대인들에게도 이 말은 참으로 울림과 여운을 남기는 글귀가

꼭 오고야 말 행복이란 꽃말을 가진 콩에 대한 추사의 두부 예찬론

아닐 수 없다.3 장이 제 맛을 내려면 조용하게 느리게 오래 때를 기다려야 한다. 설탕물 한잔을 마시고 싶을 때 아무리 서둘러도 소용이 없다. 설탕이 녹을 때까지 기다려야 한다. 혼인을 하려해도, 월급을 다달이 쪼개 저축하여 집을 장만하기 위해서는 기다리고 기다려야 한다. 삶이란 어쩌면 기다림의 연속이다. 나태주의 〈풀꽃〉이란 시에서도 "자세히 보아야 예쁘다 / 오래 보아야 사랑스럽다 / 너도 그렇다"라고 노래한다. 느림과 기다림이 있어야 제대로 보인다. 성경의 출애굽기에서 이스라엘 민족 70명이 가뭄으로 인해 처음 애굽이집트 땅에 발을 들인 이후 종살이로 온갖 핍박과 학대를 견뎌 오다가 그 수가 200만 명으로 늘어난 430년 만에 극적으로 탈출하게 된다. 110킬로미터 떨어진 가나안 복지까지 걸어서 3~4일이면 충분히 도착할 것을 40년을 들여 기다린 끝에 도달했다. 이게 출애굽 사건이다. 그래서 느림과 기다림은 신만이 아는 비밀인 것이다.

느림을 이해하기 위한 비유를 하나 들어 보겠다. 절약과 인색이 다르듯이 느림과 게으름농띠(경상도 사투리)도 다르다. 피에르 쌍소의 저서 「느리게 산다는 것의 의미」4에서 느림이란 주관적 의지가 반영된 치열한 삶의 방식이라 했다. 즉, 느림은 게으름이 아니고 치열함이 있는 삶의 진지한 태도이다. 지구촌에 불고 있는 슬로의 바람이라 할 수 있는 시속 5킬로미터의 걷기와 시속 15킬로미터의 자전거타기 열풍을 보라. 숲과 나무가 주는 에너지는 사람에게 활력을 준다. 천년 이상을 사는 은행, 주목, 향나무에게는 천년 이상을 살아가는 비밀이 숨겨져 있

시속 5킬로미터의 걷기(좌)와 시속 15킬로미터의 자전거타기(우)

다. 과연 그 비밀은 무엇일까? 첫째, 꽃잎이 없다. 둘째, 그 동
네 인심이 좋다. 셋째, 굉장히 느리게 자란다는 것이다. 나무가
살아야 사람도 산다는 말이다. 그래서 사찰터를 정할 때도 풍
수지리를 따지기 전 오래된 나무를 살펴본다고 한다. 왜냐하면
그런 곳이 명당이기 때문이란다. 산행이 주는 행복5에서 있어
서도 원래 산의 주인은 나무, 풀, 새, 곤충들이므로 뭇 생명을
존중하며 무례하지 않도록 생명체들과 교감하며 천천히 걸으
면서 풍경들에 말을 걸고 아름다움에 경의를 표해야 하는 것이
다. 무거움을 넘어선 가벼움, 빠름을 넘어선 느림의 재발견에
서 느림 가치란 시대정신이 새로운 바람임을 느낄 수 있다.

책읽기에는 빨리 읽는 소독素讀과 천천히 읽는 정독精讀이 있
다. 잠만 잘 것 같은 고양이도 굉장히 느려 보이는 거미도 사냥
감을 취할 때는 민첩하기 이를 데 없다. 그들에게는 '슬로슬로
퀵퀵' 리듬이 생명이다. 기마민족이었던 우리의 선조들은 말을
타고 물을 건널 때 순화馴化의 원리를 적용했는데, "말이 내를

건널 때 꼭 고삐를 놓아라"는 말이 있다. 말이 하루 400킬로미터를 달리는 동물이라 할지라도 마주가 말을 천천히 쉬게 하고 물을 마시도록 하지 않으면 필히 등위에 탄 이를 낙마시킨다는 것이다. 학문을 무척 좋아했던 조선 제 22대 왕, 정조 임금은 현대인만큼이나 바빴지만6 여유를 이용해 책을 읽었다고 한다. 이 여유를 가리켜 삼여三餘라 했는데, 이는 한 해의 여유인 겨울철, 하루의 여유인 밤, 비오는 날을 의미한다. 달력에서 일주일의 시작은 일요일로 붉은 색으로 칠해져 있다. 쉬고 난 뒤 일하게 되어 있으니 우리말에서처럼 낮밤보다는 밤낮이 맞는 어순인 것이다. 기독교의 성서에는 7일에 하루 쉬는 안식일과 매 7년째 되는 해를 안식년으로 정하라는 가르침이 있다. 현대인은 가만히 고요하게 있는 법을 몰라 빨리빨리만 하려하고 천천히를 잘 모르는 게 문제다. 즉, 멈춤과 쉼이 주는 축복을 잘 못 누리고 있는 것이다. 이처럼 느리게 고요하게 살기가 어렵게 된 까닭은 사회 환경이라는 큰 톱니바퀴에 개인이라는 작은 톱니바퀴가 맞물려 돌아가기 때문이다. 그러다보니 느리게 살 자유, 멈춤과 쉼의 리듬도 잃고 만 것이다. 노자의 「도덕경」에도 멈출 줄 안다는 지지知止 철학을 얘기한 바 있다. 여유와 사색은 정신적인 노동에 있어서 필수적인 요소이다. 만약 대학 교수가 부지런하기만 한다면 쓰레기 같은 논문 이외에는 기대할 수가 없다. 뉴턴이 한가로이 사과나무 밑에서 놀고 있지 않았다면 만유인력의 법칙을 발견하지 못했을지도 모른다. 한국의 대도시 근로자들이 식구食口와 함께 집밥을 먹는 저녁을 되찾아야 순조로운 삶이 될 것이다.

독일인은 일상에서 쉐넨 파이어벤트schönen feierabend: 즐거운 퇴근와 쉐네스 보핸엔데schönes wochenende: 좋은 주말를 입에 달고 산다.7 독일인은 노동시간을 엄수하고 쉼에 대해 민감하다. 잘 쉬고 놀아야 생산성이 올라가고 효율적으로 일을 잘 할 수 있다는 믿음이야말로 질 높은 생의 목적을 위한 수단이기도 하다. 노사 간의 협약, 근로시간에 대한 약속 등은 노사 간 단체협약 위반을 둘러싼 갈등이 자주 벌어지는 한국의 저신뢰 사회와는 달리 모두에게 사회적으로 중요한 약속이다. 독일인이 '저녁이 있는 삶'을8 가족과 함께 누릴 수 있는 것은 장시간 노동을 하지 않도록 하는 습관, 제도적 기제가 잘 발달해 있기 때문이다. 대부분 수직적 조직 구조의 한국 회사들과 달리 수평적 구조의 구미 회사들은 개인에게 책임과 권한을 동시에 부여하기 때문에 개인은 상대적으로 많은 재량권을 갖는다. 또한 상사와의 관계에서 받는 스트레스가 덜하며, 하루일과를 빨리 끝내고 일찍 집으로 돌아가 가족과 많은 시간을 보낸다. 느림의 습관이 주는 교훈이 있다. 우생마사牛生馬死, 즉 홍수가 나면 소는 살고 말은 죽는다는 고사가 있다. 말은 빠르게 내달리는 성질대로 필사적으로 다리를 휘젓다 결국 지쳐서 익사하고야 만다. 그에 비해 소는 느리게 밭을 갈던 습관대로 급류에 몸을 맡겨 떠내려가기에 힘을 낭비하지 않을 수 있어서 운이 좋아 뭍에 닿게 되면 살아남기도 한다고 한다. 느린 습관이 생사를 가늠하는 것이다. 모든 생명체가 만들어 내는 시간감각을 생체시계라 한다. 사람에게도 하루 세 번 배고픔을 느끼고 하루 두 번 졸음을 느끼는 생체시계가 존재한다.9 우리가 살아가는 지구환경의 일주기는 24시간이지만 생체시계의 주기는 24+α 로 우리의 생체시계는 25시간에 가깝도록 설정되어 있어 기차를 놓치지 않기 위해 몸은 바쁘다. 때문에 매일매일 생체리듬의 비틀림이 생겨나게 되고 이러한 일주기와의 차이를 바로 잡아주는 역할을 하는 것이 바로 '햇빛'이다. 창문이 동향인 병실에서 햇볕에 직접 노출된 우울증 환자는 서향인 병실을 사용한 대조집단보다 약 4일 빨리 퇴원했다고 하니 병원 설계만 잘해도 병이 낫는다. 잠깐 10분 동안의 느리게 햇볕 쬐기라도 하는 것이 바람직하다.

장사의 최대 기술은 손님에게 공손히 절을 하는 것이다. 손님에 대해서 머리를 숙이는 절, 즉 상인에게 아름다운 절이란 정중하게 숙인 머리를 되도록 천천히 올리는 것이다.[10] 20세기가 물질생산빠름이라면 21세기는 감성향유느림의 시대라고들 한다. 20세기는 빠름이 미덕이고 느림은 악덕이었지만 21세기에는 느림과 작음을 선호하는 소비자들이 늘어나고 있다. 따라서 소비자에게 행복을 창조하는 기업, 인간의 행복을 증진시키는 힐링마케팅이 새로운 추세이다. 세계적으로 뛰어난 명품, 일품수출逸品輸出을 주도하는 기업의 최고의사결정자CEO는 남다른 데가 있다. 통상 CEO는 긴장되고 정신없이 바쁜데 영혼이 없는 그런 사람들로부터 명품의 탄생을 바라기는 어렵다. 그들도 속도와 효율만 쫓지 않고 멀리 보고 느릿느릿 길게 가야 한다. 새로운 개념, 새로운 제품이 마구 쏟아지는 디지털 시대가 대세라고 하지만 느리고 인간다운 아날로그를 그리워하는 소비

2007년 취리히에서 결성한 스트라디바리 현악 4중주단

자들이 있음에 최근 슬로의 융복합, 슬로비즈니스도 빠르게 성
장하고 있다.

최근 취리히를 거점으로 활동하는 스트라디바리 현악 4중주
단콰르텟이 첫 내한하여 콘서트 프로그램 중 현대 고전음악의
걸작인 사무엘 바버의 '현을 위한 아다지오, 작품번호 11'을 연
주하였다. 현악 4중주의 아다지오 명칭에서 알 수 있듯 아주
느리고 느긋한 템포로 분위기를 압도하였다. 리듬은 4분음표
가 대부분으로 단조롭게 진행되지만 그 움직임들이 쌓여 화음
의 긴장감을 고조시키고 결국은 통곡할 것 같은 절정으로 치닫
게 한다. 그들의 손에 들린 1710~34년 산 악기들의 가치는 177
억원에 달했는데 아다지오를 통한 앙상블에서 명기의 공명과
느림이 주는 고급 사운드의 진수를 극치까지 끌어 올렸다. 금

상첨화격으로 피아노 5중주를 협연한 허승연의 농익은 피아니즘 음악의 실체를 또한 확인하는 밤이었다. 농경시대는 배고파 죽겠다. 산업시대는 힘들어 죽겠다. 정보시대는 바빠 죽겠다고 하는데 어느 것이 가장 심각한가? 기업이나 행정에 종사하는 이들이 정신없이 바쁘다는 것은 바로 영혼의 문제이다. 느림을 저버리는 것은 영혼을 주름지게 하는 것이다. 관광도 빠르게 하는 패스트 투어리즘이 대세이지만 슬로 투어리즘이 원래 관광의 어원에 걸맞은 말이다. 동양의 고전인「주역」에서 언급된 관국지광觀國之光에서 유래한 관광gwangwang의 의미도 관찰하며 찬찬히 보는 관광법이기 때문이다. 이솝우화 〈토끼와 거북이〉에서 천천히 꾸준히 간 거북이의 승리slow and steady wins the race로부터 세상만사의 원리를 배울 수 있다. 남태평양의 아름다운 섬으로 여행 온 어느 날 해변을 걷던 서양인은 안내자로 온 원주민에게 시합을 제안했다. "여기서부터 저 나무까지 달리기 시합을 해요. 일주일동안 각자의 방식으로 연습하고요." 시합 날 출발신호가 울리자 서양인은 재빨리 앞으로 뛰어나갔고 그는 일그러진 표정으로 이를 악물고 땀을 뻘뻘 흘리며 결승선을 통과했다. 원주민은 이제 겨우 중간지점을 통과했으며 파도에 둥실둥실 떠내려가듯 사뿐사뿐 춤추듯 크고 느린 보폭으로 얼굴 가득 웃음을 머금고 달렸다. 이윽고 결승선을 통과한 원주민은 껑충껑충 뛰며 환호성을 질렀다. 서양인은 물었다. "내가 이겼는데 왜 그렇게 좋아하나요?" 그러자 원주민은 "내가 이긴 것 아닙니까? 당신보다 훨씬 아름답게 달렸잖아요"라고 답했다. 우아한 승리자인 원주민은 우주의 소리와 심장의 소리를 같이 느끼는 사람들이다. 인간에게 느림은 마음이 움직이는 속도mind speed와 같다. 장석주 시인은[11] "느림을 부정하는 것은 우리 생명의 본성을 거스르는 일"이라 했다. 마음이 바쁘고 바쁜 사람이 많고 많다. 한 호흡들숨과 날숨이 1분대 수준이 되도록 숨을 다스릴 줄 아는 내면적인 슬로시티,[12] 내 안의 슬로시티가 되어야 진짜 슬로시티 운동을 실현할 수 있을 것이다. 중국 출신의 소설가이자 문명비평가 린위탕林語堂, 1895-1976의 말대로 차의 최상의 향기는 어린애의 살결에서 풍기는 것과 같은 미묘한 향기다. 커피 대신 차slow tea를 마시는 것은 우주의 시간을 마시는 것과 같다. 이렇게 뉘엿뉘엿한 느긋함 속에 행복이 깃든다. 좀 느리게 안단테로 사는 게 정도이다.

작은 동산, 작은 학교, 소박한 밥상, 작은 목소리는 사람에게 소중하다. 사람들은 오래된 것이 좋다고, **작은 것**이 아름답다고 말하면서도 더 큰 마트, 더 큰 차, 더 큰 텔레비전, 더 큰 집을 꿈꾸고 있다. 슈마허는 자신의 저서 「작은 것이 아름답다」 Small is Beautiful에서 "작은 것이 즐겁고 영원하다"고 했다.[13] 이스라엘과 아랍국가들의 땅 크기를 비교하면 1대 500이다. 이스라엘은 한 방울의 석유도 나지 않는 모래알밖에 정말 가진 것이 아무것도 없는 곳이다. 이토록 작은 이스라엘을, 가장 연약함을 택하셔서 하나님의 백성으로 삼으셨다. 폴라 뉴턴 CNN 국제특파원이 방한했을 때, 코리아는 작지만 이미 IT, 자동차, 조선 산업뿐만 아니라 K팝과 가수 싸이 등은 한국이 가진 자신감의 상징이며 작지만 강한 나라small but mighty라 했다. 비올 때 하

프란치스코 교황의 100원짜리 동전만한 서명. 자료: 한국천주교 주교회 •

늘이 아무리 넓어도 작은 우산 하나면 된다. 물질의 소유는 그렇다. 마야사의 현진 스님은 적자생존을 '적어야 산다'는 말로 재해석했다. 장욱진 화백의 그림은 작다. 왜 큰 그림을 그리지 않느냐는 물음에 그는 "크게 그리려다 보면 쓸데없이 욕심을 부린다. 하지만 작은 데 그리면 내가 그리고 싶은 것이 무언지 생각하게 된다. 작은 그림은 친절하고 치밀하다"고 답한다. 2014년 8월 프란치스코 교황이 한국을 방문했을 당시 배기량 1600cc의 작은 소울Soul 차를 이용한 것이 매우 인상적이었다. 한현수 시인의 '여백의 몫'이란 시도 작음을 예찬하고 있다. 슬로와 스몰은 더 좋고 아름답다slow and small are gooder. 사람은 원래 느리고 작다. 이게 본질이고 자연인데, 오늘날의 시대는 큰

• 2014년 서울시 광진구 중곡동 한국천주교 주교회 방문록 서명

것을 숭배하는 맘몬주의 사상이 지배하고 있다. 물리학자들은 우주의 작은 입자를 발견하려다가 천체의 공생을 알아냈다.[14] 관계란 고대 아프리카의 지혜 '우분투'다른 사람 없이는 내가 살아갈 수 없다에서도 볼 수 있듯 작은 인간관계의 중요성이다. 사람은 다른 사람 때문에 사람이란 것이다.

여백의 몫 – 한현수

프란치스코 교황의 방한 첫날,
가능한 큰 글씨의 친필서명을 받기 위해
주교단은 큰 종이를 교황에게 내밀었다
교황은 돋보기로 봐야 할 정도의 작은 글씨로
francisco라고 썼다

모두 함께 웃었다
주교들은 깨알 같은 이름 때문에 웃었고
교황은 여백이 커서 웃었다

농가의 연소득이 5천만 원에 미치지 않으면 소농에 속한다. 소농은 석유를 많이 소비하는 커다란 농기계, 농약, 비료에 덜 의존하기 때문에 땅에 물리적, 화학적 부담을 덜 지우므로 바람직하다. 보다 많은 도시민들이 귀농하여 자급적인 소농으로 살아가기를 바라며, 미래의 기업도 중소기업이 바람직하다. 이제부터라도 작은 것, 작은 장소, 소수의 인원으로 그동안 자본주의에 밀려 사라져버린 우리 삶의 지혜와 전통을 복원하고 편향적으로 치우치고 기형적으로 성장하여 양극화가 심해진 경제구조를 바로잡을 필요가 있다. 그래야만 미래에 작음의 기쁨 The Joy of Less, 참 기쁨을 누릴 수 있다.

신은 **곡선**을 만들고 사람은 직선을 만든다고 한다.[15] 곡선에 다정함·융통성·유연성이 있다면 직선에는 냉정함·경직성·능률성이 있다. 직선은 조급하고 냉혹하고 비정하지만 곡선은 여유와 인정과 운치가 있다. 모든 생명은 곡선 속에 있는데 씨앗과 알, 열매가 그러하다. 우리의 문화는 곡선의 문화로 옷과 버선, 지붕과 음악이 그러하다. 자연을 보라. 언덕, 강물, 파도, 능선, 해와 달, 나무의 굽음이다 곡선이다. 하나님께서 이스라엘 백성들을 가나안으로 바로 직선 코스로 가지 않게 하시고 우회하여 인도하신 것도 그러하다. 아마도 신이 만들어 낸 가장 아름다운 곡선 가운데 하나가 인간일 것이다. 몸의 곡조인 춤이 또한 그러하다. 온상재배로 살아온 사람보다 굴곡이 있는 삶을 산 사람이 깊고 묘한 데가 있다. "굽은 나무가 선산 지킨다"는 속담도 있지 않은가.

인생은 거침없이 내달리는 선이 아니다. 우리에게 부드러움과 여유가 없다면 마찰을 일으킨다. 곡선만이 부드러움과 여유를 선물한다. 곡선의 느낌, 곡선의 부드러움과 여유를 알고 사랑을 배운다. 왜냐하면 사랑은 곡선이기 때문이다. 우리는 온갖 우여곡절과 어려움을 되풀이하며 굴곡의 묘미를 배운다. 사랑이 곡선인 것은 모든 것을 포용하기 때문이다. 음악의 곡조曲調가 그렇다. 러시아 민속음악 〈검은 눈동자〉에 나오는 눈동자에

영화 〈흐르는 강물처럼〉의 명장면. 낚싯줄의 아름다운 곡선

서 뭐니 뭐니 해도 눈동자의 곡선이 으뜸일 것이다. 이 직선과 곡선의 조화에서 우러나온 사랑과 예술이 삶의 원동력이 된다. 영화 〈흐르는 강물처럼〉에서 낚싯대를 던질 때의 아름다운 곡선이 그러하며, 특히 스페인의 불멸의 천재 건축가 가우디의 건축물의 곡선은 가히 백미이다.

지금까지 우리는 너무 직선적으로 빠르고 거칠게 살아왔다. 앞으로 우리가 나아갈 바는 부드러움, 느림과 곡선이 우선하는 유곡면사회柔曲面社會에 감춰진 참 진리를 깨닫는 것이다. 자본주의가 직선사회라면 슬로시티엔 곡선의 세상이 여유 있게 찾아오고 있다. 가수 W·H·I·T·E의 〈네모의 꿈〉이란 노래의 가사는 우리에게 많은 생각을 하게 한다.

1918년 건축가 가우디의 곡선미 넘치는 아파트 건물 디자인[16]

네모의 꿈 - W.H.I.T.E(1996)

네모난 침대에서 일어나 눈을 떠보면
네모난 창문으로 보이는 똑같은 풍경
네모난 문을 열고 네모난 테이블에 앉아
네모난 조간신문 본 뒤
(중략)
네모난 버스를 타고 네모난 건물 지나
(중략)
네모난 오디오 네모난 컴퓨터 TV
네모난 달력에 그려진 똑같은 하루를
의식도 못한 채로 그냥 숨만 쉬고 있는 걸
주위를 둘러보면 모두 네모난 것들뿐인데
우린 언제나 듣지 잘난 어른의 멋진 이 말
세상은 둥글게 살아야해
지구본을 보면 우리 사는 지군 둥근데
부속품들은 왜 다 온통 네모난 건지 몰라
어쩌면 그건 네모의 꿈일지 몰라

지금 국가 밖은 인터내셔널國際이 아니라 글로벌世界이다. 세계의 중심은 메트로폴리탄거대도시들의 연합국가다. 글로벌 도시로는 뉴욕, 런던, 파리, 프랑크푸르트, 암스테르담, 서울, 도쿄, 시드니, 상하이, 홍콩, 상파울루, 멕시코시티 등이 있다. 오늘날 글로벌 시티 내부의 빈부 격차라는 양극화 현상은 상상을 초월하고 인터내셔널에서 글로벌이 될 수록 글로벌 시티즌은 론리 플래닛Lonely Planet, 여행책자처럼 더 외로워졌다. 글로벌 도시에 사는 글로벌 시티즌인 시민을 환자로 묘사한 대해 정호경은 자신의 수필 「현대의 섬」에서 병든 대도시를 잘 그려내었다. 도시의 고층건물 숲 속에서는 하늘의 색깔을 알지 못하고 밤에는 별조차 뜨지 않는다. 동공의 초점을 잃은 거리의 행인들은 이미 삶의 방향감각이 마비되어 있다.[17]

20세기가 국가의 시대였다면 21세기는 도시의 시대로 **슬로시티**cittaslow 운동은 세계화 대신 지역화와 지역경제 활성화를 추구한다. 현대 세계화의 물결에 지역 정체성의 벽이 허물어질수록 강대국, 대도시, 대기업의 경쟁과 대량생산에 맞설 수 있도록 지역화·차별화·고급화 브랜드로 소도시가 비교우위의 매력을 갖도록 해야 하는 것이다. 멀리 오래갈 미래를 위해서는 지역화가 중요하며, 즉 지방이 살아야 온 나라가 산다. 그렇게 되기 위한 핵심은 돈과 사람인데 한국의 지방은 돈도 말라버리고 인재마저 고갈되어 있다. 그러나 프랑스의 22개 지역 중 하나인 프로방스의 경우 그곳 시골 사람들은 올리브나무 사이를 걸으며 저녁이면 제철 요리와 와인을 즐긴다. 행복을 누리는 이곳이야말로 세계인이 그리는 마음의 고향이다.

슬로시티 운동은 21세기 시대가 요청하는 시대정신이며, 새로운 삶의 질을 추구하는 행복운동la dolce vita, 달콤한 인생이다. 우리나라의 1960년대 농촌에서 전개된 새마을운동이 경제개발 5개년 계획과 함께 정부 주도로 시작된 우리나라의 첫 산업화 정책이었다면 슬로시티운동은 자발적이고 비정부조직적 운동이다. 새마을운동이 '잘 살아보세'라는 경제적 운동이라면 슬로시티운동은 '사람답게 살아보세, 사람이 살아 있는 도시'란 숭고한 가치를 추구하는 행복운동이다. 슬로시티운동의 중요한 지향점은 단지 빠름과 느림에 대한 것이라기보다 괴테가 말했듯이 속도가 아닌 삶의 방향이다. 슬로徐路시티徐市는 느림이 있는 풍경slowscape, 徐景, 자연이 있는 조경landscape, 造景, 농산물 먹거리가 있는 환경foodscape, 食景과 전통문화가 도도히 흐르는 문화경culturescape이 어우러진 달콤한 행복徐福의 공간이다. 옛 문헌에는 느림을 서로徐路, 느림의 행복을 서복徐福이라고도 했다. 동양의 대표적인 인간미학인 「채근담」을 인용한 홍자성의 말대로 "군자는 한가로울 때는 긴한 것에 대비하는 마음가짐이 필요하고 바쁜 때에는 느긋한 맛을 지녀야 한다"는 조화정신에 초점을 두어야 한다. 슬로시티는 현대사회에서 옛날의 느림으로 가자는 복고주의가 아니다. 또한 전통과 현대, 느림과 빠름이 한쪽으로만 치우치는 악순환 구조라기보다 양 날개로 나는 새처럼 마치 호흡의 날숨과 들숨과 같은 선순환 구조인 전체론적 접근holistic approach으로 조화를 이뤄 비상하는 사회를 만들고, 궁극적으로 삶의 질을 개선하자는 뜻이다. 한국에서 슬로시티의 입지를 지정할 때 고려하는 사항은 바로 도시의 팽창과 농촌의 위축 간의 조화이다. 이 조화와 개선을 위해서

국제슬로시티연맹 회원국가

cittaslow   삶의 질을 추구하는 국제슬로시티 공동체
Internationl network of cities where living is easy

국제슬로시티 삶의 질 인증 브랜드 마크

는 아직도 할 일이 많이 있다. 슬로시티 시대It's Cittaslow time에 호응하는 전 세계 가맹국가는 2016년 3월 현재 30개국 213개 도시에 이른다. 슬로시티는 등에 마을이란 공동체를 이고 가는 작은 달팽이를 국제슬로시티 삶의 질 인증 브랜드 마크로 삼고 있다. 코스타리카에서는 삶의 질에 있어 순수한 삶, 곧 걱정 없는 편안한 삶을 '뿌라 비다'Pura vida라는 인사말로 표현하며 사회적 지향을 나타낸다.18 달팽이는 날카로운 칼날 위를 천천히 걷는다.19 달팽이는 배 밑 전체가 발 역할을 하기 때문에 배발복족, 즉 발 근육이 뒤 쪽에서 앞쪽으로 물결치듯이 한없이 느린 배밀이로 나아간다. 몸에서 점액질 성분이 나와 마찰을 최소화하여 이동하기 때문에 굉장히 날카로운 칼날 위로도 베이지 않는 것은 이처럼 천천히, 무의식적으로 나아가기 때문이다. 달팽이자연는 천년쯤을 기약하며 마을인간사회을 이고 어디론가 가고 있다. 독일 슬로시티 발트키르히를 방문했을 때 시장이 달팽이에 관한 유머를 한 적이 있다. 회색의 비가 추적추적 오는 봄날에 달팽이 한 마리가 계속 먹어 왔던 야채 외에 다른 먹이를 찾고자 마음먹고 열심히 벚나무를 기어오르기 시작했다. 그걸 본 어떤 참새들은 너무 우스운 나머지 도저히 나뭇가

지에 제대로 앉아 있을 수도 없을 정도였다. 한편 달팽이를 불쌍히 여긴 다른 참새 무리들이 달팽이에게 물었다. "보면 모르니? 이 나무엔 열매가 아직 열리지도 않았다구." 그러자 달팽이는 "알고 있어"라고 답하고선 기어오르기를 계속하며 말을 이어갔다. "그래도 내가 다 올라갔을 때쯤엔 열매가 열려 있지 않을까?"

우리의 삶은 의미로 가득 차 있다. 존재의 리듬, 예컨대 파도나 별, 계절, 삶의 우여곡절 등 이 모든 기적적인 존재가 그렇다. 그러나 일터와 가정에서 정신없이 바쁘게 돌아가는 삶은 진정한 존재의 본질을 위협한다. 한국을 이끄는 쌍두마차라고 할 수 있는 기업의 경영자들과 행정의 공직자들 대부분이 빠르게, 무섭게 일을 하고 있지만 이는 시간을 서투르게 쓰는 것으로 보인다. 20세기가 물성物性, 즉 물건의 품질과 성능을 달성하기 위한 바쁨의 시대, 즉 참을 수 없는 존재의 가벼움이었다면, 21세기는 사람의 마음과 감성感性이 미래를 열게 되는 즐거움樂과 느림漫의 시대[20]가 될 것으로 전망된다. 다망화多忙化에서 바쁨의 뜻인 망忙이라는 글자는 마음이 망한다는 뜻의 합자로 심리적인 측면에서 마음이 망하면 사실 만사가 뒤틀리게 되는 것이다. 현재 인류의 행복과 인간관계를 송두리째 앗아가는 것이 바로 빨리빨리이다. 한국인의 대표정서인 정情과 신명神明도 바쁠 때는 설 자리가 없다.[21] 행복한 삶을 위해 돈이 많이 드는 복지보다 사실 더 중요한 것이 바로 정이다. 우리가 보존해야 할 창조질서 중 가장 따뜻한 것이 정이라고 생각한다. 자연, 조

情
忙

정을 망가뜨린 것이 망,
빠름임

상, 이웃 사이에 있는 아름다운 정겨움 말이다. 외국 어디에도 정이란 말 자체가 없지 않은가. 인정국인 한국에서 아득히 전해져 온 코리아의 정, 아닌 게 아니라 그게 사람사는 맛이다. 그 정情을 망가뜨리는 것이 망忙이다.22 이강엽 대구대 교수는 바삐忙 지내다 보면 중요한 일을 잊기도忘 하고 결국엔 허망虛한 꼴을 겪다가 망亡하기 십상이기에 이 망·망·망·망한 세상을 벗어나는 길은 다사다난과 다사다망에서 다사다한多事多閑으로 가는 것이라고 제안했다. 어느 날 로마 황제 하드리아누스가 길을 가는데 어떤 여인이 앞을 막아서며 자신의 어려운 문제를 아뢰었다. 황제가 바쁘다며 길을 가자 여인은 이렇게 내뱉었다. "그렇다면 황제를 그만 두세요." 과연 여성 특유의 직관력이 번득이는 일침이었다.

왜 이렇게 빨라졌을까? 자본주의, 서구화, 산업사회는 사람들을 닦달하여 일·돈·탐욕에 줄을 서게 했다. 빠른 것=풍족한 것=좋은 것으로 여기게 했다. 국내 기업들은 여전히 아직도 더 빠르고 더 큰 것만을 최고로 생각한다. 그래봤자 얻는 것보다 잃는 게 더 많은데도win some, lose more 말이다. 한국은 1950년 한국전쟁 이후 전 세계에서 가장 가난한 나라 중의 하나였으나 경제적 가난을 극복하기 위해 생산성과 경제적 효율성을 높여 지난 60년 간 세계에서 유례없는 가장 빠른 경제 성장을 이룩한 국가가 되었다. 개인의 빠름을 보여주는 한 예로 주문한 맥도날드 햄버거가 나오는 데 소요되는 시간 방침을 보면 일본은 53초인데 반해 한국은 30초이다. 단군이 우리에게 비단재배와 직조기술을 가르쳤다고 말하는 게오르규 신부의 「25시」[23]에서는 한국은 24시간이 모자라 25시라고 한다. 현대 문명사회에서 한국인은 속도와 경쟁에 집착하게 되었고 이것이 중력으로 이끌어 한국사회는 핏발선 눈으로 외치는 빨리빨리문화ppali ppali culture가 도시를 넘어 시골마을마저도 침범하였다.

바쁨은 사람을 불행하게 한다. 바쁘다와 부지런하다를 혼돈해서는 안 될 것이다. 물론 스피드는 좋은 것이다. 하지만 스피드가 서두름, 조급증躁急症으로 바뀌면 그건 독이다. 영화 〈사랑의 침묵〉2009에서 "신이 내 곁에 없다고 생각하는 사람들이 바쁘게 살아갑니다. 침묵은 생각까지 다스리지요. 그러면 침묵은 음악이지요"라는 대사가 나온다. 예수께서 산상수훈山上垂訓, Sermon on the Mount 중 팔복에서 "심령이 가난한 자는 복이 있나니 천국이 저희 것임이라"Blessed are the poor in spirit, for theirs is the king-dom of heaven라고 얘기한다.[24] 오늘날 그리스도인들이 교회를 찾는 가장 큰 이유가 세상이 너무나 소란스럽고 어지러워 혼자 있어도 고요하기가 어려워 '마음의 평화'를 얻기 위함이다. 신은 사람에게 두 가지 비밀을 주셨는데 첫째는 즐거움이요, 둘째는 느림과 기다림이라는 풍요이다. 즉, 신의 비밀은 즐거움치유와 행복＋느림영혼＝진정한 풍요인 것이다.

2008년 화재로 소실되었다가 복원되었으나 졸속의 대표적 상징이라 할 수 있는 국보1호 숭례문의 기둥(左), 빠름에 중독된 한국인의 성급한 속도를 잘 대변하는 갈라져 버린 광화문 편액(右)

불교계에서 점차 늘고 있는 남방불교 위파사나 수행법에서는 느린 행선과 좌선을 통해 깨우침을 구한다. 느림은 깨우침의 바탕이니 느리지만 치열한 수행인 것이다. 국내 굴지의 대기업들의 사업보고서를 살펴보면 호흡이 너무 짧다는 것을 알수 있다. 대기업 임원들이 내년만 보고 일하느라 5년이나 10년을 내다보는 장기 프로젝트가 사라진지 오래다. 정신없이, 영혼도 없이 코앞의 내년 사업에만 목매는 대기업 임원들이 한국기업의 현실이다. 가장 빠른 것이 효율적인 시대는 지나가고있다. 여유를 갖고slow fix 문제를 깊이 생각하여 올바른 진단에 도달해야 한다.25 아이슈타인은 세계를 구할 시간이 1시간이주어진다면 무엇을 하겠냐는 질문에 이렇게 대답했다. "문제가 무엇인지를 규정하는 데 55분을 쓰고 해결책을 찾는 데는 5분만 쓰겠소." 따라서 슬로 모션의 늦춤의 기술지지철학, 知止哲學을 터득해야 제대로 된 혁신과 창조가 탄생할 수 있다.

나는 마시리 / 보이느니 개판이오 / 들리느니 죽는 소리 …
도시문명과 물질문명으로 우리의 삶이 오염되니 자연히 인간
관계도 오염되고 말았다. 근년에 한국의 국보 1호인 숭례문崇禮門,
남대문에 한 나이 지긋한 이가 불을 질렀다. 프랑스 말에 "107년
을 기다린다"는 표현이 있는데 이는 노트르담 대성당을 짓는
데 소요된 햇수다. 숭례문 복원을 위해 전통을 고수한다면 벌
채와 나무 말리기부터 제대로 해야 했었는데 우리에게 금강송
이든 천연안료든 선택은 오직 속도뿐이었고 우리는 복원의 기
둥이 처참히 갈라져 버린 참담함을 보았다. 1882년에 시작해 아
직까지도 짓고 있는 스페인 바르셀로나의 라 사그라다 파밀리
아 성당의 예는 너무나 유명하다. 얼마 전 대구에서 PC방에 가
려는 20대 초반의 아빠가 자신의 아이가 잠을 자지 않아서 죽
였다고 진술했다. 인구보건협회가 2013년 전국의 기혼 남녀
992명을 대상으로 실시한 설문조사에서 부부의 38퍼센트는 하
루 중 대화시간이 30분도 채 되지 않았으며, 대화를 막는 요인
으로는 늦은 귀가가 1위, TV와 스마트폰이 2위로 나타났다. 이
모두가 빠름과 속도가 내몬 결과이다.

2014년 질병관리본부가 공개한 '2013년 지역사회 건강조사'
결과에 따르면 전국 253개 시군구 22만 여명 가운데 최근 1주
일 동안 1회 30분 이상 걷기를 5일 이상 실천한 사람의 비율은
38.2퍼센트로 이는 지난 2008년 50.6퍼센트보다 10퍼센트 이상,
2012년 40.8퍼센트보다 2.6퍼센트 감소한 수준이었다. 특히 비
만율이 높은 지역으로는 제주가 28.3퍼센트로 제일 높고 한국

인이 덜 걷고 더 뚱뚱해진 이유는 바쁜 일상에 쫓기다 보니 잠깐 걸을 '짬'을 내기가 쉽지 않다는 응답이었다. 바쁨의 바이러스는 기업, 행정, 학교, 교회, 심지어 가정까지 침투하여 성한 곳이 없을 정도이다. 「진화론」을 쓴 찰스 다윈은 바빠서 음악도 듣지 않고 시 한줄 읽을 여유가 없어 행복을 잃었다고 후회한 적이 있다. 한국인들 가운데 "바빠 죽겠는데 꽃은 왜 피워 야단이야"라고 불평하는 사람도 있다. 바쁨이란 중력에 이끌려 언제 어디서나 시각을 다투느라 인생 자체를 잃어버리면 "온 세상을 얻고서 자기 영혼을 잃는다면 그게 다 무슨 소용이란 말인가?"라는 예수님의 말대로 돼 버리고 만다.

「속도와 정치」의 저자이자 프랑스의 **속도**의 사상가 폴 비틸리오[26]는 사고체계는 질주학이며, 현대문명 해석의 열쇠는 '속도'라고 말한다. 그는 속도의 발달이 영토지정학에 뿌리를 둔 공간차원의 정치를 밀어내고 실시간 정보교환, 시장활동, 세계적 자본이동의 관리 등으로 요약할 수 있는 시간차원의 정치를 가져왔다고 한다. 기계는 '직선'을 좋아한다. 그래야 속도가 빨라지고 돈을 빨리 벌 수가 있기 때문이다. 하지만 기계는 속도 제한을 모른다. 기술혁신으로 생산성이 향상되면 노동시간을 늘리지 않고도 자본가는 많은 이윤돈을 획득할 수 있다.[27] 기술혁신은 결코 노동자를 풍족하게 만들어주지 않는다. 자본은 노동자를 지배하여 보다 많은 이윤을 얻으려는 수단일 뿐이다. 오늘날 모든 사업은 속도를 중심으로 돌아가고 빠르면 빠를수록 좋다는 것이 지금의 대세이다. 21세기 새로운 천연자원이라 불리는 빅데이터를 활용하여 보다 빠른 속도로 분석결과를 도출하고 이를 실행에 옮기며 인류가 첨단 정보화시대에 접어든 것은 속도의 힘 덕분이라고 자화자찬한다. 심지어 KT는 초고속 인터넷 속도가 10배 빠른 기가giga의 시대를 열고 '속도는 힘이 세다'를 외치며 더욱더 가쁘게 박차를 가하고 있다. 미국인들이28 시간이 돈time is money이란 명분으로 자본주의를 이룩한 반면, 부탄인들은 '시간은 생명'으로 여기고 실천했다.

미국 시장조사업체인 스트래티지 애널리틱스Strategy Analytics에 따르면 2015년 말이면 전 세계 인구 3명 중 1명, 즉 25억 명이 스마트폰을 이용하게 될 것이다. 스마트폰은 우리로부터 중요한 것을 멀어지게 만드는 데도 우리는 멈추지 못하고 있다. "이 빌어먹을 블랙베리이메일 기능이 탁월한 RIM사의 휴대전화가 나를 잡아먹더군요.29 이놈을 손에 넣은 뒤로는 노예가 되었죠. 전혀 통제할 수가 없더군요." 디지털 시대로 접어들면서 이메일과 문자메세지, 페이스북이나 트위터 같은 다양한 소통수단으로 속도만 빨라진 것이 아니라 전혀 새로운 문화, 새로운 직업, 새로운 소통방식, 새로운 취미와 레저활용, 새로운 사회 집단이 생겨났다.

속도에 집착하는 현대 사회의 광기인 '가속화'는 이미 거대한 추세가 되었다. 극심한 경쟁으로 컴퓨터의 속도는 최근 밀리초1000분의 1와 마이크로초100만분의 1초를 다투는 어지러운 가속화의 경쟁 하에 있다.30 요즘 고객들은 마이크로초microsecond

를 다룬다. 마이크로초란 100만 분의 1초로 상상할 수 없을 정도로 짧은 순간이다. 세계 금융시장에서 이루어지는 거래의 90퍼센트 이상이 인간의 판단력이나 이성이 개입되지 않는 형태로 이루어지고 있으니 우리사회가 이제는 컴퓨터로 운영된다고 해도

앨런 튜링과 애플의 사과 로고마크

과언이 아니다. 사실 컴퓨터는 엄청나게 환경을 파괴하면서 경제성장 속도를 높인다.[31] 경제는 지난 25년 동안 500퍼센트나 성장했다. 그런데 그 결과로 바다 속 물고기가 줄어들고 지구는 지쳐가고 있는 것이다. 숲은 사라지고 물은 부족한데다 오염되고 있다. 심지어 기후 변화마저 초래되었다. 이것은 모두 인간이 자초하였고 이 흉물스런 컴퓨터만 없었다면 이렇게 빨리 광범위하게 진행되지는 않았을 것이다. 영화 〈이미테이션 게임〉은 천재 수학자 앨런 튜링의 이야기를 다룬 작품이다. 그는 인간의 두뇌를 기계에 넣을 수 없을까라는 고민에서 출발하여 제2차 세계대전 당시 처음으로 현대적인 컴퓨터란 것을 만든 인물이다. 처음에도 전쟁용으로 만들어진 컴퓨터는 지금까지도 폭력에 희열을 느끼는 사람들의 의해 전쟁용으로 인기리에 사용되고 있다. 세계적 기업인 애플의 사과 로고는 바로 앨런 튜링이 청산가리를 든 사과를 베어 물고 사망한 것을 추모

하기 위해서 나왔다고 추론하는 이들도 있다. 그는 죽기 전 자신이 기계인지 사람인지 괴물인지를 고민하다가 말년에 삶의 나락으로 떨어졌다고 한다.

한국은 세계적인 첨단 과학기술을 보유하고 있는 나라다. 그것도 아주 짧은 시간에 성취한 매우 놀라운 결과이다. 세계가 놀랄만한 인터넷 인프라만 봐도 우리는 속도를 사랑하는 나라가 되고 말았다는 것을 알 수 있다. 한국인은 왜 빠른가? 한국인의 기민성은 가난, 전쟁, 압축경제 성장의 탓이기도 하지만 한반도의 농경문화_{백제}, 신라와 대륙의 기마문화_{거란, 말갈, 고구려}의 유목문화가 접목된 이중문화의 결합에서 그 연원과 뿌리를 찾을 수 있을 것이다. 한민족의 5천년 역사 중 대륙에서 4천년을 살아 온 기마민족의 DNA가 한국인의 핏속에 흐르고 있는 것이다. 개인정보를 빼내 결재를 유도하는 피싱이나 해킹사고보다 더 큰 문제는 많은 사람들이 온라인을 통해 보다 빈번하게 이어질수록 진정한 인간관계는 줄어들고 있다는 점이다. 오늘날 스마트폰을 왕처럼 모시고 고개를 숙인 한국의 젊은 세대들을 가장 멍청한 세대라고 우려하는 목소리도 있다. 왜냐면 그들은 생각하기를 싫어하는 스마트족이기 때문이다. 대한민국 그 어디보다도 인터넷 연결이 잘 되는 송도 스마트시티의 주민은 "이곳에선 거의 아무도 서로를 몰라요. 이웃의 얼굴을 보는 일조차 드물어요"라고 말한다. 그래서 인터넷으로 인한 외로움을 도리어 인터넷을 통해 풀 수 있는 먹방_{먹는 모습을 보여주는 방송}이나 〈1박 2일〉 등의 프로그램이 인기를 끄는 것이다. 한국은 세계에서 자살자 수가 가장 많은 나라로 손꼽히며, 만만디 정신으로 서두르지 않던 중국이 어느새 한국보다 더 빨리빨리를 외치는 나라가 되었다. 한 개그우먼 수녀는 "인생에서 자기 이야기를 들어 주는 사람이 한 명만 있어도 삶을 쉽게 포기하지 않는다"고 말한다. 기술과 기계는 인간을 대체할 수 없다. 기계 없이도 살 수 있는 삶의 기술의 회복이 절실한 때이다. 늦게 오는 사람은 아무것도 가져갈 수 없어서 과도한 경쟁 속에 놓이게 된다. 한국이 유독 안전사고가 많은 것도 빠름과 깊은 관련이 있다. 우리는 이제 앞으로 다가올 인류의 운명과 한국이 나아갈 바람직할 방향에 대한 재사유가 필요하다. 빠름과 속도는 사람을 참을 수 없는 존재의 가벼움으로 몰아넣고 있다. 논어에 나오는 말대로 빨리 하고자 하면 닿지 못한다는 욕속부달欲速不達을 상기해야 할 것이다.

우리는 하루 대부분을 일하며 보낸다. 집에 가도 겨우 잠만 자고 다시 일터로 향한다. 한국인의 취미는 일하는 것이라고 한다. "하면 된다"는 자신감으로 경제건설에 매진했다. 그 와중에서 일도 빨리빨리 하고 밥도 빨리빨리 먹으며 하루 25시간, 일주일 8일로 일하다 보니 "미국인은 일하기 위해 살고, 유럽인은 살기 위해 일하고, 한국인은 일하기 위해서 일한다"는 말까지 생겨났다. 세상일은 하면 할수록 끝이 없다. 사람들은 바빠 죽겠다고 아우성을 치면서도 자꾸 일을 만드니 묘하게도 사람 잡는 경제학이 되고 말았다. 2015년 6월 통계청이 발표한 '2014년 생활시간조사'에 따르면 5일제를 해도 일에 치이고 쉬는 시간은 빠듯하여 국민 10명 중 8명(80퍼센트)은 일상이 피곤하고 77퍼센트가 시간의 부족을 느끼는 것으로 나타났다. 이렇듯 일도 많고 스트레스도 많으니 삶이 고단할 수밖에 없다. 1년 평균 노동시간을 비교해보면 네덜란드가 1389시간, 한국이 2256시간으로 유럽보다 삶의 질이 현저하게 떨어진다. 최근 발표된 한국의 법정 노동시간은 주당 40시간8×5=40에서 52시간으로 늘어났다가 지금은 60시간으로 갈수록 늘어나니 우울한 소식이지 아닐 수 없다. 노동시간이 줄어들지 못하는 데에는 이유가 있다. 거기엔 점점 더 많은 것을 원하는 인간욕구의 문제가 있기 때문이다. 노예는 과거의 문제가 아니다slavery is not yesterday's issue. 이탈리아 마키아벨리의 「군주론」에서의 "단 하루만이라도 노예처럼 살지 않고 자유로운 군주처럼 살라"라는 말이 언제 적에 한 말이던가.

문화의 시대라고 하지만 호모루덴스놀이하는 인간가 되려면 아직도 멀었고 오히려 호모에코노미쿠스생산하는 인간만이 만연해 있다. 인간이 매일같이 8시간씩 할 수 있는 일은 노동뿐이다. 먹고 마시고 사랑하는 것으로 8시간씩을 채울 수 없는 노릇이라는 게 일 예찬론자의 변이다. 그러나 자꾸만 굴러떨어지는 커다란 바위를 끊임없이 산꼭대기로 밀어 올려야만 하는 그리스 신화 속 시지프스처럼 뼈 빠지게 일하지만 생산성은 낮을 수밖에 없다. 일중독은 심각한 질병이며 일중독자는 정서적 불구자이다. 눈부시게 발전한 기계가 전례 없이 놀라운 속도와 정확성으로 인간의 노동을 대신하고 있지만 노동자는 예전에 가졌던 여유시간이 더 연장되기는커녕 도리어 더 많은 일을 하고 있다. 한강의 기적과 같은 고성장의 경제시대는 이미 지났으므로 진정 창조경제, 문화경제로 가기 위해서는 일본 변두리 가쓰야마 시의 작은 빵집 '다루마리'와 같은 사례에 주목해야 한다.32 이 빵집에서는 오래된 집에 붙어사는 천연균으로 빵을 만들고 쉬는 날은 부지기수다. 빵을 더 잘 만들기 위해 빵을 만들지 않는 시간이 필요하다는 철학으로 목·금·토·일 나흘만 영업하고 수요일은 재료를 준비하며, 매년마다 한 달 동안 장기휴가를 간다. 빵집 주인인 와타나베 이타루는 "빵 이외의 것들과 만나는 시간은 감성을 풍부하게 하고, 삶의 폭과 깊이를 더하며, 견문을 넓혀 사회의 움직임을 느끼는 눈을 기를 수 있게 해준다"고 얘기한다.

예수께서는 산상수훈에서 '느림'에 대해 설교했다.33 하지만 느림의 미학은 자본주의를 숭앙하는 자본가·성직자·정치가·경제학자·도덕주의자들에 의해 은폐되어 왔다. 오랜 역사 동안 인류는 노동에 대한 사랑, 일에 대한 격렬한 열정이라는 환상에 사로잡힌 까닭에 노동은 온갖 형태의 지적 타락을 가져오는 동시에 모든 인간관계 및 환경 파괴와 더불어 생명체를 기형으로 만들었다. 느림은 속도를 절대시하는 자본주의 문명에 의해 배척당했다. 영혼의 기쁨은 일을 하는 데 있다는 청교도적 노동관이 대두되면서 "일하라! 그러면 너와 너의 가족이 구원돈을 얻으리라"는 말을 모토로 노동천국, 게으름 지옥이라는 논리가 생겨났다. 이는 분명 하나님의 뜻을 사람이 전적으로 왜곡시킨 것이니 결국엔 다음과 같은 등식이 생겨났다.

인간=일, 신=빈둥

　인류사를 가장 크게 변화시킨 산업혁명과 18세기 증기기관
이 제 1의 기계시대를 통해 인간의 육체적 능력을 강화했다면,
디지털 기술의 의한 제 2의 기계시대는 정신적 능력을 향상시
켰다. 우리나라는 지난 1989년 11월 주 5일제 근무가 국회를 통
과했건만 삶의 질 향상을 위한 현실은 아직도 요원하다. 주한
호주 대사관 무역대표부에서 근무한 호주인 마이클 코켄은 한
국에는 '칼퇴'칼퇴근가 없으며 야근이 일상이니 한국의 노동생산
성이 낮은 건 당연하다고 말했다. JTBC의 비정상회담이란 프로
그램에 출연 중인 중국인 방송인 장위안이 중국인 작가와 함께
늦은 저녁 남산타워에 갔을 때의 일이다. 불빛으로 가득한 서
울의 모습을 보던 작가가 "서울의 야경이 참 아름답다"고 하자
이를 들은 친구가 "그것은 야경이 아니고 야근 불빛이야"라는
소리를 듣고 실소를 금치 못했다고 한다. 야근, 야근, 내일 또
야근, 오늘도 나는 집에 잠시 다녀온다. 상명하복과 초과근로
로 점철된 한국기업 문화에서는 개인의 건강은 물론이거니와
조직건강도 세계 꼴찌가 될 수밖에 없을 것이다. 한국은 기업
이나 행정에 있어 파킨슨 법칙Parkinson's Law이 그대로 적용되는
나라다. 영국의 행정학자 파킨슨은 공무원 조직의 비효율성은
업무량에 상관없이 직원 수가 항상 일정한 비율로 늘어나는 것
이라고 했다. 오늘날 업무의 전산화가 이루어 졌음에도 불구하

고 중앙이나 지방이나 공무원 수는 오히려 증가했는데도 근무
시간은 늘어났다. 이 법칙은 민간기업의 관료주의나 대기업병
에도 적용될 수 있다. 직장인들은 누군가에게 바쁜 척하거나
회사에 충성심을 보여주기 위해 일하는 척 해 보인다.

관피아관료+마피아의 비리와 부조리 역시 빨리빨리 일하는 척
하는 것과 배금주의로 인한 결과이다. 빨리빨리 문화와 잘못
설정된 성과 지상주의에서 탈출하는 국가개조國家改造 없이는 국
민행복 달성과 선진국으로의 진입은 요원할 것이다. '월화수목
금금금' 식으로 일하면 몸에 독기가 차오른다. 일전에 듣기론
청와대 참모들이 휴일 없이 일한다고 하니 이것이 바로 한국의
현실이다. 독일은 오전 9시부터 오후 3시만 지키면 출퇴근 시
간을 따지지 않는 유연한 탄력근무제flexible time가 있기에 '저녁
이 있는 삶'이 가능하여 가족은 삶의 풍요를 누릴 수 있다. 일
과 가정의 양립을 위해 당당히 6시에 퇴근하는 가족친화적 문
화가 우리에게 필요하다. 미국을 이끄는 심장부인 실리콘 벨리
의 매력은 높은 연봉이 아니라 숨 막히는 엄숙한 분위기에서
일을 오래 많이 하는 한국 기업과는 달리 자유롭고 즐겁게 일
할 수 있는 노동환경이다. 자연과 가까이 하는 삶의 질이 바탕
이 되어야 세계 일류의 팀워크를 자랑하는 조직과 창의력 발휘
가 가능하다. 히말라야 사람들의 겉모습은 비록 남루해 보이지
만 심각한 갈등을 안고 끝 모를 데까지 맹목적으로 치달려가는
산업사회를 살고 있는 우리들보다 행복지수가 높다. 우리보다
덜 일하고, 우리보다 더 많이 웃고, 우리보다 더 오랜 시간 휴

식을 취하며 정을 나눈다. 전통적으로 인정국人情國이었던 한국이 그만 소중한 정을 잃고 말았다.

버트런드 러셀은 북미인의 일과 레저에 대한 가치관이 시대에 뒤떨어졌다며 이것이 사회를 불행하게 만든다고 오래 전에 말했다. 그의 수필 「게으름에 대한 찬양」에서34 오랜 세월 깊이 사색하면서 행동으로 본을 보이며 살아온 노옹 러셀은 "노동을 강조하는 것은 노예윤리이며 현대는 노예를 필요로 하지 않는다"라고 얘기했다. 그는 하루 4시간만 일하고 나머지는 자유시간을 갖는 사회가 이상적인 사회라 했다. 그가 이 말을 쓴 것은 지금부터 84년 전인 1932년이다. 노동시간이 짧은 나라가 '행복한 나라'로 부를 수 있는 하나의 조건이 된다는 OECD 조사의 분석 결과만 놓고 본다면 노동시간이 제일 짧은 핀란드는 분명 행복한 나라다. 2015년 OECD의 더 나은 삶의 지수The Better Life Index 발표를 보면 36개국 중 일에 치인 한국인장시간 근로 33위은 건강하지도자기진단 건강 35위, 행복하지도삶의 만족도 29위 않았다고 한다. 2016년 미국 텍사스 대학교 보건과학센터 연구팀 보고에 의하면 일하는 시간이 늘어날수록 심장병 위험이 43퍼센트까지 높아진다는 것이다. 옛날 우리의 양반들은 일하는 걸 부끄럽게 생각했다. 노새 같이 일만 하는 짐승 같은 생활에서 벗어나라. 만약 될 수만 있다면 1주일에 나흘, 하루에 4시간만 일해보자. "짧고 굵게 일하자." 일 많이 안 하고 돈 많이 안 벌면 어떻게 될까? 죽을까?

우리나라 도시에 있어 빠름과 속도의 상징은 단연 자동차와 디지털일 것이다. 도시설계에 있어 사람보다 자동차가 우선이다. 한국은 벌써 자동차 보유 대수가 2,000만대로 세계에서 15번째 되는 나라이다. 「자연치유」의 저자인 앤드류 와일은35 현대인의 생활리듬의 가속, 조급성 질환the disease of being in a hurry은 자동차의 사용 증가로 인한 것이라고 한다. 한국은 차車를 타고 차茶도 뽑는 드라이브스루 패스트푸드점에 이어 커피점도 전국 200여 곳이나 된다. 한 사람이 하루에 마시는 공기는 자그마치 15킬로그램으로 이는 1.5평 크기의 방을 가득 채울 정도이다. 자동차가 한 시간 동안 석유를 때는 데 필요한 산소량은 한 사람이 한 달 동안 숨 쉴 수 있는 양인데다 독성까지 배출하니 끔찍한 일이다. 교통체증과 도심공동화가 심각해짐에 따라 사람들을 모이게 하고 상권을 살리기 위해서는 도심에 자동차를 막고 사람이 다니게 해야 한다. 2015년 7월 국토교통부 통계 자료에 따르면 국내 인구 10명 중 9명이 국토의 16퍼센트 가량인 좁은 도시지역에 몰려 살고 있다. 인구의 90퍼센트가 도시에 살고 있고 도시마다 자동차가 꽉 차 있으며 사람들은 스마트폰에 코를 박고 사니 바쁨을 피할 수 없는 노릇이다.

삶의 질과 국민총행복에 있어서 가장 중요한 측면은 자유롭게 사용할 수 있는 시간에 관한 문제이다. 왜 살기가 고단한가? 이는 마음이 쉴 시간이 없기 때문이다. 인간의 삶이 자연의 흐름에서 벗어나 빠르게 살게 된 것은 시계가 발명된 이후부터이고 또 하나의 전환점은 증기기관의 발명으로 이때부터 본격적인 가속화가 진행되었다.[36] 이런 흐름 속에서 벤저민 프랭클린이 떠받든 "시간은 돈이다"라는 신조어는 등장한 후 200년 동안 금과옥조로 여겨졌다. 자본주의 체제의 경제논리가 시간을 부족하게 만든다. 자본주의 경제체제에서 시간은 곧 돈인데, 돈은 늘 부족하기 마련이므로 자본주의 사회에서는 속도를 늦추는 것이 불가능하다. 이를 철저히 신봉한 미국은 아메리카니즘으로 인해 지금은 고도의 자본주의 공업국이 되었다. 시간 부족, 시간기근은 현대문명의 문제이자 우리사회의 문제이다. 시간의 동시활용과 압축을 꾀하며 일을 가속화하기 위해 멀티태스킹多重作業을 한다.[37] 뇌전문가들은 한결같이 인간의 두뇌는 진정 멀티태스킹이 가능하지 않으며, 두뇌는 한 번에 한 가지씩 순서대로 처리하게끔 프로그램화되어 있다고 한다. 사실 시간이 부족한 게 아니다. 다만 할 일이 너무 많거나 너무 많은 일을 해야 한다고 생각하기 때문이다. "인생은 짧고 시간은 빨리 간다"고 불평하는 자는 시간을 서투르게 쓰는 사람이다. 고전적인 말이지만 새삼 프랑스의 작가 프랑수아 라블레의 명언을 음미해 본다. "나는 결코 시간에 얽매이지 않는다. 시간이 사람을 위한 것이지, 사람이 시간을 위한 것은 아니기 때문이다." 사실 인간의 고향은 영원이고 시간이란 없다. 일의 효율을 위해 인간이 시간을 만든 것뿐이다.

"나는 바쁘다. 고로 나는 존재한다"는 21세기 근대적 시간관념을 "나는 머무른다. 고로 나는 존재한다"라는 탈근대적 시간관념으로 바꾸어 시간의 주권을 되찾아야 한다. 스페인어 노래가사 "시간에게 시간을 주세요"처럼 말이다. 시간은 충분한다. 사모아의 원주민들은 저 불쌍하고 갈피를 못 잡는 빠빠라기하늘을 찢고 온 백인들를 미친 짓에서 구출해 주어야 한다고 여겼다.38 그러자면 우리들은 빠빠라기의 작고 둥근 시계를 때려 부수고 해돋이에서부터 해넘이까지 한 사람의 인간으로서는 다 쓰지 못할 만큼 많은 시간이 있다는 사실을 그들에게 가르쳐 주어야 한다고 했다.

전통사회에는 몇 시 몇 분이라는 세분화된 시간 감각은 없었으며 일출시각, 정오, 일몰시각 이렇게 세 가지만 존재했다. 왜 그렇게 서두를까? 그래봐야 빨리 죽는 것밖에 더 없는데 말이다. 빨리 가고 역리로 가면 될 줄 알았겠지만 순리로 가는 게 답이다. 한국인의 빨리빨리 문화의 명성은 세계적으로 알려져 있지만 라틴어 "천천히 서둘러라"festina lente, 영어의 "make haste slowly," 우리의 속담 "급할수록 둘러가라"는 느림의 지혜를 가르쳐 준다. 2014년 가을을 수놓은 인천아시아게임에 참가한 네팔, 아프가니스탄, 부탄의 선수들은 꼴찌를 해도 행복했노라고 정정당당하게 얘기했다. 왜 빠르게 복잡하게 사는가? 단순하게 살면 간단해진다. 느림이 빠름을 제압하면 된다.

「빠빠라기」39에서 둥근 쇠붙이와 묵직한 종이주화와 지폐 즉, 그들이 돈이라고 부르는 것이야말로 흰 사람백인들의 진짜 하나님이다. 돈이 없이는 살아갈 수가 없다. 해돋이에서 해넘이까지 단 하루도 돈이 없으면 도저히 살 수가 없다. 누구나 던져진 돌멩이처럼 인생을 달린다. 거의 모든 사람이 눈을 내리 뜬 채로 손을 앞뒤로 크게 흔들며 되도록 빨리 앞장서려고 한다. 빠름의 본질은 우리의 생활이 일에 지배되던 산업혁명기에 시간에 대한 통제권을 잃고 말았다는 것이다. 기차와 자동차, 우주여행비행기 덕택에 인간은 계속해서 빨라졌고 지금도 가속화가 증가일로에 있다. 지금의 세계는 너무

사모아의 원주민이 본 빠빠라기의 하나님

나도 크게 어긋난 채 회전하고 있다. 지금 기업을 비롯한 사회의 전반적인 시스템의 토대는 도덕도 종교도 없고 단지 시장지상주의market triumphalism만이 존재하며 이익추구가 가장 우선시되는 '돈'이라고 하는 마약에 오염되어 있다. 성경에 따르면 "돈을 사랑하면 일만 악의 뿌리다"[40]라는 말이 있다. 요즘 세상은 너무나 각박하다. 빈부격차는 더 커지고 계층간·세대간 갈등 역시 심각해지고 있으며, 노년의 빈곤 문제와 청년실업 문제 등 모두가 돈과 관련된 문제이다. 현실적으로 돈이 중요하지만 그 돈의 주인이 누구인지에 대한 의식만 확실하다면 돈의 노예가 되지 않을 수 있다. "어떠한 종도 두 주인을 섬길 수 없다"는 성경의 가르침이 있다. 문제는 돈의 역할을 과대평가한다는 점이다. 물론 기본적인 의식주를 해결하기 위해 분명 돈은 필요하다. 그러나 그 이상의 경제수준에서 돈이 행복에 미치는 직접적인 영향력은 미미하다는 것이 많은 연구에서 드러났다.

전 세계적으로 민주주의와 자본주의는 이중의 위기에 처해 있다. 100년도 더 전에 윌리엄 매킨리 25대 미국 대통령재임기간 1897-1901의 모금 담당자 마크 해나는 "정치에서 가장 중요한 것은 두 가지다. 첫째는 돈이고, 둘째는 무엇이었는지 기억이 나지 않는다"라는 명언을 남겼다. 민주주의의 적은 독재가 아닌 돈이다. 지금 미국 대선에서는 다음과 같은 쟁점을 제기하여 돌풍을 일으키고 있다. 미국의 석유재벌과 억만장자들이 어마 무시한 돈을 선거에 쏟아 부으면서 미국의 민주주의를 파괴하고 있다는 질타를 받고 있다. 한줌도 안 되는 아주, 아주, 아주 부유한 사람들이 정치, 언론, 경제에 엄청난 권력을 휘두르고 있다. 지난 세월호 사건도 검은 돈 거래가 원인이었다. 한국 정부가 2014년 말 WTO에 보고한 자료에 따르면 우리나라는 지난 10년간2002-2011 농업 보조금으로 66조원을 쏟아 부었음에도 농가당 평균 소득은 13.7퍼센트 감소했다. 한국 농촌 문제의 본질을 보지 못하고 현금 나눠주기 식의 직불제, 그것은 언 발에 오줌누기식의 입막음용이었다. 심지어 금융위기 때에도 돈을 풀어서 돈으로 막는 땜질 처방일 뿐이어서 문제 해결은커녕 사태가 더욱 악화되었다.

서울과 수도권, 전국 대도시에 밀집된 아파트들은 거대한 돈의 우상탑바벨탑처럼 보여 무섭고 살벌하다. 아파트는 이제 평지를 벗어나 바다와 산 중턱까지 침범하고 있다. 우리나라는 이미 국민 10명 가운데 6명꼴로 아파트에 살고 있다. 인간은 작은 아기로 태어나서 결국 작은 관 속으로 돌아간다. 하지만 살아

거대한 돈의 우상 탑, 아파트

필자가 2016년 3월 방문 시 미켈란젤로 언덕에서 바라 본 베키오 다리와 중세 모습을 고스란히 간직한 피렌체의 모습. 아직도 중세풍의 도시 모습을 그대로 보존하고 있어 우리의 아파트가 난립한 도시 풍경과는 대조적임

있는 동안에는 자기 영역을 키우려 발버둥 친다. 특히 성공의 잣대로 간주되는 집을 키우는 데 집착한다. 정작 자기 '삶의 질'이 빈곤해지는 것을 모른 채 말이다. 도시의 아파트는 인간 본위가 아니다. 마구 높게 짓지를 않나, 빽빽하게 밀집해서 짓지를 않나, 자연을 느끼고 살아야 하는데 자연이 질식할 정도로 무자비하다. 요즘 아이들에게는 아파트가 고향이다. 사람들이 살아가고 아이들이 자라는 가정이 있는 곳임에도 이 같은 비인간적인 살벌한 분위기가 조성되는 것도 돈 때문이다. 아파트가 돈이 되는 장사인지라 도시에는 더 이상 자연이 숨쉴만한 빈 땅이 없다. 미국의 여류작가 바바라 오크너의 베스트셀러 「개를 훔치는 완벽한 방법」이 한국인 정서에 맞게 각색되어 영화화되었다. 줄거리는 사라진 아빠와 집을 되찾으려는 열 살 소녀가 '평당 500만원'이란 전단지를 보고 평당을 분당의 옆 동네로, 집값을 500만원으로 착각하고 이를 마련하기 위해 저지르는 기상천외한 도둑질을 그린 '견' 범죄 휴먼코미디이다. 어린 이들에게 좌절과 상처를 준 어른들을 고발하고 깨우치게 하는 감동적인 명화이다. 가구당 부채 증가의 상당 부분은 집값 때문이다. 가계 부채가 늘면 소비가 줄어들고, 소비가 줄어들면 불황이 닥치면서 부채가 증가하는 악순환이 계속된다. 아파트 투기를 통한 불로소득의 여파는 우리사회에 부익부 빈익빈의 양극화, 청년들의 헬조선의 주범인 높은 전월세에 따른 주거문제, 저출산 등 일파만파의 부조리와 불행을 안겨주고 있다.

성경에 따르면 하나님은 정복한 가나안 땅을 이스라엘 12 지

파들에게 제비뽑기 방식으로
공정하게 분배하여 기업이 되게
했다. 레위기에서 하나님은[41]
"토지를 영원히 팔지 말 것은
토지는 다 내 것임이라. 너희는
나그네여, 우거寓居하는 자로서
나와 함께 있느니라"고 명하였
다. 자신의 주거住居라지만 남의
집이나 타향에서 임시로 몸을
붙여 산다는 걸 우거라고 한다.
조선시대 초기 실학자인 거목

성호 이익. 눈에는 정기가 넘쳐
영채映彩가 사람을 쏘는 듯 했다
고 함

성호 이익1681-1763의 「성호사설」에 주목할 대목들이 있다.[42]
그는 다양한 학문을 탐독해 당시 학문적으로 통하지 않는 것이
없었지만 철저히 유교를 기반으로 했다. 정통적인 유학자지만
중국을 통해 전래된 서학西學, 즉 천주교의 수용으로 그의 세계
관과 역사의식을 확대 심화시켜 합리적이고 실증적인 시야를
지녀 당대의 학해學海를 이루었으며, 이 흐름은 정약용에까지
이어졌다. 그는 왕도정치의 실현을 위해 덕치로서 인정仁政을
베풀어야 한다는 본원적인 유교정치를 지표로 삼으면서도 현
실적으로는 17세기 이래 조선의 사회변동에 따른 개혁을 지향
하였다. 예컨대 노비의 신분을 해방시켜 사농의 합일과 같이
양천良賤의 합일도 아울러 주장하였다. 그는 이른바 붕당은 쟁
투에서 일어나고 쟁투는 이해관계에서 일어나는 것이라 했다.
그는 정치에 있어서도 전제田制에 관한 올바른 시책을 가장 중요한 분야로 생각하고, 토지는 원천적으로 공전公田, 즉 국유이며 토지 사점私占의 확대는 사회악의 원천으로 보는 선견지명의 통찰력을 가졌다. 그리하여 권세가에 의한 대토지점유와 재부의 독점은 덕성마저 해치게 하여 사회악을 자아낸다고 보았다. 그의 경제사상의 근저에는 농업에 힘쓰는 무농務農·절검節儉·모리작간謀利作奸, 즉 모리배협잡꾼들의 간교한 작폐를 방지하는 세 가지 조건이 깔려 있으니 현실문제에 실익을 주는 경세실용經世實用이란 실학정신이다. 오늘날 경제 불황을 극복하기 위해 정부가 투기성 부동산 경기를 조장하는 것과 관련해서 17~18세기를 살던 한 실학자의 토지정책, 부동산정책을 잘 못 다루면 '사회악'을 불러온다는 투명한 비전飛展을 제시하였건만 옛날과 지금의 차이가 너무 커서 생기는 느낌금석지감, 今昔之感을 금할 길 없다.

자본주의 중심의 사회질서로 인해 인간 소외 현상이 극대화되고 있음을 알 수 있다. 2014년 9월 통계청이 발표한 '2013년 사망원인 통계'에 따르면 한국의 하루 평균 자살자 수는 39.5명으로전년 대비 1.9% 증가 OECD 평균 자살자 수 12.1명보다 훨씬 높으며, 한국의 자살률 상승 일변도는 10년째 OECD 국가 중 1위이다. 우리나라 자살자 수가 수년째 최고라면 분명 잘 산다고 할 수 없다. 2014년 9월 질병관리본부에 따르면 우리나라 성인 8명 가운데 한 명이 지난 1년 새 우울증을 앓았다고 한다. 2015년 2월 서울 용산구의 5평짜리 쪽방에서 기초생활수급자인 70대 고령자가 통장 잔고 27원을 남기고 고독사로 숨졌다. 그는 자녀를 5명이나 두고 있었다. 도시의 많은 사람들이 자신이 기르는 개나 고양이를 더 이상 애완동물이라 부르지 않고 반려동물로 가족화하는 것도 고독과 외로움에 대한 사회현상이다. 지난 2012년 매일경제가 20~40대를 대상으로 실시한 신년기획설문에서 80퍼센트에 달하는 사람들이 저출산의 원인으로 '돈'을 꼽았다. 출산율이 1955~60년대에 6.3명에서 2014년에는 1.21명으로 '인구절벽'시대라고 불리기도 한다. 1970년 이후 노인 인구는 4배 증가하였다. 몽골은 아기 울음을 전국에 생중계하고[43] 대통령이 직접 축하하고 자녀 넷을 낳으면 '영웅엄마'란 훈장을 수여하고 있다.

　독일은 이미 1982년 '팔꿈치사회'를 올해의 단어로 선정해 팔꿈치로 옆 사람을 내쳐야만 생존이 보장되는 치열한 경쟁사회와 탐욕과 광기의 야수 자본주의가 도래했다는 경종을 울렸다. 마침내 2013년 의회에서 시장자유주의를 퇴출시키고 '먼저 사람이 있는' 사회적 시장경제, 사회민주적 시장경제의 깃발을 높이 세웠다. 돈은 돌고 돈다고 해서 돈이다. 문제는 고르게 돌아야 한다. 사유재산 제도의 목적은 어떤 사람이 그 목적에 부합하지 않을 정도로 많은 재산을 소유할 경우 남는 재산은 충분히 가지지 못한 사람에게 돌아가도록 하는 것이다. 소위 부富라는 것만큼 사람을 빈곤하게 만드는 것도 없는데 말이다.

　1900년에 발간된 「돈의 철학」에서[44] 게오르그 짐멜은 돈은 그저 중립적이며, 객관적이 아닌 절대적인 '수단'일 따름이라고 얘기했다. 그는 돈과 영혼의 결합 가능성에 대해 물질문화와 정신문화의 상호작용에 주목하였다. 합리적이고 효율적인 화폐경제는 건전한 정신문화가 발전하느냐 못하느냐의 전제조건이며, 화폐경제라는 물질문화의 토대 위에서 나름의 정신문화를 발전시키는 것은 개인의 의지와 능력에 달려 있다고 했다. 법정 스님의 다분히 역설의 의미를 담고 있는 저서「텅빈 충만」에 따르면 인간의 목표는 풍부하게 소유하는 것이 아니라 풍성하게 존재하는 것이다. 분에 넘치는 소유는 오히려 존재를 가로 막는다. 요즘 한국사회에는 그 어느 때보다 상처트라우마를 치유하기힐링 위해 노력하는 사람이 많다. 바람직한 것은 돈과 권력 외에 다른 높은 가치가 있다는 것을 깨닫고 삶을 즐기는 것이다.

영국 경제학자 케인즈의 말대로 목적보다 수단을 존중하는 것이 현대 경제학의 태도이다. 경제성장은 그 자체가 목적이 아니라 인간의 행복을 위한 한갓 수단에 불과하지만 주객이 전도되었다. '돈'은 인생에서 편리한 수단이다. 불행히도 사람들은 돈과 관련된 문제에 대해서는 판단력이 흐려진다. 이는 돈을 수단이 아니라 목적으로 보기 때문이다.「이렇게 살아가도 괜찮은가」의 저자인 피터 싱어 미국 프린스턴대 석좌교수는45 고대 그리스에서 초기 기독교 시대를 거쳐 중세 말에 이르기까지 서구문명사의 4분의 3이 넘은 기간 동안 돈을 버는 것은 수치스러운 일이었으며, 돈을 이용하여 돈을 버는 짓은 특히 혹독한 비판을 받았었다고 얘기한다. 그러나 자본주의가 서구사회를 지배하게 되면서 돈과 소유, 즉 부와 소유를 좋은 삶과 동일시하는 사고방식이 생겨났다. 자본주의 화폐경제돈 토대 위에서 물질문화가 정신문화에 대해 우위를 차지하는 비극적 상황이 연출되었다. 20세기의 산물인 GDP는 21세기인 지금도 많은 나라에서 여전히 지표의 왕노릇을 하고 있으며, 한국도 여전히 "GDP는 높을수록 좋다"는 신화에 빠져 나오지 못하고 있다.

경제성장이 현대정치의 우선 과제가 되면서 국민들도 러닝머신 심리더 큰 만족을 위해 끊임없이 달리는 것로 돈·비교·경쟁을 최우선시하여 행복과 호흡하기에는 멀어지게 되었다. 한국인은 돈에 대한 끝없는 집착에 심하게 시달리고 있으며, 현대의 경제적 인간은 생산·소비 기계로 간주되고 있다. 선택에 있어 신은 인간에게 자유의지를 주었지만 인간은 균형을 잃고 GDP, 성장, 부동산, 저출산, 경쟁 등 유물론적 생활방식 쪽으로 기울어졌다. 조선일보와 한국갤럽, 글로벌마켓 인사이드가 세계 10개국 5,190명을 대상으로 '행복의 지도'를 묻는 다국적 여론조사 결과 "돈과 행복이 무관하다"라고 답한 한국인은 7.2퍼센트에 불과했으며, 세계 1위 부자인 빌 게이츠 전 마이크로소프트 회장을 "가장 행복한 사람"으로 꼽은 나라도 한국이 압도적인 1위49.3%였다.[46] 돈으로 살 수 있는 것은 자극뿐이다. 돈이 많아지면 평범한 일상성을 확보하기가 어려우므로 좀 심심해야 좋은 사회인 것이다.[47]

찬란한 **자본주의**시대, 우리는 과연 잘 사는가? 자본주의의 자본資本에서 본은 돈이다. 그 돈은 우리를 아주 힘들게 하는 성과사회成果社會의 상징이다. 청교도적 자본주의의 3대 원칙인 ① 이윤 추구의 적정화욕망의 극대화, ② 선의의 경쟁경쟁의 전쟁화, ③ 불로소득이나 벼락부자로서가 아닌 사유재산 인정무한 탐욕은 참으로 복음적인 메시지다.[48] 그런데 이것이 욕망의 극대화, 경쟁이 전쟁이 되고 불로소득 같은 부작용을 낳고 있다. 오래 전 필자가 감동한 나머지 머나먼 인도 라다크로 달려가게 만들었던 헬레나 노르베리-호지의 저서「오래된 미래: 라다크로부터 배운다」[49]에서의 라다크는 개발도상국이나 후진국에서 우리가 맹목적으로 쫓았던 서구화와 산업화가 몰고 온 결과인 ㉠ 의식주의 완전 서구화, ㉡ 유럽 및 미국식의 어설픈 서구모방 교육, ㉢ 각종 성인병, 문명과 이에 따른 어설픈 서양의료, ㉣ 농촌의 결단, ㉤ 가족붕괴, 사회 인간관계의 파괴가 빚은 공동체의 상실, ㉥ 세계 전역의 토착문화 소멸을 여실히 보여주고 있다. 오래된 미래의 나라 라다크가 불행해진 이유는 소비문화의 압박 때문이라 한다. 글로벌 소비문화 아래서 소비를 자극하는 심리적 압박의 악순환은 성장제일주의에 빠지게 한다.[50] 돈이 곧 경제여서 경제는 끊임없이 소비를 독촉한다. 재래시장에서 장을 보는 소비자는 슈퍼마켓 소비자보다 열배나 더 많은 대화를 나눈다. 한국의 현실도 영락없는 라다크의 복사판임을 깨달았다.

현대의 자본주의는 어떠한가? "너는 죽되 나는 살자"가 만연해 있다. 자본주의는 승자와 패자를 낳는 시스템으로 기득권을 통해 부자는 더 부자가 되고 가난한 이는 더 가난해지는 체재다. 이 같은 자본주의의 치명적인 결함은 부익부 빈익빈의 양극화, 불평등, 금융탐욕 등으로 자본주의는 사람의 온기가 없는 경제를 만들어 내는 행복에 직접적인 위협요소이다. 더구나 이 같은 글로벌 자본주의 세계관이 급속도로 팽창되며 나타난 부작용이 바로 민주주의가 제대로 작동되지 못하게 하는 것이며, 자본주의와 자유시장의 논리는 공동체가 아닌 개인주의와 일맥상통한다. 승자 독식의 세계에서 살아남기 위한 생존전략은 속도speed이다. 남보다 빨리 해야 하고 주저하면 죽는다. 찰리 채플린의 〈모던 타임스〉에 나오는 컨베이어 시스템처럼 시간은 현대인에게 복종을 요구한다. 더군다나 자본주의의 시간은 공간도 집어 삼킨다. 자본주의의 요구대로 옛 건물을 허물고 그 자리는 새로운 건물, 아파트로 재개발된다. 또 최근에는 휴대폰이 우리를 쫓기게 만들고 있으며, 실시간으로 모든 것을 연결함과 동시에 또한 모든 것과 연결되지 않게 하는 모순을 만들어 내고 있다. 자본주의 속도 구조 속에서 인간은 점점 소외되고 있다.

프란치스코 교황은 "돈을 신으로 모시는 신자유주의 세상과 고삐 풀린 규제받지 않는 자본주의를 새로운 독재로 규정하고 저항하라"고 하였다. 세상은 돈을 신으로 섬기는 우상숭배를 경계해야 하며, 물신숭배는 악마의 배설물로 비판하며 인간의 얼굴을 가진 경제모델을 세우라고 촉구했다. 사실 공리주의자들의 비인간적인 경제논리는 상상을 초월할 정도로 충격적이다. 글로벌 자본주의에는 사람의 온기가 없어 행복에 직접적인 위협이 된다. 자본주의는 옛날 해적 스타일인 약탈정신을 상당 부문 되살려 냈다. 소비사회가 발전하도록 자본가는 돈, 과학과 기술을 가지고 노동자 계급을 헤르베르트 마르쿠제의 일차원적 인간, 즉 획일적 인간으로 전락시켜 돈의 노예, 끊임없이 소비하게 만들며 비판의식을 거세시킨다. 카를 마르크스가 지적한대로 자본주의의 근본적인 도덕적 비판은 가증스런 불공정이다. 자본주의는 물질적 여건을 엄청 개선시키는 한편 욕심, 탐욕과 같은 인간이 가진 지독히 저열한 특징을 여실히 보여주는 양날의 칼날이다. 괴테의 파우스트 희곡 전체가[52] 신과 악마, 선과 악, 건설하는 힘과 파멸하는 힘 간의 싸움으로 전개된다. 천상에서 신과 악마가 인간에 관해 나누는 대화에서 인간 존재라는 것이 무엇이며, 그 목적이 어디에 있는가? 악마메피스토가 인간파우스트을 유혹하여 파멸시켜 보겠다며 내기를 건다. 결론은 창조의 활동을 구현하는 신은 인간이 노력하는 동안은 혼동하는 위험성은 있지만 인간이 어두운 충동을 받더라도 올바른 길을 잃지 않는 선한 본능으로 최후의 목표로 향해 끊임없이 노력하는 인간의 영혼은 구원받아 천국에 간다는 것이다. 사고논리에 따라 자본주의는 타도되어야 할 악이지만 또 진보의 빼놓을 수 없는 도구이다. 위기에 처했을 때는 기본으로 돌아가야 쉽게 답을 찾을 수 있다. 이에 앞서 언급된 자본주의의 대안 내지 선행모델로서 **만본주의**漫本主義를 제안한다.[53] 자본주의는 돈이 본本이지만 만본주의는 느림·자유·영혼·기쁨의

Money
can buy
happiness
on others
spend it
if we

돈으로 행복을 살 수 있다. 다만 그 돈을 다른 사람을 위해 쓴다면 말이다[51]

네 가지 덕목을 본으로 내세웠기에, 바로 이 네 가지 중요한 중추적 덕 4樞德이 행복의 원료가 된다. 그 4추덕은 다음과 같다.

'느림'과 곡선에 관해서는 앞서 얘기한 바 있다. 곡선이 있는 느림에서 신의 작품인 자연은 곡선으로 되어 있고 인간이 만든 도시는 직선이다. 느림이 곡선이라면 빠름은 직선이다. 이 느림과 곡선 속에는 신만이 아는 오묘한 비밀이 숨겨져 있다. 신은 인간에게 선택할 수 있는 자유의지自由意志를 주었다. 이 자유의지는 자발성에 높은 가치를 두는 것이다. 이 뜻은 현명한 제약이 우리를 '자유'롭게 한다는, 즉 자유와 자율의 차이를 알게 하는 대목이다. 자유는 행복에 있어서도 절대조건이다. 예를 들어 꽃이 있을 때, 그냥 단순히 꽃을 보는 것은 눈의 자유이지만 꽃의 아름다움을 본다는 것은 선택을 하는 자유의지이다. 선과 악, 경제적 부와 행복 가운데 무엇을 택하느냐는 자유의지에 따를 테지만 어떤 것을 택하느냐에 따라 고통이 따르느냐 아니냐의 차이는 있다. 그런데 현대인은 이런 생각을 깊이 하지 않은 채 많은 시간을 업무와 소득을 올리기 위한 일에만 매달리고 있다. 최근 발암물질이 함유된 중국산 합성수지 젓가락이 판매되었다가 식약청이 이를 회수하는 일이 벌어졌다. 이 사건에는 매출이 500억 원 이상 되는 대기업도 관련되어 있었는데 해당 기업은 그 사실을 알고도 매출감소를 걱정하여 젓가락을 판매했으며, 식약청에 적발되고도 관련 자료를 배포하지 않았다는 사실이 더불어 드러났다. 판매야 자유이겠지만 이것은 자유의지로 '악'을 택한 것이다. 많은 경제인들이 경제적 부와 행복이 크게 관계가 있다고 믿고 있다. 우리가 무언가를 소유한다는 것은 한편으로는 소유를 당하고 얽매인다는 의미인데도 말이다. 행복의 절대조건은 자유감自由感이다.

경제는 경세제민經世濟民의 준말이다. 과연 지금의 경제는 세상을 다스리고 백성을 구제하는 경제인지를 물어야 한다. 그동안 경제발전에만 매달리다 보니 국민들의 삶의 질은 희생되어 왔다. 우리사회의 바람직한 모습, 도덕과 윤리가치, 정의 등 삶의 가장 중요한 공동선共同善의 문제에 소홀해 왔다. 아무리 시장경제가 발달해도 마지막 보루인 공동선은 반드시 지켜야 할 지고의 선이다. 우리는 상품을 너무 빨리 버리는 습관에 젖어 있다. 마르크스는 생산에 대한 글을 쓰며 "물리적인 마모보다 도덕적인 마모가 더 빠르다"고 했다.54 사람들은 기계가 오래되어 실제로 사용할 수 없는 상태에 이르기도 전에 교체해 버린다. 윤리적 삶이란55 자신의 이익만을 추구하는 사람들과 이런 시대조류의 대세에 맞서 자신의 이익을 넘어 목표를 추구하고 동물을 포함한 자신의 이익과 다른 존재의 이익을 동등하게 보며우주적 관점, 이 모두의 고통을 줄이기 위해 노력하는 삶이며 이것이 자신에게도 더 행복한 삶이 될 수 있다. 인간사회를 오래 지속가능하게 하려면 이제라도 윤리와 정의를 제대로 실천해야 하며, 그걸 마치 근육처럼 활용하면 할수록 그 가치는 더욱 강해질 것이다. 이 같은 도덕과 윤리가 있는 '영혼'을 가진 동물이 사람이다. 경제와 같은 물질계를 초월하는 생명계가 있으니 이것은 구조상 영혼이다. 빌 게이츠는 가난한 사람들을 돕기

漫 本 主 義

Il
day

Sa
four cardinal virtues:
slowness with curve
freedom
soul
delight

Wu
repeatability

Su
water meaning liquid

資本主義	<	漫本主義	자본+만본 < 만본+자본이라는
돈		느림	선행복 후경제 모델
경쟁		자유	
가속화		행복	

돈·경쟁의 자본주의보다 느림·행복의 만본주의가 중요하다. 자본이 앞서는 자본·만본보다 만본·자본, 즉 선행복 후경제 모델이 바람직함

위해 노력한 기업들에 대한 대중의 칭찬을 창조적 자본주의라 했다.56 갭, 홀마크, 델, 마이크로소프트는 자사 상품에 RED 로 고를 붙인 RED 캠페인 수익의 일부를 에이즈 퇴치 기금으로 기부했다. 이처럼 소비자로 하여금 타사의 상품보다 자사의 상품을 우선 선택하도록 하는 사업에 기업들이 참여하게 되는 중요한 계기가 창조적 '기쁨'이다.

글로벌 자본주의는 우리에게 더 빨리 만들고 더 빨리 일하고 더 빨리 소비하고 더 빨리 살라고 닦달하지만 그 대가와 후유증에 대해서는 아무런 대책도 없다. 느리지만 제대로slowly but surely 굴러가는 경제, 인간을 위해 봉사하게 만드는 **슬로자본주의**slow capitalism가 필요하다.57 즉, 돈·경쟁·가속화를 본으로 하는 자본주의를 지속가능하고 오래가게 하기 위해서는 느림·자유·행복을 본으로 하는 만본주의가 앞서고 바탕이 되고 그 뒤에 자본주의가 줄서게 해야 한다. 슬로자본주의, 즉 만본주의manbonism의 만漫자를 이루는 부수들의 결합이 흥미롭다. 만자는 물 수변(氵), 날 일(日), 넉 사(四), 그리고 또 우(又)로 이루어져 있다. 다시 말해서 매일(日) 네 가지 덕목(四: 느림+자유+영혼+기쁨)을 반복적으로(又) 물 흐르듯(氵) 흐르고 흘러 액체liquid 생태계가 유지되어야 행복의 원천이 마르지 않는 것이다. 앞으로 한국의 슬로시티는 이같이 **액체 슬로시티**가 근본이 되게 해야 한다.58 국제슬로시티운동은 낭만적浪漫的이고 가족중심적인 이탈리아식 달콤한 인생la dolce vita을 인간의 보편적인 이상으로 보고 이를 추구하는 노력이다. 느림과 행복이 사람의 근본이고 고향本鄕인 만본주의를 통해 성장에서 성숙, 삶의 양에서 삶의 질, 빠름에서 깊이와 품위를 지켜내야 한다. 플라톤은59 "올바른 사람은 행복하고 불의한 자는 비참하네. 비참한 것은 이익이 되지 않지만 행복한 것은 이익이 된다네"라고 했다.

슬로시티의 **슬로 라이프**slow life는 삶이고 실천이다. 슬로 라이프에 관한 지식의 앎과 실천의 삶, 즉 거시적이고 미시적인 실천인 앎과 삶이 공존해야 한다. 그러니 슬로 라이프 없이 슬로시티는 없는 것이다. 좋은 의지를 가진 사람들이 좋은 슬로시티를 만들어 가고 주민들이 하나의 소공동체가 되어 슬로시티 운동을 펼친다. 더 나아가 슬로시티지역 방문자도 주민과 함께 참여할 경우 슬로시티 운동은 더욱 아름다운 빛을 발한다. 잔잔한 호수에 돌을 던져보라. 우리의 선택이 지극히 개인적인 것처럼 보여도 파문이 원을 그리며 수면에 퍼져나가듯이 내 삶의 물결ripples of my life은 항상 다른 사람에게 영향을 끼치기 마련이다. 이는 숲이 아름다운 것은 나무들이 여럿이 함께 어우러져 있기 때문이라는 것과 같은 이치이다. 슬로시티와 슬로 라이프 운동이 무조건 느림을 추구하는 것은 아니다. 슬로시티의 지향점은 슬로슬로 퀵퀵slow slow quick quick에서 슬로슬로와 퀵퀵 간의 조화이다. 거미는 어슬렁어슬렁 노는 것처럼 보여도 먹이가 거미줄에 걸리면 잽싸게 달려가는 슬로슬로 퀵퀵의 정중동靜中動의 최고수다. 이는 마치 자동차에 액셀레이터의욕와 브레이크절제가 공존하는 원리 같다. 느림과 작음이 언제나 아름다운 것이 아니듯 느림과 빠름, 작음과 큼에 있어 인간은 늘 이중성을 띠므로 근본적으로 균형과 조화의 관계성을 회복하는 생활양식이 바람직하다. 에이브러헴 링컨은 "좋은 일을 하면 기분이 좋고, 나쁜 일을 하면 기분이 나쁘다. 이것이 나의 신조다"라고 했다. 슬로 라이프를 위해 바로 지금here and now 1톤의 이론보다 1그램의 실천이 중요하다.[60] 특별히 돈이나 재물, 투자가 필요한 것이 아니라 깨끗한 마음씀씀으로 가능하다. 다음은 느림 생활양식slow lifestyle의 12가지 사례들이다.

좀 느리고 작게 단순함 속에 인생의 행복이　　3S, 즉 slow, small, simple하게 사는 것이다. 느림은 곧 생명life이니 생명을 위한 라이프스타일이 필요하다. 말도 좀 천천히 해야 소통에도 이롭다. 이젠 "밥 많이 드세요"보다는 "천천히 드세요"가 바람직한 인사다. 또한 느림과 작음은 곧 자유로움이다. 장자는 자유自遊를 스스로 노니는 것이라 표현했으니 역시 장자다운 표현이 아닐 수 없다. 진정한 자유自由는 이 세상에서 자신은 유일무이한 독자적獨自的 존재로서 자유, 즉 한자 말대로 자기 개인은 이 세상에 유일하게 말미암은 까닭을 가지고 태어난 것이 자유이다. 마키아벨리는 「군주론」에서 사람은 단 하루만이라도 노예처럼 살지 말고 군주답게 자유롭게 살아야 한다고 주장했다. 스페인 인사말에 아스따 마냐나hasta mañana란 말이 있다. 내일할 일보다 오늘 할 일이, 나중의 일보다 바로 지금의 일이 더소중하다는 것이 아스따 마냐나 정신이다. 단순함이란 덧셈을 지양하고 뺄셈의 발상으로 살아가는 것이다. 빼는 것 같아도 그것이 결국 더하는 것이기 때문이다. 덧셈이 아닌 뺄셈의 삶이 중요하므로 '하지 않을 일' 리스트를 만들어 실천해보자. 지금

우리는 모든 것이 넘치는 시대에 살며, 지나치게 많은 정보·음식·약속 등으로 탈진증후군에 빠져 있다. 이제는 선택과 집중할 때다. 단순해지면 창의성과 행복으로 갈 수 있다. 무언가를 버릴 때는 의류, 책, 서류, 소품, 추억의 물건 순이 좋으며 만졌을 때 설레지 않는다면 과감히 버리자. 버리기는 곧 소중한 것을 남기기 위한 것이다. 많이 버릴수록 삶이 가벼워지고 자유가 커진다. 바쁨·소유·마음을 잘 내려놓고well down 마음의 풍요를 누려보자. 많은 도시인들이 느리고 단순하고 즐겁게 살기 위해 시골생활을 꿈꾸고 있다. 지금 당장 시골에서 살 수는 없더라도 주말마다, 아니면 일 년에 몇 번이라도 도시를 떠나 단순함을 연습하며 즐겁게 할 수 있는 일을 찾아보자.

여유로운 식사시간과 에코푸드 먹기 　오늘날 현대인은 포식 시대에 살면서 위와 장에 줄곧 음식이 차 있고 운동량은 적은 비정상인 생활을 하고 있다. 그 결과 당뇨병과 동맥경화 환자가 급증하고 있다. 식사시간은 최소 30분으로 30번씩 씹어야 한다. 밥을 30번 저작하면 물이 된다. 반찬을 또 그렇게 씹고 국물도 각기 따로 먹으면 한 끼 식사에 족히 30분이 소요된다. 저작을 많이 할수록 건강이 활성화活性化 된다는 것은 물 수변과 혀 설자의 합자인 활活자만 봐도 알 수 있다. 밥 먹는 시간보다 더 즐거운 시간이 없으니 맘껏 즐기자. 이탈리아, 스페인의 저녁 식사시간은 2~3시간에 달하며, 그 긴 시간은 대화와 웃음으로 채워진다. 식사 중에 나누는 이야기가 곧 놀이인 셈이다. 한 통계에 따르면 한국인은 57퍼센트가 나홀로 레저를 한다고

2014년 슬로시티 전주에서 개최된 국제포럼에서 한국의 슬로시티에서는 에코푸드 ecoFOOD란 용어를 사용하기로 선언함

하니 SNS가 넘쳐나는 시대건만 사람들의 외로움은 더해지고 있는 것이다. 식사시간의 주인공은 음식 자체보다는 대화이다. 지금의 화두는 "접속하지 말고 접촉하자"이다.[61] 대면접촉face to face과 대화야말로 병의 예방과 치료에 도움을 준다. 나폴레옹은 선 채로 15분 안에 빠르게 식사를 해치운 나머지 결국 52세에 위암으로 사망했다. 속식단명速食短命인 것이다. 최근 한 자료[62]에서도 식사시간이 15분이 넘지 않으면 위염에 걸릴 가능성이 1.9배 정도 높게 나타났다. 그러므로 패스트푸드를 멀리하고 에코eco푸드를 먹도록 권장한다.[63] 여기에서 eco란 생태식ecological, 문화식cultural, 유기농식organic 먹기의 머릿글자이다. 생태식에서 음식은 곧 생명으로 동물에겐 살기 위해 음식이 필요지만 사람에게는 문화예술면적으로 필요하다. 문화식, 즉 식문화라 부르

는 것은 원초적으로 음식이 땅문화agriculture를 통해 식재료가 제공되기 때문이다. 유기농식은 화학비료와 농약을 배제하고 발효 퇴비를 이용한 할아버지 농법이다. 이른바 생문기식生·文·機食, 먹고 싶은 에코 푸드, 푸드 에코가 바람직하다. 농農과 식食은 둘이 아니다. 농업은 대표적인 느림산업slow industry, 전통산업, 생명산업으로 상업이나 공업, 그 어떤 업 중에서도 본업本業이다.

외모가 중요하니 항상 웃기   행복한 사람들은 적극적이고 사교적이다. 그들은 많이 웃고 많이 웃긴다. 유머 감각이 남다르다. 행복한 노인들의 눈가에는 주름이 더 많다. 사람에게는 세 가지 숨이 있으니 목숨호흡, 말숨소통, 웃숨위로, 즉 신에게 보내는 숨이 웃음임이 그것이다. 슬로시티의 주민이 제대로 웃기만 해도 방문자에게 최고의 환대가 된다. 그러니 자주 웃는 연습이 필요하다. 거울을 볼 때마다 "거울은 절대 먼저 웃지 않는다"를 상기하라. 아파트 승강기에서 이웃을 만날 때도 먼저 미인대칭미소, 인사, 대화, 칭찬하라. 사람들에게 20초간 미소를 지으면 어떻게 될까? 좋은 일에 집중하면 나쁜 일에 집중하는 것보다 기분이 좋다. 내가 웃으면 세상이 나를 향해 웃어준다. 데일 카네기1888-1955는 「인간관계론」에서64 미소는 전혀 돈이 들지 않지만 그 가치는 무한대로 집에서는 행복을, 사업에서는 호의를 낳는다고 했다. 극도의 어려움에 처할 때65 우는 사람은 삼류이고, 이를 악물고 참고 견디는 사람은 이류이며, 웃는 이가 일류라고 한다. 베르나르 베르베르의 저서 「웃음」에66 나오는 나이대별 자랑거리를 보더라도 삶이란 그리 욕심을 부릴 것도 없으니 그저 오늘 하

루를 선물 받은 것처럼 웃으며 감사하는 마음으로 살아가야 하
지 않을까?

2세 때는 똥오줌 가리는 게 자랑거리

3세 때는 이가 나는 게 자랑거리

12세 때는 친구들 있다는 게 자랑거리

18세 때는 자동차 운전할 수 있다는 게 자랑거리

20세 때는 사랑을 할 수 있다는 게 자랑거리

35세 때는 돈이 많은 게 자랑거리

재미난 건 50세부터 자랑거리가 거꾸로 된다는 것이다.

50세 때는 돈이 많은 게 자랑거리

60세 때는 사랑을 하는 게 자랑거리

70세 때는 자동차 운전할 수 있다는 게 자랑거리

75세 때는 친구들이 남아 있다는 게 자랑거리

80세 때는 이가 남아 있다는 게 자랑거리

85세 때는 똥오줌을 가릴 수 있다는 게 자랑거리

한 호흡 1분대 수준으로　　한 호흡날숨과 들숨의 길이가 1분대
수준이 되게 한다. 그 1분대 수준이 슬로 마인드이고 이것이
슬로시티의 시작이다. 그 이유는 사실 느림은 몸이 아닌 마음
이 움직이는 속도이기 때문이다. 호흡呼吸에서 길게長出 내쉬는
날숨만 의식하면 들숨은 저절로 된다. 의식적으로 길고 깊게
장출하면 마음이 고요해지고 기분이 새로워짐을 느낄 수 있다.

손 편지 쓰기　　모든 것이 빠르게 변하는 시대에 편지를 손수 쓰는 작은 여유로 사람 사는 정을 느껴보자. 행복한 삶을 위해 돈이 많이 드는 복지보다 더욱 중요한 것은 정情이며, 이것이 바로 느린 사랑slow love이다. 물질의 복지보다 마음의 복지가 중요하며, 손편지엔 돈도 별로 들지 않는다. 전문가들은 일기쓰기를 권한다.

나는 걷는다. 고로 존재한다　　우리나라의 자동차 이용은 정점을 넘어섰다. 차산차해車山車海란 말이 생겨날 정도다. 자동차의 화석연료 소비는 온실가스로 인한 지구온난화의 주범이기도 하다. 이제 속도의 승용차 대신 대중교통, 걷기, 자전거의 가치를 부활시켜야 한다. 차가 몰리지 않으면 사람이 몰리고 생태도시가 숨쉬고 상권이 살아나니 자동차를 몰지 않는 날을 정해보자. 21세기의 행복한 속도는 자전거라고 한다. 두발과 두 바퀴의 시대다. 자전거 바퀴가 느릿느릿 돌아간다. 행복은 자전거를 타고 온다. 자전거가 미래의 속도로 떠오르고 있다. 네덜란드는 인구보다 자전거가 더 많고, 자동차 도로보다 자전거 전용도로가 더 길며, 전 국민이 애호하는 이동수단으로 자전거가 손꼽힐 정도로 자전거 왕국이다. 덴마크의 국회의원 중 63퍼센트가 자전거를 타고 크리스티안보르덴마크 의회로 사용되는 궁전로 출근한다. 덴마크인에게 왜 자전거를 타냐고 물으면 건강이나 환경을 위해서라기보다 A지점에서 B지점으로 가는 가장 빠른 방법이기 때문이라고 답한다. 우리와 다른 사고방식을 엿볼 수 있다. 그 옛날 선조들처럼 노를 젓진 않지만 대신 페달을 밟

는 바이킹 후예들이 된 것이다. 또 하나 슬로 트래블 교통수단으로 기차가 있다. 기차를 타면 마음이 훨씬 평온해지고 맥주도 즐길 수 있다. 걷기 예찬자인 프랑스 생물학자 이브 파칼레는 데카르트의 명언을 빌려 "나는 걷는다, 고로 존재한다"는 말을 남겼다. 새는 날고 물고기는 헤엄치고 사람은 걷는다. 걷는 것은 곧 인간의 본능이다. "달리는 사람 걷고 / 걷는 사람 멈추고 / 멈춘 사람 앉아보자 / 먼발치에 핀 꽃 / 작은 꽃을 자세히 보자 / 걸을 때 비로소 알게 되는 것을 깨닫게 해준다. 걷기는 슬로 라이프의 첫걸음이다. 가능한 하루에 1만보를 걷기를 권하며, 1만보여야 하는 이유를 묻는다면 대답은 이렇다. "너무 바빠 걷습니다." 가능한 걷거나 자전거를 타고 출근하는 것은 지구촌을 위협하는 지구온난화를 완화하는 탄소 다이어트에 동참하는 일이기도 하다. 사람들은 목적을 가지고 걷는 반면, 목적을 흩뜨리는散 무목적 행위가 산책akademeia, 散策이다. 학문이란 아카데미의 어원은 산책에서 나왔다. 샛길, 돌아가는 길, 한 눈 팔면서 걷기, 멈춤, 느릿느릿 어슬렁거리며 산책하기야말로 장자의 '바라는 것 없이 노니는' 소요유消遙遊의 경지이다. 음악에서 느리게 연주하라는 안단테andante도 '걷다'에서 나온 말이므로 느리다는 것은 곧 걷는 정도의 속도를 의미한다. 순례pilgrimage는 버스와 기차가 아닌 자신의 두 발로 영혼의 나침반을 따라 대지를 천천히 걷는 것이다. 엔진의 출현으로 사람들이 게을러지면서 걷기는 가장 인기 없는 교통수단이 되었다가 최근 슬로운동과 환경운동의 영향으로 되살아나고 있다. 산책은 자동차에 빼앗긴 우리 몸의 감각들을 되살리고 우리가

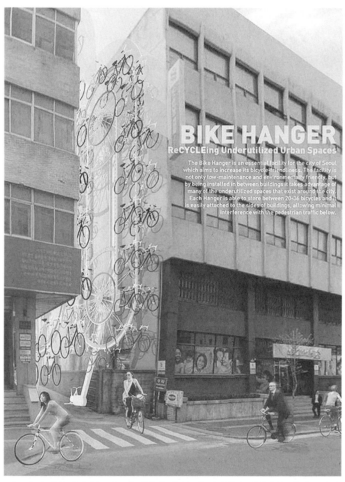

미국 뉴욕에서 활동하는 한국인 건축가 안지용과 이상화가 디자인함. 아래쪽 자전 거 모양의 페달을 밟으면 거치대가 돌아가 자기 자전거를 찾을 수 있음. 사진 제공: 매니페스트 아키텍처

'두발 인간'임을 일깨워 준다. 사람은 무릇 걷기를 통해 자기 존재에 필요한 영양을 섭취한다. 조선의 명의 허준은 70세 노인의 하체의 40퍼센트가 약하다고 얘기했다. 아마도 지금의 현대인은 그 정도가 더 심할 것이다. 허준은 또한 약보보다 식보가 낫고 식보보다는 행보가 낫다고 얘기했다. 즉, 어떠한 약이나 음식보다 걷기가 제일이라는 것이다. 걷기는 600개 이상의 근육과 200개의 뼈를 움직이게 하니 이 얼마나 시공을 초월한 말인가. 때론 뒤로도 걸어 보라. 뒤로 걷기에는 좀 더 많은 근육이 사용되므로 근력을 키우는 데 도움이 된다. 오늘 걷지 않으면 내일 뛰어야 하는 다급한 상황이 올지도 모른다. 특히 엄지발가락에 단단히 힘을 주고 단 5분만 걸어도 기적이 일어난다. 인간은 걷는 동물이기에 걸으면 행복호르몬세로토닌이 나온다고 한다.67 슬로시티에서 자동차의 속도를 20~30킬로미터로 제한해보라. 아마도 놀라운 효과를 볼 것이다.

3초만 기다리기   3초를 기다리지 못해 사고를 친다. 한국인의 빨리빨리 문화에 대비되는 라틴어festina lente, 천천히 서두르기가 있다. 양보가 없는 인간사회는 우리를 불쾌하게 하고 이는 무섭기까지 하다. 아메리카를 침략한 유럽은 애초에 토착 인디언들에게 했던 약속도 어기고 참혹한 짓을 많이 저질렀다. 이에 인디언이 남긴 "가고 오는 것, 일어나고 물러나는 것, 적이 아니다. 밤과 낮이 적이 아니듯이"란 지혜의 말이야말로 참 인간의 모습을 보여준다. 그들은 침략자에 대해서도 긴 기다림과 관대한 마음을 가지고 아직도 기다리고 있는 것이다. 프랑스

네덜란드 암스테르담의 암스텔 비어 사가 불가리아의 수도 소피아의 바쁜 번화가에 자판기를 설치하여 16일간 총 1344캔에 달하는 캔맥주를 제공하였음. 자판기 앞에 3분 동안 서 있으면 캔맥주가 무료로 나옴

혁명도 완성되는 데 20여년이 소요되었다. 최고의 거문고 재료인 석상오동石上梧桐은 돌 틈에서 자라다 죽은 오동나무로 힘겨운 세월을 겪으면서 나뭇결이 촘촘하고 단단해져 맑은 소리를 낸다. 장인은 석상오동을 5년간 풍상에서 말린 뒤 거문고 재료로 쓴다. 한국 음식문화의 가장 큰 특징은 발효인데, 발효의 관건 역시 바람이다. 조기는 영광 법성포의 바람 속에서 말리고, 홍어는 나주 영산포의 바람 속에서 삭히고, 과메기는 영일만 바닷가의 겨울바람 속에서 얼었다 녹았다를 반복하며 말려야 제 맛이 난다. 치즈 발효에도 반년에서 1년간의 숙성기간이 필요하다. 치즈 덩어리 하나의 무게만 해도 15킬로그램이나[68] 되는 알프스 산 치즈는 완전 자연산으로 치즈에 필요한 우유는 방목된 소들로부터 얻는다. 소들은 풀과 산꽃만 먹을 뿐 건초는 전혀 먹지 않는데, 알프스는 돌산으로 바위 틈 사이에서 자

란 풀은 약초이니 치즈 맛이 남다르다. 치즈를 만들 때도 기계를 전혀 사용하지 않고 수작업으로 한다. 치즈가 잘 숙성될 수 있도록 시간을 충분히 들이는 것이 핵심이다. 시간을 단축하기 위해 색소와 화학물질을 첨가한 공장에서 만드는 치즈보다 품질이 우수하다. 포도는 얼마 못 가 썩어 버리지만 포도주는 백년도 가고 천년도 간다. 이게 바로 발효의 신비이다. 이탈리아는 2천년의 와인 전통을 가진 나라로 5~6년간의 와인 숙성으로부터 슬로시티cittaslow 아이디어가 탄생되었다. 노자의 「도덕경」에 치대국 약팽소선治大國 若烹小鮮, 즉 "큰 나라를 다스리는 것은 작은 생선을 굽듯 하라"는 말이 있다. 생선을 자꾸 뒤집으면 살점이 부서지는 것처럼 지도자는 아랫사람에게 간섭하지 말고 자율성을 주고 기다려야 한다는 의미다. 불가리아의 한 자동판매기 앞에 3분 동안 서 있으면 캔맥주가 무료로 나온다. 조금이라도 움직이면 맥주가 나오지 않는다. '암스텔 비어' 사는 바쁜 삶 속에서 3분의 여유를 가져보자는 의도에서 이 캠페인을 펼쳤다고 한다.

슬로시티 역시 큰일을 위한 느림과 작음, 기다림의 실천철학이다. 씨네 큐브Cine Cube 영화관에서는 관객들에게 다음과 같이 요구한다. "엔딩 크레디트가 종료될 때까지 자리를 지켜주십시오. 그 때 불이 켜지니 안전을 위해 지켜주세요." 엔딩 크레디트가 5분간 지속될 때도 있다. 느림은 행복한 기다림이다. 승강기에서 닫힘 단추를 누르지 않고 3초만 기다리자. 슬로시티 지역의 승강기에 닫힘 단추를 아예 없애는 발상도 가능하다. 30분

이상 달릴 때 얻어지는 도취감, 혹은 달리기의 쾌감인 러너스 하이처럼 5층 정도까지 계단을 오르면 러너스 하이 경지에 이르러 10층까지 쾌감을 느끼며 오를 수 있다. 포도주도 일정한 발효 기간이 지나고 나면 돌봐주는 사람 없이도 오랜 시간 동안 대견하게 스스로 잘 익어간다.

때때로 아무것도 안 하기 아무것도 하지 않는 사치를 누려보자. 명상을 하면 모든 감각이 더 선명해지고 노화와 관련된 인지 기능 감퇴가 줄어든다는 연구결과도 있다. 책만 읽고 사색을 하지 않는 지식은 재료일 뿐이지만 사색을 하면 깨닫게 되고 지식은 자기 것이 된다. 생각을 생각하자. 조용한 명상과 묵고하는 긴 침묵slow meditation의 시간을 갖자. 그러면 영감이 찾아온다. 허둥대는 아침이 아닌 적어도 5분의 명상으로 아침을 시작해보자.69 만약 아침 일찍 일어나기가 힘들다면 차 한 잔 마시는 습관으로 시작해보자. 아직 어스름이 깃든 새벽녘, 지구가 자전함으로써 천천히 찾아오는 아침을 관조하는 음예예찬陰藝禮讚을 즐겨보자. 필자는 다락방에 거꾸로 누워 밝아오는 아침 하늘을 쳐다보는 재미를 즐기곤 한다. 가능하다면 1주일에 하루 정도는 비실용적으로 빈둥거려 보자. 8시간 노동과 8시간 휴식 외에 나머지 8시간은 우리가 소망하는 것을 위하여what we will 사용해보자. TV 보지 않는 날을 정해보자. 책의 시대가 가고 정보의 시대가 왔긴 하지만 책 읽는 즐거움slow reading에 비할 바가 아니다. 책 읽기는 스트레스를 줄이고 치매를 방지한다고 한다. 앞으로 치매환자 수는 비약적으로 증가하여 4명당

덴마크 코펜하겐 도시의 거리풍경을 우리와 비교해보자. 덴마크 인구의 45%가 매일 자전거로 출퇴근함

디지털과 함께 도시 빠름의 상징인 자동차. 서울 도심의 자동차 물결에서 보듯이 덴마크 코펜하겐의 거리 풍경과는 달리 도시는 자연이나 인간 위주에서 벗어나 전적으로 자동차 제일주의로 설계됨

1명이 치매 환자가 될 것으로 예상된다. 슬로시티 지역에 생애 학습slow education을 위해 문화의 사랑방으로서 '도서관'을 갖추고 사색과 명상을 이끌어 내자.

유용한 불편함을 즐기기 첨단 도시에서는 원시인처럼 살아야 건강하다.[70] 불편하게 살수록 건강해진다. 원시인들은 사냥감을 쫓아서 하루 5킬로미터 정도를 걸었다. 도시인은 중력을 느끼고 살아야 한다. 편리한 교통수단과 에스컬레이터 등은 지구의 중력을 무시하므로 건강을 유지할 수 없다. 사무실에서 하루 한두 시간 서서 일하기, 지하철 에스컬레이터 대신 계단 걷기, 아파트 계단 걷기, TV 리모컨 쓰지 않고 수동으로 조작하기, 쓰레기 여러 번 나눠 버리기 등 조금이라도 더 걷기를 실천해보자. 쓰레기 만들지 않는 날도 정해보자. 지구의 생물 중 인간만이 쓰레기를 버린다. 기업들도 좀 불편하더라도 쓰레기를 덜 배출하는 제품을 개발해보자. 스마트폰, 자동차의 내비게이션, 노래방 기기 등의 사용으로 인한 기억력 감퇴로 편리함의 허구가 절실히 실감된다. 자동차의 빠른 편리함을 손에 넣기 위해 느린 즐거움이 희생되었고, 걷기 능력의 상실은 비만으로 이어졌다. 지구온난화 방지를 위한 '일주일 간 육류 안 먹기' 운동도 있는데, 이산화탄소를 제거하는 역할을 담당할 초원의 풀을 가축들이 먹어버리기 때문이다. 우리를 획일적이게 하고 상상력 부족으로 이끄는 핸드폰을 휴대하지 않는 날인 온라인 안식일을 가짐으로써 일주일 중 하루는 아날로그로 살며 디지털 다이어트를 해보자. 핸드폰과 인터넷을 끊고 6개월 간 살아보

면 석기시대 사람이라는 말도 듣겠지만, 컴퓨터와 핸드폰은 일정한 시간에만 사용하고 나머지 시간에는 일체 사용하지 않도록 해보자. 휴대전화로 인해 사람들은 혼자 있을 시간이 없이 고요한 시간을 잃어버렸다. 21세기의 디자인은 3R 운동이다. 즉 절전, 절수 등 적게 쓰기reduce, 종이 냅킨 대신 손수건 쓰기 등의 다시 쓰기reuse, 캔·플라스틱·유리나 음식쓰레기를 이용한 바이오가스 등의 재활용recycle, 더 나아가 폐품의 용도를 창의적으로 개선하는 업사이클링upcycling으로 순환경제circular economy가 되게 한다.[71] 지금은 불을 켜기보다 어둠을 켜야 할 때이다. 우리는 24시간 돌아가는 전기 가전제품의 플러그에 의존하고 있고 우리사회는 집단적 플러그에 연결되어 있다. 플러그는 전기를 사용할 때만 꽂도록 하자. 이제 분야를 막론하고 성장 위주의 정책과 철학이 새롭게 재고되는 시점이다. 화려한 도시를 만들겠다고 경쟁적으로 달려들었던 시절도 있었지만 현재 공간에 관한 철학이 새롭게 정의되고 있으며, 창의적인 공간은 화려함이 아닌 꾸미지 않은 자연스러움과 도시개발이 아닌 도시재생에서 비롯된다.

일은 천천히 제대로 하기　　한국은 정치와 행정, 비즈니스에 이르기까지 문제 해결에 있어 매우 조급하다. 깊이 생각하는 법을 잊어버리고 언 발에 오줌누기식 임기응변에 중독되어 문제 핵심의 해결이 아닌 증상만을 다스리는 미봉책quick fix, 퀵픽스에만 치우쳐있다. 한국이 사고왕국이라 불리는 이유는 일을 서둘러 안전사고가 많이 생기기 때문이다. 한국인의 빨리빨리문

화의 명성은 세계적이다. 해외여행에서 한국인인지 아닌지는 빨리빨리의 빠른 행동을 보고 구별한다고 한다. 라틴어로 천천히 서두르라는 'festina lente', 영어의 'make haste slowly', 우리나라 속담의 '급할수록 돌아가라'는 모두 같은 맥락을 갖는다. 아무리 급하더라도 "천천히 서두르라"는 주문을 상기하면 큰 도움이 된다. 건강을 위해서도 느리게 살면 병원에 갈 필요가 없다slow is no hospital는 말이 있을 정도이다. 이브자리의 수면연구소에 따르면 하루 시간은 24시간이지만 생체시계는 24시간 +α , 즉 25시간에 가까워서 현실의 시간에 따라가기 위해 서두른다고 한다. 그러니 토·일요일에는 시계 보지 않기, 슬로시티 지역 내에 시계 없는 공간 만들기, 하루 쯤 느리게 살기 등을 제안한다. 필자는 1997년 IMF 때 한국이 국가부도를 맞고 대마불사大馬不死였던 재벌그룹 15개가 무너질 무렵, 이제부터는 천천히 찬찬히 느리지만 잘하는slowly but surely 것이 중요한, 제대로 사는 방향에 대한 내용을 담은 「재미론」1998을 펴냈었다.

인생을 여행처럼 나그네처럼 살기   패스트 트래블fast travel보다 슬로 트래블slow travel로 인생을 나그네 길 가듯이 가보자. 좋은 느낌과 감동을 주는 감도락感道樂을 즐기고, 해외여행보다 국내여행을 우선시하며, 한꺼번에 여러 곳을 돌아다니는 것을 사양하고, 자동차보다 기차와 자전거를 이용함으로써 천박한 패스트 트래블을 지양하고 슬로시티에서 슬로 트래블을 지향하자.

전통과 지혜를 사랑하기 　전통문화 속에
미래가 있다. 지혜智慧는 과거·현재·미래를
이어주는 유기적인 관계로 그 성질이 부드
럽고 비폭력적이고 우아하고 아름답다. 옛
어른들이 아이들에게 손을 드는 벌을 주는
것은 벌이면서도 일종의 건강 교육이었으
니 일석이조가 아닐 수 없다. 하늘을 향해
손을 올리는 만세萬歲나 기지개氣之開를 자주
함으로써 만세 동안 건강하게 잘 산다는 조
상들의 지혜인 것이다. 인간이 아무리 영리

만세

하더라도 지혜 없이 살아갈 수 없는 이유는 바로 지혜의 핵심
이 영속성과 평화이기 때문이다. 경영management은 인간man이
나이age 들수록 만들어 지는 것ment이므로 결국 경륜을 통해 나
이 들어 생기는 슬기, 지혜가 경영management인 셈이다. 살다보
면 뒤에 남긴 자취가 앞에 놓인 길보다 더 중요하다는 것을 배
우게 된다.

이상 12가지의 슬로 라이프스타일 중 하루에 적어도 다섯 가
지를 실천하고자—日五行 한다면 한 번의 식사—食라도 제대로 하
기, 10번 크게 웃기+笑, 100번 날숨 쉬기百呼, 하루에 천자千字 손
글씨 쓰기, 하루에 만보萬步 걷기를 권장한다. 최종적으로 중요
한 세 가지는 숨 천천히, 밥 천천히, 걸음 천천히 걷기이다. 현
재의 저성장, 저소비 시대가 오래 갈 것으로 전망된다. 흔히 이
같은 상황을 불경기, 즉 '슬로'라고 하는데 사실상 지금이 지극

히 정상이다. 이 보통_{normal}의 현상을 맞아 우리는 자유와 행복의 길로 들어서야 한다. 행복은 추상적인 이념보다 구체적인 일상에서 시작된다.

슬로 라이프스타일느림 생활양식 **12가지**

인간의 속도인 느림, 슬로시티는 일이 아니고 삶이다.
1톤의 이론보다 1그램의 실천이 중요하다.

一日五行

슬
로
시
티 漫鄉

一食 일식
十笑 십소
百呼 백호
千字 천자
萬步 만보

1 좀 느리고/ 작게/ 단순함 속에 인생의 행복이
   느림은 생명임life style
   slow small simple하기
   느림과 작음이 자유로움
     자유가 自遊이고 自由임
   스페인 인사말 아스따 마냐나 정신
     내일 할 일보다 오늘 할 일을, 나중의 일보다
     바로 지금의 일이 더 소중함
   뺄셈의 발상으로 실천(빼는 게 더하는 것임)

2 여유로운 식사시간과 에코푸드 먹기

식사시간 최소 30분, 30번씩 씹고 즐김

60-80% 정도의 포만감을 느끼도록 절식

패스트푸드 멀리하고 에코$_{ECO}$ 푸드 먹기 즉

생태식$_{ecological}$, 문화식$_{cultural}$, 유기농식$_{organic}$ 먹기

農과 食은 둘이 아님, 농업은 대표적인 Slow Industry

전통산업, 생명산업으로 업 중에 本業

3 외모가 중요하니 항상 웃기

사람에게는 세 가지 숨이 있음

목숨(호흡), 말숨(소통), 웃숨(위로, 즉 신에게 보내는 숨이

웃음임)

아파트에서 이웃과 만날 때 먼저

미인대칭$_{미소}$, 인사, 대화, 칭찬하기

대지는 꽃으로 웃고 있음

4 한 호흡 1분대 수준으로

한 호흡$_{날숨과 들숨}$이 1분대 수준이 되게 함

1분대 수준이 슬로마인드와 슬로시티의 시작임

느림은 실은 몸이 아니고 마음이 움직이는 속도임

천천히 나이 들고 마지막에 잘 죽기(slow aging)

5 손 편지쓰기

모든 것이 빠르게 변하는 시대에 편지를 손수 쓰는 작은 여유로

사람 사는 정을

행복한 삶을 위해 복지보다 중요한 것은 情(slow love)

6 나는 걷는다 고로 존재한다

새는 날고 물고기는 헤엄치고 사람은 걷는다고 함

오늘 걷지 않으면 내일 뛰어야 하는 다급한 상황이 옴
자동차 몰지 않는 날과 행복한 자전거
제한 속도를 지키면서 운전 즐기기
가능하면 걷거나 자전거 타고 출근하기(탄소 다이어트)
21세기 행복한 속도 자전거

7 3초만 기다리기
승강기에서 닫힘 단추 누르지 않고 3초만 기다리기
내 앞에 차가 끼어들어도 3초만 기다림

8 때때로 아무 것도 안하기
조용한 명상과 긴 침묵시간 갖기(slow meditation)
TV 보지 않는 날 정하기
텔레비전 멀리하고 독서하기(slow reading)
생애학습(slow education)을 위해 도서관(문화의 사랑방) 갖기

9 유용한 불편함을 즐기기
세상이 편리해지면 생명과 멀어짐
물건 사지 않는 날, 쓰레기 만들지 않는 날 정하기
   모든 동물 중 인간만이 쓰레기를 버림
   관광객의 쓰레기는 자기가 갖고 가게 함
온라인 안식일 갖기, 핸드폰 휴대하지 않는 날
   일주일 중 하루는 아날로그로 살아보기(디지털 다이어트)
21C의 디자인 3R 운동
   지금은 전기보다 어둠을 켜는 시대로 절전, 절수하는reduce,
   종이 냅킨 대신 손수건 쓰기 등의 다시 쓰기reuse 음식쓰레기
   를 이용 바이오가스 등의 재활용recycle

10 일은 천천히 제대로 하기

　　sbs: slowly but surely천천히 찬찬히, 천천 찬찬

　　　시간에게 시간을 주자 dare el tiempo al tiempo

　　천천히 서두르자Festina Lente

　　　느리게 살면 병원 갈 필요 없음Slow is no hospital.

　　　술, 천천히 마시는 운동(폭탄주)

　　　지구의 시간 24시, 생체시계는 24+α, 생체리듬의 비틀림

　　토·일요일 시계 보지 않기

　　　자연의 시간에 적응하기

　　　슬로시티 지역 내 특정 공간을 시계 없는 공간으로 만들어 보기

　　　하루 쯤 '느리게 사는 날' 정해 보기

11 인생을 여행처럼 나그네처럼 살기

　　패스트 트래블fast travel보다 슬로 트래블slow travel로 인생 나그네
　　길 가기(slow travel)

12 전통과 지혜를 사랑하기

　　전통문화 속에 미래가 있으며, 전통과 지혜는 과거·현재·
　　미래를 이어주는 유기적 관계이고 그 성질이 따뜻하고 여유
　　로움

　앞서 소개한 슬로 라이프스타일 중 웃음에 대해 좀 더 이야
기해보고자 한다. 2013년 갤럽은 138개국 성인 1000명을 대상
으로 즐거움을 경험했는지, 많이 웃거나 미소를 지었는지, 잘
쉬었다고 느끼는지, 그리고 존중을 받았는지를 조사했다. 이
긍정 경험 지수[72]에서 세계에서 가장 행복하다고 느끼는 사람
들은 빠라과이, 빠나마, 과떼말라, 니까라과, 에꾸아도르 등 라

달팽이 뿔 위에서 무슨 일을 그리 다투는가	蝸牛角上爭何事
부싯돌 불빛같이 짧은 세월 살아가면서	石火光中寄此身
있으면 있는 대로 없으면 없는 대로 즐겁게 살 일이지	隨富隨貧且歡樂
입을 열고 웃지 못하면 그대는 곧 바보라네	不開口笑是癡人

당시인 백거이772-846 / 달팽이 디자인은 디자이너 손채령의 작품

틴 아메리카인들이었다. 다른 대륙에선 덴마크가 유일하게 톱
10위에 올랐으며, 한국은 하위권인 94위였다. '웃음이 없는 슬
로시티는 슬로시티가 아니다.' 즉, 느림은 곧 미소slow = smile라고
해도 과언이 아니다. 당나라 시인 백거이의 〈대주〉對酒 중 제 2
수를 보면 달팽이와 웃음에 대해 참으로 깊고 깊은 혜안적인
통찰력이 번득인다.

행복은 추구追求라기보다 본래本來부터 있던 것, 즉 제가 가진
걸 사랑하면 되는 것이다. 빅토르 위고의 장편소설「레미제라
블」Les Misérables: 비참함에서 19년의 감옥생활 동안 감정도 메마르
고 눈물도 깡말랐던 쟝발장이 19년 만에 눈물을 흘렸다. 눈물
맛은 짜지만 따뜻하다. 그래서 눈물을 액체로 된 포옹이라고도
한다. 바쁜 사람은 눈물을 흘릴 시간이 없다. 유머humor의 어원
은 체액이나 수액을 의미하는 라틴어 'humanus'이다. 즉, 유머
는 촉촉하고 생기 있는 수분水分과 같은 액체에서 나온 말이다.
느림이란 슬로 역시 촉촉하고 생기 있는 수분과도 같다. 아일

랜드는 일 년에 비가 150일이나 온다. 그래도 비오는 날은 부드러움으로 받아들이는 소프트 데이soft day이기에 슬로 데이slow day로 보낸다. 3초의 여유만 있어도 웃음이 가능하다. 친구와 헤어질 때 고개를 돌리지 말고 그의 뒷모습을 3초만 더 바라보자. 혹시 녀석이 가다가 뒤돌아봤을 때 웃어줄 수 있도록. 사람은 세 가지 면에서 여느 동물과 다르다. 인간은 웃을 줄 알고, 직립 보행을 하며, 엄지손가락이 따로 있는 유일한 동물이다. 이 엄지손가락이야말로 양면성을 지닌 축복이라고 할 수 있다. 청진기나 골프채를 꽉 쥘 수도 있는 반면, 치켜든 군중의 엄지손가락이 변덕의 춤을 추어 기업의 최고책임자CEO의 운명이 결정되는 일은 고대 로마시대의 일만이 아니다. 그들의 두려움은 결코 검투사보다 덜하지 않을 것이다. 관건은 치켜든 군중의 엄지손가락을 오래 지탱하게 하는 것이며, 그 비결 중의 하나가 바로 웃음의 마력이다. 다석 유영모는 사람의 숨, 즉 목숨, 말숨, 웃숨에 대해 이렇게 얘기한다. 목숨이란 목으로 쉬는

숨으로 호흡이며, 말숨은 말씀으로 쉬는 숨으로 소통이며, 웃숨이란 위로 쉬는 숨으로 하나님을 숨 쉬는 것이니 영혼의 호흡이다. 유대인 속담에 "비누가 몸을 깨끗하게 해주는 것처럼 웃음은 영혼을 씻어준다"는 말이 있다. 미소가 많은 사람의 얼굴은 하나의 풍경으로서 얼굴에 나타나고 얼굴은 얼혼의 골자기란 뜻이니 얼굴은 거짓말을 하지 않는다.

일본 교토 고류사廣隆寺에는 모나리자의 미소를 단연 압도하는 세계 최고의 미소를 짓고 있는 '미륵반가유상'이 있다. 백제의 전래품이건만 일본 국보 1호로 지정되어 있는 이 미륵반가유상의 묵은 나무의 숨결과 결의 흐름, 잔잔하고 고요한 미소, 손가락의 곡선은 신기에 가까울 정도이다. 필자는 일찍이 미륵반가유상에 유리관이 씌워지기 전에 가까이 볼 수 있는 행운을 느림관광slow tourism을 통해 얻은 덕분에 그 은은한 미소의 잔영이 아직까지 머릿속에 남아있다. 아리스토텔레스는 「동물부분론」The Parts of Animals에서 인간만이 웃는 동물animal ridens이라고 얘기했으며, 데일 카네기1888-1955는 「인간관계론」에서 "미소는 전혀 돈이 들지 않지만 가치는 무한대이며, 그 미소가 가정에서는 행복을, 사업에서는 호의를 낳는다"고 얘기했다. 맞다. 이런 비유에서도 그러하다. 어떤 사람이 신께 불평불만을 늘어놓았다. "코끼리는 힘, 사자는 용맹, 원숭이는 나무를 잘 타는데 인간은 그렇지 않습니다. 너무 불공평합니다." 그러자 신이 말씀하셨다. "그래서 너에게 웃음을 주지 않았느냐." 우리나라에도 웃으면 복이 온다는 소문만복래笑門萬福來라는 말이 전래되고 있다.

왜 사냐고 물으면 웃는다. 왜냐하면 답이 쉽지 않기 때문이다. 힘든 일에 부딪쳤을 때 가장 현명하고 간단한 처신은 미소다소이부답, 笑而不答. 필자의 지론인 파안대소破顔大笑 효과는 이러하다. 일상사에

:-) 미소

:-D 웃음

휴대전화의 이모티콘으로 미소와 웃음을 전함[74]

파묻혀 살다보면 쉬이 무기력해진다. 이를 반전시키기 위해 혼자 출퇴근할 때 승용차 안에서나 승강기 안에서 또는 거울을 볼 때마다 일부러 으허허허 파안대소로 크게 길게 웃음 짓는다. 거울을 보며 나를 향해 웃자. 거울은 절대 먼저 웃지 않는다. 헛웃음이라도 약 90%의 효과가 있다고 한다. 뇌는 가짜와 진짜 웃음을 구분 못한다고 하니 참 다행이다. 만델라의 8가지 리더십[73] 중 여섯 번째가 "외모가 중요하니 항상 웃어라"Appearances matter- and remember to smile이다. 필자는 은근한 웃음인 미소微笑도 좋아한다. 미소는 좀 구부려지고 많은 것을 펴기 때문이다.

정리와 맺는말

한국, 이제는 행복에 빠질 때다.

1961년 인류 역사상 최초로 우주에 간 러시아의 우주비행사 유리 가
린은 비행선 안에서 지구를 내려다보면서 "지구는 푸른빛이다. 멋지고
경이롭다"며 탄성을 질렀다. 이토록 아름다운 지구와 자연을 더럽히면 더
이상 행복과 건강을 바랄 수 없을 것이다. 사람은 자기 안에 자연이 살고
있다는 신령한 생각을 가져야 한다. 생태계의 안녕과 상호연계된 공생관
계가 잘 유지된다는 것은 인간의 행복에 결정적 역할을 한다. 모눈의 싹
인 성장제일주의와 시장 경제적 가치만을 추구하다가 자연법칙을 거스른
유일한 존재가 바로 인간이다. 특히 우리나라는 이제 시장 경제적 가치추
구에서 생명 문화적 가치추구로 전환하지 않으면 안 되는 한계에 도달했
다. 자연을 얘기하면서 농업을 빼 놓을 수 없다. 전 국민을 위한 국민산
업으로서 농업의 위상을 높이고 농업관련 산업문화를 발전시키지 않는
한 결코 도시와 농촌은 건강해질 수 없다. 한국 농촌의 핵심적 매력 즉,
콘텐츠는 생명인 먹을거리, 자연 녹색으로 상징되는 녹색심리학, 그리고
느림의 공간 제공이다. 농민이 천하의 근본이라는 농자천하지대본의 농
철학은 현대문명이 발달할수록 더욱 공감을 자아낸다. 농과 식은 둘이
아닌 불가분의 관계로 좋은 음식은 건강한 농업이 존재해야만 가능하다.
식품오염은 곧 인간오염으로 이어진다. 네덜란드는 자연=농업=음식=건
강=행복의 등식을 추구하는 나라라는 국가 이미지를 갖고 있다. 따라서
한국도 지속가능한 미래 국가 발전을 위해 10만 명의 농업 엘리트를 양
성하여 하이테크와 전통을 결합한 창조농을 발전시키는 미래지향적 대안
을 제안한다. 슬로시티에서의 농업은 대표적인 느림산업, 전통산업, 생명

산업으로 모든 업의 근본이 되는 기업基業이요, 본업이다. 슬로시티가 지향하는 농업 형태는 소작농이므로 농사일에 필요한 기술 수준 역시 중간 기술 정도로 최첨단 기술의 적용을 제한하고 있다.

독일인의 잠재의식에는 "자연은 고향이다. 자연으로 돌아가자. 거기에 미래가 있다"라는 사상이 자리 잡고 있다. 독일은 효율지상주의를 거부하고 공동체의 행복을 선택한 나라이다. 유럽의 환경 수도인 프라이부르크의 지향점은 "삶은 곧 예술"이며, 무엇보다 강한 에너지 자립 욕구를 갖고 있다. 에너지 자립도가 낮은 우리나라도 땅속 에너지에서 '땅 위의 에너지'인 태양열·풍력·수력·바이오가스의 중요성을 빨리 인식해야 할 것이다. 세계 자동차 왕국인 독일에서 아이러니하게도 프라이부르크는 자가용 억제 정책을 성공시킨 도시이기도 하다. 아득한 옛날 천·지·인 간의 조화, 즉 천지인의 합일 공동체를 지향하는 홍익인간 정신이야말로 한국의 국혼이며, 이것이 바로 인간의 얼굴이라는 이상을 회고하면서 오늘날 한국의 어려운 현실을 푸는 단서임을 밝히고자 한다. 2014년 OECD가 발표한 '더 나은 삶의 지수'The Better Life Index에서 한국은 34개국 중 25위로 최하위권에 머물렀으며, 특히 공동체 지수는 34위로 꼴찌를 기록했다. 지금 우리는 혼자서는 잘 하지만, 함께는 잘 하지 못하는 나라로 전락했다. 아무리 시간이 흘러도 인간사에서 공동체 정신만큼 중요한 것이 없으므로 이를 강조하기 위해 많은 사례를 소개하였다.

릴케는 "인생을 꼭 이해할 필요가 없는 것이다. 그냥 내버려두면 축제가 될 것이다"라는 시가를 읊조리며 인생의 깊은 맛을 선사했다. 인생이 하나의 예술작품이듯이 문화적 요소가 행복에 미치는 영향력과 원리를 음미하며 살아가야 할 것이다. 왜냐하면 전통문화예술과 역사의식의 부재는 참을 수 없는 존재의 가벼움을 느끼게 하기 때문이다. 한국에는 한국문화가 없다고들 얘기한다. 이미 한국의 많은 문화가 사라졌고 현재도 계속해서 사라지고 있지만 이에 대한 경각심마저 없음을 외국인 선각자들은 한탄하고 있다. 아무리 오랜 역사를 통해 이어져 온 전통이라 하더라도 찰나의 순간 깨져 버리기 쉬운 존재가 바로 전통문화이다. 우리나라는 20세기 후반 산업사회의 추악함에 많은 사람들이 돈의 노예가 되면서 심미감과 예술성의 결핍으로 생의 아름다움을 잃어버렸다. 국민소득 2~3만 달러의 한국 사회에 필요한 것은 문화적 욕구 충족을 통한 '질적 기쁨'의 추구와 문화가 경제를 이끄는 '문경입국'文經立國이 선진국으로 가는 길임을 깨닫는 것이다. 국제슬로시티는 글로벌과 연대하되 지역사회의 정체성과 영혼을 지켜나가는 운동이다. 세계적인 철학자 독일의 마르틴 하이데거는 고조선이 가장 평화적인 방법으로 2천년 넘게 아시아를 통치했던 국가라고 말한 바 있다. 한국의 원형 문화는 단군문화이다. 우리는 일찍이 일본의 황통사 사가들에게 속아서 단군과 고조선을 부인하고 조작된 역사를 받아들여 우리 스스로 단기를 포기한 채 지금까지도 진정한 한국역사를 복원하지 못하고 있다. 한국은 작지만 깊다. 우리의 단기 연호는 4349년으로 이만큼 오래된 연호를 쓰는 나라를 지구상에서 보았는가? 한국이 세계에 공헌한 것 중 하나가 홍익인간 정신이다. 홍익인간은 단군이 한민족에게 내건 헌법으로 "사람을 귀하게 여기고 이롭게 해야 한다"는 민본정치에 근본을 두고 있다. 단군 국조에 있어서 참으로 자랑스러운 것은 하나님을 받들었다는 것이다. 「천부경」은 단군사상의 뿌리라고 일컬어지는 민족 최고의 경전으로 천부경을 제대로 알면 「주역」과 「성경」을 참으로 이해할 수 있다. 단군사상이 '풍류도'로 전승되었으며, 풍류도는 한국인의 미학의 종합이요, 원형일 뿐만 아니라 한국이 세계에 공헌한 또 하나의 자랑할 만한 한국의 철학이다. 오늘날의 한류현상은 우리 민족에게 유전된 풍류도의 DNA가 발현된 것으로 신풍류도란 미학의 틀에서 보는 것이 바람직할 것이다. 한국인의 대표정서인 정과 신명, 은근과 끈기라는 풍류와 느림은 고대 유산이란 관점에서 재발견하고 시대에 맞게 새로운 가치를 부여하고 창의적으로 잘 살린다면 문화가 융성

할 것이다. 자본주의의 건전한 발전을 위하여 단군사상이 중요한 이유는 다음과 같다. 인간은 이웃과 사회를 이루고 살아가므로 국가사회로부터 빼앗는 인간이 아닌 '벌어서 나누는 인간'으로서 이른바 풍류도와 화엄학에서 말하는 협동, 조화, 공생관계를 이루어야 인류에게 진정 희망이 있기 때문이다.

사람은 말과 글을 사용하는 영혼의 동물로서, 특히 우리는 국·한문의 국자國字를 가진 세계 문자의 모국이라는 사실에 자부심을 가져야 할 것이다. 우리는 아날로그 문자인 한자와 디지털 문자인 한글을 조화롭게 음양 문자로 사용해왔다. 문화文化와 문명文明이란 말을 보더라도 글文이 원리임을 알 수 있다. 그러므로 한자를 모르는 한맹은 그 원리를 잃어버린 것과 같다. 정작 우리는 한자를 단순히 중국말Chinese character로 여기고 있지만 우리 만족의 시원인 동이족이 한자를 발견했다는 것은 중국 학계에서도 밝혀진 사실이다. 한·중·일 간의 문화권에서 한자를 써야하며 또 역학관계 속에서 세계 유일의 분단국가인 우리가 역사를 소홀히 한다는 것은 크나 큰 실책이 아닐 수 없다. 단군의 실존을 믿지 않는 것, 한자의 상실, 국호 영문 표기의 조작 등이 그러하다. 삼백 수십 년간 널리 영어권을 포함하여 전 세계적으로 한국은 Corea로 통용되었었는데 Corea가 Korea로 고착된 데에는 일제가 개입한 것이 분명하다. Corea의 Cor는 심장·마음·사랑·중심이라는 아름답고 의미심장한 뜻을 함축하고 있다. 인간은 '놀이'를 통해 비로소 문화예술을 소유하게 되었다. 자신의 즐거움을 추구하고 보람된 일을 할 수 있는 자유 시간인 '레저', 한 나라의 문물文物을 관찰하며 봄으로써 문화적으로 한층 즐겁게 삶을 살아갈 수 있도록 도와주는 행복체험산업인 '관광', 인간의 역사는 이동하는 '여행'의 역사로 점철된다. 문화와 예술을 비즈니스와 접목한 것이 엔터테인먼트 산업이다. 오늘날 놀이·레저·관광·여행·엔터테인먼트 등은 지구촌의 모든 현대인들이 매우 좋아하는 문화행동이자 이미 20세기 말에 세계 최고·최대의 산업이 되었다. 최근 방한하는 중국 요커들이 수천

명, 관광수입이 수백억 원을 구가하며 정부와 언론은 주로 상업성을 크게 부각하고 있다. 이것 또한 경제성장 논리에 맞춰 관광을 숫자로만 보고 있는 것으로 실로 참을 수 없는 존재의 가벼움이 아닐 수 없다.

성경의 가장 중요한 계명은 "너의 하나님을 사랑하라", "네 이웃을 너 자신처럼 사랑하라"이다. 위로는 하나님을 사랑하는 것과 옆으로는 이웃을 "사랑"하는 것으로 이것이 곧 십자가(†)정신이다. 보이지 않는 하나님과 보이는 하나님이 바로 이웃이라 가르친다. 정의란 남의 것을 전부 돌려주는 것이며, 사랑이란 내 것을 이웃에게 주는 것이다. 이 시대에 너무 많이 가지는 게 죄악이라는 메시지를 전한다. 무릇 공공정책이란 무겁게 경제성장만을 외쳐서는 안 되고 빈곤을 최소화하고 불평등을 없애는 방향으로 나아가야 한다. 현대인의 행복은 소유의 행복, 다다익선의 행복이지만 예수께서는 오히려 나눔이 더 행복하다고 가르치신다. 즉 나눔, '같이'를 가치라고 보는 것이다. 도처에 폭력과 전쟁이 가득한 이 세상에서 서로 사랑평등하라. 사랑 가운데 '평등'과 '평화'平和가 온다고 성경은 강조한다. 성경에서는 부자들에게 "행복하여라 마음이 가난한 사람들"이라고 얘기하며, 사실 부자야 말로 진짜 가난한 사람이라 가르친다. 전 세계적으로 저성장사회, 저소비시대가 장기간 지속될 것이라는 전망 속에서 거품, 투기, 벼락부자, 대박 등 욕망이라는 전차에서 내려 욕심을 버리는 비움, 즉 생물학적으로 필요한 것 이상 소유하지 않는 자발적인 '가난'에 드는 게 복이다. 이런 관점에서 현대인들은 이제 좀 가난하게 살아야 할 필요가 있다. 성경에 "진리가 너희를 '자유'케 하리라"는 구절이 있다. 자유야말로 우리 인간이 하늘로부터 부여받은 가장 고귀한 보물이다. 오래 전 소크라테스도 가난하지만 무엇보다 자유로운 삶에 방점을 찍었다. 한국 지방자치의 재정 상태는 20여년이 지난 지금까지도 20 : 80으로 중앙정부가 80을 쥐고 있다. 즉, 지방자치가 잘 되지 않는 이유는 아직까지 자유自由의 진정한 가치를 깨닫지 못했기 때문이다. 한국의 슬로시티가 나아가고자 하는 방향 역시 한 마디로 압축하면 자유와 행복을 맘껏 누리자는 것이다.

　　오늘날 우리가 사는 세상의 많은 사람들이 힘들어 하고 있다. 모든 사람은 행복을 추구하며 또 행복을 추구할 권리가 있다. 종교를 가진 사람이 무신론자보다 더 행복하고 더 건강하며 더 오래 산다. 종교와 신앙이 있는 사람이 그렇지 않은 사람보다 행복한 이유는 행복은 다분히 마음과 영성의 문제이기 때문이다. 플라톤이 "행복하려면 몸과 영혼이 조화를 이루어야 하겠지만, 사람의 몸과 혼을 구분하고 몸을 돌보기보다 혼을 돌보는 것이 아름답게 사는 길의 첩경"이라고 한 것이야말로 위대한 철학자의 혼이 깃든 말이다. 기독교에서 복음福音은 온 세상에 기쁜 소식이다. 성경적 행복, 즉 복 받는 길이란 하나님의 말씀을 듣고 지키는 '믿음'이다. 하나님께서는 인류를 구원하시겠다는 약속을 지키기 위하여 독생자 예수 그리스도를 이 땅에 보내셨다. 하나님은 말씀으로 세상을 창조하셨고, 이 말씀이 성육신成肉身이 되어 하나님의 신성과 인간의 인성, 즉 양성을 갖고 인간의 몸으로 오신 분이 예수님이다. 성탄, 즉 예수의 탄생은 하나님께서 인간이 되신 놀라운 하나님의 신비이며, 예수께서 십자가 위에서 죽음과 부활을 맞은 사건은 그리스도의 비밀이다. 세계 수십억 명의 기독자 중 이걸 믿지 않는 사람은 없다. 이순신 장군의 가장 중요한 핵심 역량은 바로 자신과 함께 하면 절대로 패하지 않는다는 믿음과 애민사상을 군대에게 심어주었다는 것이다. 아리스토텔레스는 「니코마스 윤리학」에서 매사에 절제와 '선'을 강조했다. 선이 곧 행복이다. 선과 행복은 같은 뿌리에서 나왔다. 그리스도인에게 있어 정치 참여는 일종의 의무이다. 왜냐하면 정치라는 공동체적 선을 찾는 것은 보다 특성화된 사랑의 한 표현이기 때문이다. 그러므로 오늘날에는 착한 기업이 스마트한 기업인 것이다.

한국인 10명중 2명 정도만 정부를 믿는다고 하니 신뢰자산이 바닥일수밖에 없다. 정말 우리나라의 문제는 경제가 아니라 정치라고 본다. 후진적 정치체제와 구태의연한 정치인과 공직자의 복지부동이란 변화가 선행되지 않고는 풀기 어려운 문제가 아닐 수 없다. 고구려가 망한 것, 통일신라가 망한 것, IMF를 당한 것은 적기에 개혁을 못했기 때문이다. 낙엽도 제 때에 떨어질 줄 안다. 기원전 5세기에 이미 소크라테스는 "국가의 목적은 국민이 훌륭하게 살도록 하는 것이며, 정부의 목표는 국민이 행복하게 생활할 수 있는 질서를 이룩하는 것"이라는 명언에서 국가의 존재이유를 밝혔다. 정政이란 비뚤어진 것을 바로 잡는 것, 즉 사회질서를 바로 잡는 것이다. 공자의 「논어」에서 정치는 정치의 본本, 뿌리인 사람을 바르게 하는 것이라 했다. 임마누엘 칸트도 국민이 수단이 아닌 '목적'으로 살아가는 것, 즉 인격으로 대접하는 사회를 만드는 것이야 말로 바로 국가의 책무라 했다. 다른 사람의 행복 없이 우리의 행복이 없음은 우주의 법칙이다. 우리에게 필요한 정치는 우리가 원하는 삶에 맞춰져야 할것이다. 우리는 삶이 생존to be / 생활to live / 잘 사는 생활to live well / 더잘 사는 생활to live better로 에스컬레이터 식으로 상승되기를 원한다. 이제우리나라에 요구되는 지상명령은 행복한 나라, 국격國格이 바로 서는 나라를 만드는 것이다. 학교는 국가 정치의 근본이다. 인간 최고의 행복은자아실현이며, 이 자아실현을 위한 자기 정체성의 발견의 최적의 기회가교육이다. 학교란 말인 school은 그리스어 스콜레scholē, 레저에서 나왔다. 그러므로 행복하지 아니하면 교육은 가짜다. 교육의 라틴어 educare의 뜻은 "사람이 가진 능력을 발휘할 수 있도록 이끄는 것"이다. 사람은 모두다르지만 누구나 고유한 재능charisma을 가지고 있으며 이를 발휘하도록이끄는 것이 교육이다. 교육을 통해 모든 이가 다양한 재능을 펼치고 사는 세상, 그리고 차이를 인정하며 공존하는 것이야말로 참이다. 현재 한국 교육의 구조적 문제점은 어설픈 서구식 모방교육과 식민교육이다. 교육의 '질'은 곧 단순한 인재보다 창재創才를 만드는 것이다. 다름과 차이를 인정하면 세상을 풍요롭게 할 수 있다. 창조교육 없이는 창조경제는 불가능하다. 획일적 교육을 탈피하기 위한 '교육의 혁신'을 채택하는 것은 경제나 안보보다 앞서는 국가의 최우선 순위가 돼야 할 것이다. 국가의 교육 혁신을 위해서는 나라의 교육 정책을 혁명적으로 바꾸어야 한다. 지금 한국은 교육과정조차 정부가 독점하고 있는 상황으로 이제 정부로부터 조변석개하는 교육 오년지소계가 아닌 국가 백년지대계로 하루 속히 전환해야 한다. 아이를 아이다운 속도로 기르는 교육법인 슬로 스쿨링slow schooling이 필요하다. 대부분의 유럽 국가들의 대학 진학률이 20퍼센트 대인 데 비해 한국의 대학 진학률은 82퍼센트이다. 덕분에 대학졸업 후 많은 청년들이 잉여인간으로 남게 되고 또 많은 국비가 낭비되고 있다. 바야흐로 닥쳐온 저성장, 저출산, 초고령화 시대에 우리는 가정, 직장, 사회에서 절약과 절제에 적응해야만 살아남을 수 있다. 이런 시대일수록 취업난이란 한파를 대비하여 자기 분야의 전문가가 돼야 살아남을 수 있다. 청년들이 푸른 청춘을 잃지 않도록 하기 위해 청년들은 정치적 의사표시를 적극적으로 하고 청년 관련 국가정책 수립 시 이들의 의견을 상시적으로 반영해야 한다. 스웨덴, 덴마크, 핀란드 등 북유럽의 초선진 강대국들이 척박한 자연환경을 이겨내고 강한 도전과 열정의 원동력을 키울 수 있었던 것은 철저한 교육 시스템과 과학기술의 덕분이다. 교육이 사람을 살리고 나라를 부강하게 만든 원동력이다.

한국 경제는 지난 반세기 동안 급성장했지만, 한편으로 심각한 문제도 발생했다. 바로 소득분배의 '불평등' 악화와 경제력 집중도의 심화이다. 대부분 유럽 국가들은 중소기업이 경제에서 차지하는 비중이 80~90퍼센트인데 반해 우리나라는 대기업 비중이 70퍼센트이다. 중소기업이 국가의 중산층을 형성한다. 한국인 응답자 중 40퍼센트만 세금을 꼭 내야 한다고 답했으며, 경제적 능력이 높은 사람이 더 많은 세금을 부담하고 있느냐는 질문에 대해서는 82.1퍼센트가 그렇지 않다고 답했다. 유럽 국가들은 수입의 거의 절반을 세금으로 납부한다. 내가 낸 만큼 돌려받는다는 믿음이 깊이 뿌리내려 있다. 덴마크에서는 어느 직업이든 세금을 많이 내야 하기 때문에 연봉이 직업선택에 있어 중요하지 않은 대신 일에 대한 성취감이 관건으로 작용한다. 핀란드에서는 좋은 학교와 나쁜 학교를 구분하지 않고 각 학교에 예산을 균등하게 배분하기 때문에 누구나 어디서나 좋은 공교육 혜택을 받을 수 있다. 독일에서는 우리나라와 같은 서울대가 따로 없다. 이제 돈과 권력이 아닌 '평등'이란 가치를 추구해야 인간은 행복해질 것이다. 불평등, 불공정에 대해 공자도 사마천도 평平의 세상이 되어야 하는데 아니기에 울음을 운다고 했으니 지금도 이 말이 전하는 울림이 매우 크다. 국가가 충족시켜야 할 행복한 사회의 조건으로 안전성을 얘기하지 않을 수 없다. 미국과 소련이 38도 선을 그어 나라를 두 동강 내었는데, 이는 우리가 35년 동안 일제의 식민지였기 때문이며, 더 거슬러 올라가면 조선 왕조가 백성을 지나치게 수탈했기 때문이다. 521만 명의 인명피해를 낸 한국전쟁과 분단의 아픔을 시방도 심하게 겪고 있는 상황에서 국민의 안전과 안정을 지키고, 더는 국제사회에서 수치를 당하지 않기 위해 남북한 관계보다 중요한 것은 없다. 원전 가동도 그렇다. 현재 한국의 에너지 공급원은 원자력이 30~40퍼센트인데 반해 전 세계적으로 원자력 의존도는 겨우 2퍼센트에 불과하다. 남한의 좁은 땅에 25기 원전이 가동되고 있다. 나라 안의 총체적 안전 불감증으로 연일 사건, 사고가 터지니 앞으로도 더욱 그럴 것이다. 일전에 본 영화 <국제시장>에서처럼 우리는 아주 가난했었다. 한국은 지난 50년간 고성장에 따른 경제적 부흥으로 많이 더럽혀지고 망가져 엄청난 경제성장 중독증의 폐해에 시달리고 있다. 아직까지 총체적으로 거의 전 분야가 경제 논리에 종속되어 우리 삶은 빨라지고 쫓기고 있다. 경제성장이 왜 필요하고 도대체 무엇을 위함인가? 경제성장은 목적이 아닌 인간행복을 위한 한낱 수단에 불과한 것뿐인데 지금까지 정부는 목적으로 삼아왔다. 경제성장은 우리를 물질적으로 풍요롭게 하는 동시에 인간적으로는 매우 가난하게 만들었다. 경제는 발전했지만 세상 살기는 더욱 각박해졌다. 역사상 가장 잘 살건만 가장 섬뜩한 사회, 기분 나쁜 사람들이 가득한 사회가 되었다. 한강의 기적은 끝났다. 과거의 한국형 성장 방식은 끝난 것이다. 무조건적인 전진은 국민총생산=국민오염총생산을 낳고 말았다. 우리는 경제와 발전을 위해 태어난 것이 아니고 행복하기 위해 지구에 온 것이다. 성장이 잘못인 것은 아니다. 다만 양적 성장뿐만 아니라 질적 성장도 생각해야 하고 지속가능한 '탈성장', 진정한 풍요를 위한 탈성장 라이프스타일의 실천이 확산되어야 한다. 거품과 낭비가 빠져나간 지금의 저성장과 저소비 상황이 오히려 노멀정상이 아닐까? 절제와 검약의 삶으로 간다고 해서 과연 우리의 삶의 질이 떨어질까? 저출산의 장기화가 예상되는 이 때, 저출산만 자꾸 우려할 것이 아니라 지금 있는 아이들을 정말 제대로 키워내는 것이 중요하다. 오늘날 신자유주의적 글로벌 경제에서 이탈하여 지역사회의 자립, 즉 세계화가 아닌 지역화, 성장보다 깊이를 시도하는 지역경제가 필요하다. 이처럼 지역사회를 건강하게 하는 사업 중의 하나가 바로 국제슬로시티 운동이다.

지구촌에 불고 있는 시속 5킬로미터의 걷기와 시속 15킬로미터의 자전거 타기라는 슬로의 바람을 느껴보라. 슬로느림의 본질은 고요함·따뜻함·사랑과 깊이·기다림·삶의 질에 바탕을 두고 있다. 20세기는 빠름이 미덕이고 느림이 악덕이었지만, 21세기에는 느림과 작음을 선호하는 사람들, 소비자들이 늘어나고 있다. 왜냐하면 슬로하고 스몰한 것이 즐겁고 영원하고 행복하기 때문이다. 행복은 추상적인 이념보다 구체적인 일상에서 시작되므로 슬로시티의 12가지 슬로 라이프스타일느림생활양식을 제안하여 이것이 삶과 실천에 접목되기를 희망한다. 슬로시티 운동은 느림과 빠름의 조화를 추구한다. 그런데 우리나라는 많은 사람들이 빠름에 기우뚱하게 치우쳐 있으니 문제이다. 바쁘다와 부지런하다를 혼동해서는 안될 것이며 서두름, 조급증은 사람을 불행하게 한다. 오늘날 거의 모든 사업은 속도를 중심으로 돌아가고 빠르면 빠를수록 좋다는 것이 지금의 대세다. 현대인은 전례 없이 초고속 시대에 놓여 있어 인간다움을 잃어 가고 있다. 빨리빨리 문화와 잘못 설정된 성과 지상주의에서 탈출하는 국가개조 없이는 국민행복 달성과 선진국으로의 진입은 요원할 것이리라 본다. 현대사회의 가장 심각한 문제는 빨리빨리 맨탈리티로 "꽃에는 고요한 부분이 있어 그곳에 벌레가 앉지요"라는 한 시구처럼 고요해지는 법을 모른다. 케인즈의 말대로 목적보다 수단을 존중하는 것이 현대 경제학의 태도이다. 경제성장은 그 자체가 목적이 아니라 인간의 행복을 위한 한낱 수단에 불과한데 주객이 전도되어 있다. 한국인은 돈에 대한 끝없는 집착에 심하게 시달리고 있다. 한국의 출산율이 1955~60년대 6.3명에서 2014년 1.21명으로 줄어들어 인구절벽 시대로 불리기도 한다. 사람들은 저출산의 원인으로 돈을 꼽는다. 전 세계적으로 민주주의와 자본주의가 이중의 위기에 처해 있는 것도 돈 때문이라는 것이다. 2014년 기준 한국의 전체 취업자의 평균 주당 근로시간은 약 40.8시간으로 멕시코의 42.8시간에 이어 OECD 회원국 중 2위이다. 실상 근로시간은 이보다 훨씬 더 길다. 그러다보니 국민 10명 중 8명(80%)은 일상이 피곤하고 77퍼센트가 시간의 부족을 느낀다고 한다. 짧은 노동시간이 '행복한 나라'로 불릴 수 있는 하나의 조건이라는 OECD 조사의 분석결과를 주목해야 할 것이다. 최근 노르웨이 연구팀의 연구 결과에 따르면 일중독workaholic은 정신질환과 연관이 있다는 의미심장한 보고서를 냈다. 자본주의의 치명적인 결함은 부익부 빈익빈의 양극화, 불평등, 금융탐욕 등으로 자본주의는 그야말로 사람의 온기가 느껴지지 않는 경제이다. 따라서 글로벌 자본주의의 선행모델로 만본주의漫本主義를 제안하였다. 자본주의는 돈이 본이지만 만본주의는 느림·자유·영혼·기쁨의 네 가지 덕목을 본으로 삼으며, 만본주의가 앞서고 뒤에 자본주의가 줄서는 인간을 위해 봉사하게 만드는 슬로자본주의slow capitalism이다. 우리는 슬로시티가 발달된 유럽의 사례를 통해 느림과 행복이 사람의 근본이며 고향임을 재학습하였으며, 만본주의를 통해 세계화가 아닌 지역화를 통해 지역경제를 활성화하여 성장에서 성숙, 삶의 양에서 삶의 질로, 빠름에서 깊이와 품위를 지켜나가는 시대를 앞당기고자 한다.

오늘날 인간과 인생은 너무 복잡해서 행복을 지키기가 어렵다. 현대사회의 가장 심각한 문제는 고요해지는 법을 모른다는 것이다. 우리는 朝鮮조선이라는 국호를 가졌던 나라다. 머지않아 세계는 철학과 삶의 양식을 바꾸고 지역공동체에 기반을 둔 옛날의 생활방식으로 다시 돌아가리라 예상된다. 왜냐하면 사람에게 결국 느림이 늘림이다. 느림과 행복이 인간의 고향이기 때문이다. 특히 우리나라는 지금까지의 양적성장 일변도에서 벗어나 지혜와 중지를 모아 새로운 질적 성장·행복 방정식을 만들어 내야 한다. 가장 평화적인 방법으로 2천년 넘게 아시아를 통치했던 고조선의 전통을 상기하며, 동방의 밝은 빛이었던 코리아, 일찍이 아시아의 황금시대 등불 중의 하나였던 코리아의 등불을 다시 한번 켤 때가 온 것이다. 정과 신명이 넘치는 유니크한 나라에서 태어난 우리, 인생은 즐거우려고 태어난 것인데 왜 행복하지 않아야 하는가? 인생을 즐기지 않으려면 무슨 성공이 필요한가? 국도國島 독도가 포함된 한국의 열 가지 상징, 한국십징韓國+徵의 하나인 국강國江의 한강처럼 이 책을 잡고 유장하게 흐르고 흘러 부디 우리나라가 나아 갈 철학과 처방을 발견하길 희망한다.

참고문헌

자연과 행복

1   로버트 A. 커민스. "불행의 치료제". 「세상 모든 행복」. 레오 보만스 편
    저. 노지양 역. 서울: 흐름출판. 2012. 74-77쪽.
2   손대현. 「한국문화의 매력과 관광이해」. 3판(개정판). 서울: 백산출판
    사. 2008. 148쪽.
3   손대현. 위의 책. 150쪽.
4   김남희·쓰지 신이치. 「삶의 속도, 행복의 방향」. 전새롬 역. 서울: 문학
    동네. 2013. 224쪽.
5   데이비드 로텐버그. 「자연의 예술가들」. 정혜원·이혜원 역. 서울: 궁리.
    2015.
6   울산암각화박물관. 「울주 대곡리 반구대 암각화」. 2013. 188- 189쪽.
7   손대현·장희정. 「슬로시티의 행복」. 서울: 조선앤북. 2015. 31쪽.
8   헨리 데이비드 소로. 「월든」. 강승역 역. 서울: 은행나무. 2011.
9   정연상. "전통건축에 담긴 조영원리: ⑭ 골목길". 문화유산신문. 2014
    년 10월 31일.
10 강혜란. "이탈리아 국보가 된 와인, 꿀벌과 잡초가 비결이죠". 중앙일
    보. 2015년 12월 80일. 27면.
11 유키 도미오. "농촌의 삶과 GNH: 도호쿠 지방 할아버지, 할머니로부터
    얻은 교훈". 「슬로라이프의 달인들」. 쓰지 신이치 저. 허문경 역. 2013.
    195쪽.
12 에른스트 슈마허. 「작은 것이 아름답다」. 이상호 역. 서울: 문예출판사.
    2002. 213쪽.
13 플로리안 오피츠. 「슬로우: 무한경쟁 시대를 넘어서기 위하여」. 박병화
    역. 서울: 로도스. 2012. 197쪽.
14 곽노필. "한국, 곡물 절반 줄고 고기 6배 늘어". 한겨레. 2014년 10월
    21일. 1면.
15 손대현. "왜 우리는 지금 ecoFOOD를 말하는가". 「에코푸드와 슬로시
    티 포럼」. 2014년 10월 23일.

16 손대현·장희정. 「슬로매니지먼트: 느림과 곡선에는 신만이 아는 비밀이 있다」. 서울: 조선앤북. 2012. 153쪽.

17 이경숙. "GMO 퇴치 작전 수칙, 토종씨앗으로 밥상 지켜라". 한겨레. 2014년 9월 30일.

18 Roxanne Palmer. "만약 유전자변형작물이 없다면". 뉴스위크 한국판. 1121호. 2014. 32쪽.

19 나유리·미셸 램블린. 「핀란드 슬로우 라이프」. 서울: 미래의 창. 2014. 50쪽.

20 윌리엄 데이비스. 「밀가루 똥배」. 인윤희 역. 서울: 에코리브르. 2012. 67쪽.

21 디모데전서 4:3.

22 최남선. 「단군론」. 전성곤·허용호 역. 서울: 경인문화사. 2013.

23 손대현. 「한국문화의 매력과 관광이해」. 앞의 책. 218쪽.

24 손대현. 위의 책. 258쪽.

25 손대현. 위의 책. 229쪽.

26 Clarence EL. Changing the way we work: The OECD's work on well-being indicators. 「슬로시티연구」. 제2호. 2010. 127-133쪽.

27 안냐 라이트. "생명을 낳아 키우는 행복: 아이들에게 배우는 풍요로움". 「슬로라이프의 달인들」. 앞의 책. 223쪽.

28 Carolina Buia. "다시 한 지붕 아래로 모이는 가족". 정경희 역. 뉴스위크 한국판. 1175호. 2015. 50-52쪽.

29 폴 로버츠. 「근시사회: 내일을 팔아 오늘을 사는」. 김선역 역. 서울: 민음사.

30 디팩 초프라. 「사람은 늙지 않는다」. 이균형 역. 서울: 정신세계사. 1994.

31 중앙일보 특별취재팀. "20대 여성 생활 건당 ⋯ 60-70대보다 나쁘다". 중앙일보. 2014년 11월 18일. 1면.

32 출애굽기 23:10.

33 와타나베 이타루·시골빵집에서 자본론을 굽다」. 정문주 역. 서울: 더숲. 2014.

34 서울특별시. 「유엔 기후변화 협상에 관한 세계시민의 동영상자료」. 2015년 6월 6일.

35 박현영. "인구 감소 꼭 독인가". 중앙일보. 2015년 2월 27일. 18면.

36 모타니 고스케·NHK 히로시마 취재팀. 「숲에서 자본주의를 껴안다」.
김영주 역. 서울: 도서출판 동아시아. 2015. 58쪽.

37 Laura Wellesley. "고기 덜 먹으면 지구 온난화 늦출 수 있다". 정경희
역. 뉴스위크 한국판. 1163호. 54−55쪽.

38 Achim Käflein. Freiburg. Kaeflein.de. p.50.

39 정현진. "지구는 지금 6번째 대멸종을 겪고 있다". 중앙일보. 2015년 4
월 29일.

40 손대현. "물처럼 단단하게". 「2014 완도국제해조류박람회 에코 마린
타운 포럼 프로시딩집」. 한국슬로시티본부. 2014. 11쪽.

41 에모토 마사루. 「물은 답을 알고 있다: 물이 전하는 신비한 메시지」.
홍성민 역. 서울: 더난출판사. 2008.

42 레위기 17:11.

문화와 행복

1 누가복음 5:39.

2 박문기. 「대동이 1」. 서울: 정신세계사. 1991.

3 김구. 「백범일지」. 서울: 나남출판. 2002. 431쪽.

4 월간중앙 편집부. "저녁이 있는 나라, 독일인의 행복에서 배운다". 월간
중앙. 201404호. 2014. 222−223쪽.

5 임승국. 「한단고기」. 서울: 정신세계사. 1991. 55−121쪽.

6 오애리. "특별대담: 상고사 연구가 崔泰永 박사". 문화일보. 2000년 1월
3일.

7 박용배. "최태영의 한국고대사를 생각한다". 데일리한국. 2005년 12월
19일.

8 오애리. 앞의 글.

9 최태영. 「한국 고대사를 생각한다」. 서울: 눈빛. 2002. 28쪽.

10 손대현. "한국관광의 원천 매력 세가지". 「슬로시티연구」. 제3호. 2010.
52−54쪽.

11 윤내현. 「한국고대사」. 서울: 삼광출판사. 1989. 96−97쪽.

12 박영호. 「다석전기: 류영모와 그의 시대」. 서울: 교양인. 2012. 510쪽.

13 박영호. 「다석 류영모의 생각과 믿음」. 서울: 현대문화신문. 1996. 60쪽.

14 박영호. 위의 책. 54쪽.

15 요한계시록 22:12-13.

16 프랑수아 를로르. 「꾸뻬씨의 행복 여행」. 오유란 역. 서울: 오래된 미래. 2004. 40쪽.

17 손대현. "신풍류의 발견". 「문화관광연구」. 제4권 제1호. 2002. 7-19쪽.

18 손대현. "文化·文明도 本은 文字". 「한글+한자 문화」. 제179호. 2014. 4-5쪽.

19 진태하. "하·은나라는 동이족의 역사: 한자는 동이족이 만든 글". 「한글+한자 문화」. 제199호. 2016. 6-11쪽.

20 진태하. "하·은나라는 동이족의 역사". 「한글+한자 문화」. 제200호. 2016. 6-10쪽.

21 심재기. "세종과 훈민정음". 「한글+한자문화」. 1-4편 연재. 년도 불명.

22 박문기. 「한자는 우리 글이다」. 서울: 양문. 2001.

23 손대현. "잃어버린 국명 Corea를 되찾을 이유". 「엔터테인먼트연구」. 제8호. 2007. 139-145쪽.

24 최영재. "한반도 그린 가장 오래된 지도 나왔다". 월간중앙. 200608호. 2006.

25 송의달. "작년 김대통령 가순방때 총독관저서". 조선일보. 1996년 2월 12일. 38면.

26 New York Herald. Corean's Greeting. 1883년 9월 19일.

27 오상도. "114년 전 美 언론이 취재한 '청년 안창호의 꿈'". 서울신문. 2016년 3월 7일. 27면.

28 "문위우표 10문". 한국일보. 1982년 4월 2일.

29 아세아문제연구소. 「구한국외교문서 제14권 영안(英案 2)」. 서울: 고려대학교 아세아문제연구소. 2010.

30 정창현. "국호 영문표기 Corea 남북학자 복원 합의". 중앙일보. 2003년 8월 22일. 9면.

31 최영재. 앞의 글.

32 고재열. "Korea는 가고 Corea 오라". 시사저널. 690호. 2003. 93면.

33 요한 호이징하. 「호모 루덴스: 놀이와 문화에 관한 한 연구」. 김윤수 역. 서울: 까치. 1981.

34 칼 포퍼. 「열린사회와 그 적들 1」. 이한구·이명현 역. 서울: 민음사. 1983.

35 손대현. 「한국문화의 매력과 관광이해」. 앞의 책. 101–102쪽.

36 파비안 직스투스 쾨르너. 「저니맨: 생애 한 번 반드시 떠나야 할 여행이 있다」. 배명자 역. 서울: 위즈덤하우스. 2014.

37 손민호·백종현. "명품 관광은 최고의 자연환경 만끽하게 하는 것". 중앙일보. 2015년 11월 19일.

종교와 행복

1 김영진. "좋은 것 주시는 하나님". 맑고밝은교회. 제7권 7호. 2016년 2월 14일. 13쪽.

2 박영호. 「다석 류영모의 생각과 믿음」. 서울: 현대문화신문. 1996. 203쪽.

3 앨런 코헨. 「미스터 에버릿의 비밀」. 정영문 역. 서울: 세종서적. 2005.

4 마태복음 16:26.

5 마가복음 10:25.

6 플라톤. 「국가」. 천병희 역. 서울: 숲. 2013. 84쪽.

7 창세기 2:7.

8 에른스트 슈마허. 「작은 것이 아름답다: 인간 중심의 경제를 위하여」. 이상호 역. 서울: 문예출판사. 2002.

9 플로리안 오피츠. 「슬로우: 무한경쟁 시대를 넘어서기 위하여」. 박병화 역. 서울: 로도스. 2002. 133쪽.

10 John Leighton. 「100 Masterpieces in the Van Gogh Museum」. Amsterdam: Van Gogh Museum. 2002. p. 37.

11 김영진. 「참회의 여정」. 맑고밝은교회. 제7권 8호. 2016년 2월 21일. 6–7쪽.

12 김영진. 「율법이 복음을 만나다: 613개의 율법에 대한 종합해설서」. 서울: 비전출판사. 2015.

13 요한복음 13:34–35.

14 박영호. 「다석전기: 류영모와 그의 시대」. 서울: 교양인. 2012. 503쪽.

15 마태복음 10:34.

16 청전. 「당신을 만난 건 축복입니다: 맑은 영혼의 땅, 히말라야에서 온

청전 스님의 선물」. 서울: 휴. 2014.

17 함석헌. 「뜻으로 본 한국역사」. 서울: 제일출판사. 1992. 264- 265쪽.

18 김창혁. "위안소는 강간센터 … 관련자 처벌해야". 동아일보. 1988년 8월 14일.

19 아이리스 장. 「난징 대학살」. 김은령 역. 서울: 끌리오. 1999.

20 마태복음 10:8.

21 장석주. "비우고 살면 누가 시비를 하겠는가". 월간리더피아. 2009년 7월호. www.leaderpia.com

22 장샤오형. 「느리게 더 느리게: 하버드대 행복학 명강의」. 최인애 역. 서울: 다연. 2014. 323쪽.

23 황화숙. 「내감정을 이기는 심리학: 이모셔널 에너지」. 서울: 아름다운사람들. 2010.

24 나유리. "핀란드의 아름다운 슬로라이프". 41회 슬로아카데메이아. 슬로시티클럽 지혜동인. 2015년 7월 2일.

25 김갑식. "半農半禪의 산사생활 … 농사가 염불보다 훨씬 힘들어". 동아일보. 2014년 3월 14일.

26 온라인뉴스팀. "불우이웃 위해 맡겨두는 '서스펜디드 커피' 운동 유행". 파이낸셜뉴스. 2013년 4월 3일.

27 데살로니가전서 5:16-18.

28 마태복음 5:8.

29 아리스토텔레스. 「니코마코스 윤리학: 최초의 윤리학 강의록」. 조대웅 역. 서울: 돋을새김. 2008.

30 생텍쥐베리. 「어린 왕자」. 김윤진 역. 서울: 소담출판사. 2003. 161쪽.

31 Regina Brett. "Regina Brett's 45 life lessons and 5 to grow on". The Plain Dealer. May 28, 2006. www.cleveland.com

32 소냐 류모머스키. 「How to be happy: 행복도 연습이 필요하다」. 오혜경 역. 서울: 지식노마드. 2007. 33- 34쪽.

33 데이비드 맥컬레이. 「고딕성당」. 하유진 역. 서울: 한길사. 2003.

34 마가복음 10:21.

35 누가복음 6:20- 23.

36 요한복음 8:32.

37 요한복음 8:34.

38 박철. "돈키호테의 정의와 자유정신을 꿈꾸며". 중앙일보. 2015년 2월 12일.

39 말레 네 뤼달. 「덴마크 사람들」. 강현주 역. 서울: 로그인. 2015. 58-61쪽.

40 바이취엔전. 「삶을 맛있게 요리하는 인간관계 레시피」. 강경이 역. 서울: 새론북스. 2007. 38-39쪽.

41 니코스 카잔차키스. 「그리스인 조르바」. 이윤기 역. 서울: 열린책들. 2009.

정치와 행복

1 플라톤. 「국가」. 천병희 역. 서울: 숲. 2013. 16쪽.

2 말레네 뤼달. 「덴마크 사람들처럼」. 강현주 역. 서울: 로그인. 2015. 191쪽.

3 한귀영. "더불어 행복하기, 머나먼 대한민국". 한겨레. 2015년 12월 13일.

4 이준서. "사회를 불행하게 하는 사람, 1위는 정치인". 연합뉴스. 2011년 12월 13일.

5 이와쿠니 데쓴도. 「행정은 최대의 서비스산업이다」. 김재환 역. 서울: 지방의시대. 1994.

6 량치차오. 「량치차오, 조선의 망국을 기록하다」. 최형욱 역. 서울: 글항아리. 2014.

7 호세 무히카. 리우20+정상회의 연설. 2012.

8 플라톤. 앞의 책. 14쪽.

9 김기찬. "한국인 10명 중 2명만 정부 믿는다". 중앙일보. 2014년 5월 8일.

10 다니엘 튜터. 「익숙한 절망 불편한 희망」. 송정화 역. 서울: 문학동네. 2015. 35쪽.

11 이승우·정윤섭·한지훈. "불황속 고위공직자 지갑 두둑 … 10명중 7명 재산증가". 연합뉴스. 2015년 3월 26일.

12 이해준. "한국 성장률 추락뒤엔 부패 악마의 미소". 헤럴드경제. 2015년 4월 20일.

13 배명복. "[국민이 행복한 선진국 上 덴마크] 안데르센 동화 같은 신뢰의 선순환". 중앙SUNDAY. 2007년 6월 16일.

14 말레네 뤼달. 앞의 책. 26쪽.

15 박명호. "납세자의 심리적 요인이 납세순응행위에 미치는 영향". 제50회 납세자의 날 기념 심포지엄 「납세자와 함께하는 조세정책」. 한국조세연구원. 2016년 3월 17일.

16 김재희. "미국 상위 1%가 세금 45.7% 부담, 소득대비 조세 부담 2.68배". 글로벌이코노믹. 2015년 4월 15일.

17 말레네 뤼달. 앞의 책. 13쪽.

18 이중근. 「6.25전쟁 1129일」. 서울: 우정문고. 2013. 407쪽.

19 고수석. "2030세대는 미래에 뭘 먹고사나?". 중앙일보. 2015년 7월 20일.

20 이우근. "소금을 지니고 화목하라". 중앙일보. 2012년 4월 30일.

21 마가복음 9:50.

22 남종영. "2024년 한국은 '원전 밀집도' 세계1위". 한겨레. 2011년 3월 28일.

23 정의진. "사이버 테러 공포에 전세계가 발칵". 뉴시스. 2011년 6월 21일.

24 조성복. "독일, 수입의 40% 세금인데 조세저항 없는 이유". 프레시안. 2013년 10월 16일.

25 김소연·김경락. "상위 1%가 배당소득 72% 가져갔다". 한겨레. 2014년 10월 8일.

26 손대현. 「재미론: 인생의 명약」. 서울: 형설출판사. 1998. 126-128쪽.

27 Layard Baren. "행복찾기운동". 「세상 모든 행복」. 레오 보만스 편저. 노지양 역. 서울: 흐름출판. 2012. 337-341쪽.

28 임경택. 「단전호흡 숨쉬는 이야기: 단침과 열기」. 서울: 샘이 깊은 물. 2011. 248-249쪽.

29 임경택. 위의 책. 250쪽.

30 세르주 라투슈. 「탈성장사회: 소비사회로부터의 탈출」. 양상모 역. 서울: 오랜된 생각. 2014. 122쪽.

31 세르주 라투슈. 위의 책.

32 류현경. "한국의 녹색성장엔 '작은 경제' 논의가 없다". 조선경제. 2011년 3월 1일.

33 손대현·장희정. 「슬로시티에 취하다」. 서울: 조선앤북. 2010. 51쪽.

34 세르주 라투슈. 앞의 책. 254쪽.

35 세르주 라투슈. 위의 책. 142-143쪽.

36 백성호. "공자도 사마천도 울었다 ⋯ 세상의 平을 위하여". 중앙일보.
    2013년 10월 8일. 25면.

37 토마 피케티. 「21세기 자본」. 장경덕 역. 서울: 글항아리. 2014.

38 마태복음 18:10.

39 노현웅. "아시아미래포럼 개막 ⋯ '포용성장' 다각 토론". 한겨레. 2013
    년 10월 29일.

40 헤르만 지몬. 「히든 챔피언」. 이미옥 역. 서울: 흐름출판. 2008.

41 다니엘 튜더. 앞의 책. 71쪽.

42 한은화. "새로 만드는 게 능사인가 ⋯ 해법은 공유다". 중앙일보. 2013
    년 12월 13일.

43 Joel Stein. "Strangers crashed my car, ate my food and wore my jeans.
    Tales from the sharing economy". Time. 185(4). 2015.

44 취재기자 불명. ECONOMY-공유 경제의 시대. 뉴스위크 한국판. 2014
    년 2월 24일. 38면.

45 김환영. "실리콘밸리의 산실 된 비결은 '자유의 바람이 분다'는 모토".
    중앙일보. 2016년 3월 25일. 30면.

46 나유리·미셸 램블린. 「핀란드 슬로우 라이프」. 서울: 미래의 창. 2014.
    267쪽.

47 세르주 라투슈. 앞의 책. 239쪽.

48 월간중앙 편집팀. "저녁이 있는 나라 독일인의 행복에서 배운다". 월간
    중앙. 2014년 4월호. 214-215쪽.

49 월간중앙 편집팀. 위의 글. 216쪽.

50 칼 오너리. 「느린 것이 아름답다」. 박웅희 역. 서울: 대산출판사. 2005.
    305쪽.

51 국기연. "아이비리그, 바보 엘리트 공장 vs 사회 인정 스탬프". 세계일
    보. 2014년 8월 10일.

52 강창희. "저성장·결핍의 시대에 어떻게 대비할것인가?". 트러스톤자산
    운용연금포럼. 연도불명.

53 박찬국. 「초인수업」. 서울: 21세기북스. 2014.

54 dehyun sohn. "Slowing down amidst development frenzy". Mad Forum.
    January 25-27, 2013.

55 임기상. "조선인은 노예처럼 ⋯ 마지막 조선 총. 독의 저주". 노컷뉴스.

2014년 4월 7일.

56 Ken Robinson. "학교가 창의력을 죽인다". TED 콘퍼런스. 2006년 2월.

57 배명복. "창조적 아이디어는 지루하다 느낄 정도로 빈둥거릴 때 나온 다". 중앙일보. 2012년 2월 18일.

58 말레네 뤼달. 앞의 책.

59 양선아. "조기취학은 아이 조기에 망쳐… 책상보다 놀이". 한겨레. 2016년 1월 26일.

60 김누리. "100만 난민을 받는 나라의 교육". 한겨레. 2016년 1월 17일.

61 프랭크 파트노이. 「속도의 배신」. 강수희 역. 서울: 추수밭. 2013.

62 데이비스 브룩스. "제2의 기계시대… 감성 인간이 인재다". LA중앙일 보. 2014년 8월 6일.

63 매일경제. "[사설] 서비스업과 제조업 차별 철폐하는게 옳다". 매일경 제. 2012년 11월 8일.

64 정철환. "애플 한 대 팔면 208달러, 삼성은 28달러 이익". 조선닷컴. 2015년 12월 19일.

65 신유승. "격암유록과 한국의 미래". 슬로아카데메이아. 슬로시티클럽 지혜동인. 2015년 1월 15일.

슬로와 행복

1 강부연. "죽염으로 담근 감칠맛 나는 장맛의 비밀". 여성조선. 2014년 2월호.

2 와타나베 이타루. 「시골빵집에서 자본론을 굽다」. 정문주 역. 서울: 더 숲. 2014. 185쪽.

3 예산군. 「추사의 주련집」. 예산군: 금오인쇄사. 연도불명. 15쪽.

4 피에르 쌍소. 「느리게 산다는 것의 의미 1」. 김주경 역. 서울: 동문선. 2000. 133쪽.

5 우종영. 「게으른 산행」. 서울: 휴. 2012. 5쪽.

6 이덕일. 「정조와 철인정치의 시대 1」. 서울: 고즈윈. 2008.

7 월간중앙. "쉐넨 파이어아벤트! 저녁이 있는 삶이 행복했다". 2014. 4. 207쪽.

8 월간중앙. 위의 글. 208쪽.

9 이브자리 수면연구소 제공.

10 青木孝誠. "接遇の遠点 接客訓練六カ條". 『ホテル業の現狀と將來』. 日本ホテル硏究會. 東京: 柴田書店. 1988. 212面.

11 장석주. 「그 많은 느림은 다 어디로 갔을까」. 서울: 뿌리와 이파리. 2008. 322쪽.

12 임경택. "국선도 수련". 슬로아카데메이어. 제32회 슬로시티클럽 지혜 동인. 2014년 9월 17일.

13 에른스트 슈마허. 「작은 것이 아름답다」. 이상호 역. 서울: 문예출판사. 2002. 13쪽.

14 세르주 라투슈. 「탈성장사회」. 양상모 역. 서울: 오랜된 생각. 2014.

15 손대현·장희정. 「슬로 매니지먼트: 느림과 곡선에는 신만이 아는 비밀이 있다」. 서울: 조선앤북. 2012. 13쪽.

16 Fundació Caixa Catalunya La Pedrera: Gaudé and His Work. Barcelona Spain. pp. 51–54.

17 정호경. 「현대의 섬」. 서울: 운디네. 2004. 19쪽.

18 김순배. "군대 없는 행복국가 … 코스타리카의 신비와 현실". 한겨레. 2014년 7월 12일. 14면.

19 Thomas Henry Huxley. Practical Biology. p. 296.

20 손대현·장희정. 「슬로시티의 행복」. 서울: 조선앤북. 2015. 99쪽.

21 손대현. 「한국문화의 매력과 관광이해」. 서울: 백산출판사. 2008. 272–274쪽.

22 손대현. 「재미」. 서울: 산호와 진주. 2009. 63쪽.

23 콘스탄틴 게오르규. 「25시」. 최규남 역. 서울: 홍신문화사. 2012.

24 마태복음 5:3.

25 칼 오너리. 「슬로씽킹」. 박웅희 역. 서울: 쌤앤파커스. 2014. 91–93쪽.

26 폴 비릴리오. 「속도와 정치」. 이재원 역. 서울: 그린비. 2004.

27 와타나베 이타루. 앞의 책. 64쪽.

28 플로리안 오피츠. 「슬로우」. 박병화 역. 서울: 로도스. 2012. 214쪽.

29 Powers William. Hamlet's Blackberry. NY: HarperCollins. 2010. pp. 12–15.

30 플로리안 오피츠. 앞의 책. 128쪽.

31 플로리안 오피츠. 위의 책. 205쪽.

32 와타나베 이타루. 앞의 책. 111쪽.

33 오스왈드 챔버스. 「산상수훈」. 스데반 황 역. 서울: 토기장이. 2009.

34 버트런드 러셀. 「게으름에 대한 찬양」. 서울: 사회평론. 2005.

35 앤드류 와일. 「자연치유」. 김옥분 역. 서울: 정신세계사. 2005.

36 고영건. "21세기 人文學 리포트: '시간을 거꾸로 돌리는 질문'이 갖는 힘". 매일경제. 2014년 9월 18일.

37 플로리안 오피츠. 앞의 책. 76-87쪽.

38 투이아비. 「빠빠라기」. 강무성 역. 서울: 열린책들. 2009. 100쪽.

39 투이아비. 위의 책. 64쪽.

40 디모데전서 6:10.

41 레위기 25:23.

42 이익. 「성호사설」. 최석기 역. 서울: 한길사. 1999.

43 특별취재팀. "'아기 울음' 전국 생중계하는 몽골". 중앙일보. 2015년 12월 17일. 1면.

44 게오르그 짐멜. 「돈의 철학」. 김덕영 역. 서울: 길. 2013.

45 피터 싱어. 「이렇게 살아가도 괜찮은가」. 노승영 역. 서울: 시대의 창. 2014.

46 김신영. "2011년 한국인이여 행복하라". 조선닷컴. 2011년 11월 11일.

47 이명수. "심심해야 좋은 사회다". 한겨레. 2014년 3월 31일.

48 손대현. 「한국문화의 매력과 관광이해」. 앞의 책. 74-77쪽.

49 헬레나 노르베리 호지. 「오래된 미래: 라다크로부터 배운다」. 김종철 역. 서울: 녹색평론사. 2003. 198-202쪽.

50 이봉현. "'오래된 미래' 라다크가 불행해진 이유는 … 소비문화의 압박". 한겨레 오피니언. 2012년 12월 5일. 29면.

51 크리스토퍼 패터슨. "행복은 관계에서 온다". 「세상 모든 행복」. 레오 보만스 저. 노지양 역. 서울: 흐름출판. 2012. 22쪽.

52 로버트 스키델스키·에드워드 스키델스키. 「얼마나 있어야 충분한가」. 서울: 부키. 2013. 97-121쪽.

53 손대현·장희정. 「슬로 매니지먼트」. 앞의 책. 201쪽.

54 플리안 오피츠. 앞의 책. 133쪽.

55 안선희. "윤리적 삶이 자신에게도 더 행복하다". 한겨레. 2014년 1월 12일.

56 Bill Gates. "How to Fix Capitalism". Time. 2008. 172(6. pp. 24-29.

57 dehyun sohn·Hee-jung Jang·Timothy Jung. *Go Slow and Curvy*. Heidelberg: Springer. 2015. pp.163-164.

58 Ibid. p. 165.

59 플라톤. 「국가」. 천병희 역. 서울: 숲. 84쪽.

60 에른스트 슈마허. 「내가 믿는 세상」. 이승무 역. 서울: 문예출판사. 2003. 18쪽.

61 수전 핀커. 「빌리지 이펙트: 페이스 투 페이스-접속하지 말고 접촉하라」. 우진하 역. 서울: 21세기북스. 2015.

62 김양중. "식사 시간 15분 넘지 않으면 위염 걸릴 가능성 높아져". 한겨레. 2015년 12월 22일.

63 손대현. "왜 우리는 지금 ecoFOOD를 말하는가". 에코푸드와 슬로시티 포럼 프로시딩집. 한국슬로시티본부. 2014. 23쪽.

64 데일 카네기. 「데일 카네기 인간관계론」. 김지현 역. 서울: 미래지식. 2015.

65 서진영. "일류와 이류 가르는 습관의 힘". 동아비즈니스리뷰. 43호. 2009.

66 베르나르 베르베르. 「웃음 1」. 이세욱 역. 서울: 열린책들. 2011. 131쪽.

67 이시형. 「세로토닌하라: 사람은 감정에 따라 움직이고 감정은 뇌에 따라 움직인다」. 서울: 중앙북스 2010. 64쪽.

68 플로리안 오피츠. 앞의 책. 174쪽.

69 아널드 베넷. 「아침의 차한잔이 인생을 결정한다」. 서울: 매일경제신문사. 1999.

70 이길우. "도시에서도 원시인처럼 불편하게 살면 건강해진다". 한겨레. 2015년 2월 4일.

71 Hoyer Berner. "기후변화 억제의 열쇠는 순환경제". 뉴스위크 한국판. 2015년 12월 14일. 22-24면.

72 캐슬린 콜더우드. "파라과이, 우리가 가장 행복". 이코노미스트 1252호. 2014.

73 Richard Stengel. "Mandela: His 8 Lessons of Leadership". Time. 172(3). 2008.

74 신도철. "스마일의 메시지". 「세상 모든 행복」. 앞의 책. 126쪽.

저자 소개

자승재 손대현(資昇齋 孫大鉉)

한국외국어대학교와 마드리드 국립관광대학을 졸업한 후 고려대 대학원
경영학과에서 경영학 박사마케팅 전공과정을 공부했다. 미국 미시간주립
대학교 객원교수를 거쳐 한양대학교에서 관광학부 교수, 사회대학장 및
국제관광대학원 원장, 최고엔터테인먼트 CEO과정 원장을 역임한 바 있으
며 대통령소속 아시아문화중심도시 조성위원회 위원으로도 활동했다. 현
재 한양대학교 명예교수, 한국슬로시티본부 이사장, 국제슬로시티연맹 부회
장, 논문 137편과 Go Slow & Curvy(영문, 독일 Springer출판) 외 31권 저
술이 있다.
dasal@hotmail.co.kr

표지디자인 _ 孫彩令

한국 행복에 빠지다

초판인쇄   2016년 6월 10일
초판발행   2016년 6월 15일

지은이   손대현
펴낸이   안종만

편 집   한현민
기획/마케팅   강상희
표지디자인   손채령
제 작   우인도 · 고철민

펴낸곳   (주) **박영사**
              서울특별시 종로구 새문안로3길 36, 1601
              등록 1959. 3. 11. 제300-1959-1호(倫)
전 화   02)733-6771
f a x   02)736-4818
e-mail   pys@pybook.co.kr
homepage   www.pybook.co.kr
ISBN   979-11-303-0314-7   03180

copyright©손대현, 2016, Printed in Korea

정 가   15,000원